沂蒙精神的人民性研究

徐勤娜　赵玉岩　汲广运◎著

九州出版社
JIUZHOUPRESS

图书在版编目（CIP）数据

沂蒙精神的人民性研究 / 徐勤娜，赵玉岩，汲广运著 .-- 北京：九州出版社，2024. 10.

ISBN 978-7-5225-3429-9

Ⅰ . D648

中国国家版本馆 CIP 数据核字第 202412CX06 号

沂蒙精神的人民性研究

作　　者	徐勤娜　赵玉岩　汲广运　著
责任编辑	姬登杰
出版发行	九州出版社
地　　址	北京市西城区阜外大街甲 35 号 (100037)
发行电话	(010)68992190/3/5/6
网　　址	www.jiuzhoupress.com
印　　刷	河北赛文印刷有限公司
开　　本	710 毫米 ×1000 毫米　　16 开
印　　张	14.25
字　　数	200 千字
版　　次	2024 年 10 月第 1 版
印　　次	2024 年 10 月第 1 次印刷
书　　号	ISBN 978-7-5225-3429-9
定　　价	68.00 元

导 论

本课题所说的“人民性”是马克思、恩格斯关于“人的解放”思想在中国的创新性发展和创造性转化，其核心思想是马克思主义人民观。从政治哲学的意义上讲，政治的真实本性在于人民性，就是由人民实现对社会的统治和治理，人民为了实现自身的幸福，通过法律手段治理社会，授权其利益代表者在法律范围内依据法律治理社会。

人民性集中体现了新时代中国共产党的奋斗目标、工作导向、发展思想和执政立场。习近平总书记于2012年11月15日在中外记者见面会上，向全世界作出了“人民对美好生活的向往，就是我们的奋斗目标”①的郑重承诺。他在2013年全国宣传思想工作会议上，发出了“树立以人民为中心的工作导向”崭新号召，对中国共产党执政的人民性提出了更高的要求。2015年，习近平总书记在党的十八届五中全会上，首次提出了“以人民为中心”的发展理念。这一理念是习近平新时代中国特色社会主义思想的重要组成部分，也是马克思主义的人民主体思想中国化的时代创新成果，进一步丰富了中国共产党人人民伦理的时代内涵。2016年，习近平在七一讲话中再次强调，“人民立场是中国共产党的根本政治立场，是马克思主义政党区别于其他政党的显著标志”②。习近平于2017年10月，在党的十九大上作了《决胜全面建成小康社会夺取新时代中国特色社会主义伟大胜利》的重要报告，报告提出的“八个明确”和“十四个坚持”中都不断强调要坚持人民性，进一步丰富发展了我们党执政为民，以人民为中心的深刻内涵。

①《习近平谈治国理政》（第一卷），外文出版社2018年版，第4页。

②《习近平谈治国理政》（第二卷），外文出版社2017年版，第40页。

习近平总书记在重要讲话中强调解决我国一切问题的基础和关键是发展，指出必须牢固树立“以人民为中心”的发展理念，坚决贯彻政权的人民性，这是对马克思主义人民主体理论的传承，也是我们党的建党初心和根本宗旨。

沂蒙精神生发于革命老区人民的伟大实践，是中华民族精神的具体体现。它发轫于沂蒙老区，成长在齐鲁大地，感动中华儿女，成为新时代山东精神的核心内容。山东根据地的党政军民在长期的革命、建设以及改革开放的实践中共同铸就、发展并升华了伟大的沂蒙精神。党的群众路线在沂蒙精神的产生、形成以及发展历程中发挥着根本作用，党在沂蒙深入践行群众路线的过程就是沂蒙精神产生与发展的过程。伟大的中国共产党从革命战争年代到和平建设时期，始终立足沂蒙老区，开展了成效显著的群众工作，促使沂蒙地区的人民群众与党、与人民军队建立了“党群同心、军民情深”的鱼水深情，形成了“水乳交融、生死与共”的党群关系。习近平总书记2013年11月莅临山东考察时指出：“山东是革命老区，有着光荣传统，军民水乳交融、生死与共铸就的沂蒙精神，对我们今天抓党的建设仍然具有十分重要的启示作用”[①]，并特别强调“沂蒙精神与延安精神、井冈山精神、西柏坡精神一样，是党和国家的宝贵精神财富，要不断结合新的时代条件发扬光大”[②]。习近平总书记的重要讲话，深刻地揭示了人民群众是铸就沂蒙精神主体的重要组成部分，同时明确指出要在新时代大力弘扬沂蒙精神。

人民性是马克思主义政党的政治特征和伦理底色；为人民服务、为人民奋斗是马克思主义政党的鲜明特点。在新的时代背景下，深入学习习近平重要讲话精神，坚持政权的人民性特质，探寻沂蒙精神产生的背景与条件，提炼沂蒙精神的内涵与实质，深刻总结党在革命老区群众工作开展的历史经验，揭示其时代价值，既有理论意义，又有现实意义。

① 习近平：《论中国共产党历史》，中央文献出版社2021年版，第43页。

② 习近平：《论中国共产党历史》，中央文献出版社，2021年版，第35页。

一、马克思主义中国化的人民性的基本内涵

马克思、恩格斯提出了人民性的概念，但是没有从概念上对它予以明确界定。习近平总书记站在思想政治的宏观层面，指出坚持人民性就是贯彻以人为本的思想，站稳人民立场，立足人民去发现问题、思考问题、解决问题，给人民群众带去最大的实惠。人民性是中国共产党的根基，血脉在人民，人民群众是我们党的力量源泉。党的十八大以来，习近平总书记谈话中高频次提到“以人民为中心”“人民立场”“民心”、民众“获得感”，以及“人民至上”等话题，在工作会议中反复强调紧紧依靠人民、不断造福人民、牢牢植根人民等。人民性作为马克思主义的理论品格，同时成为中国化马克思主义的最重要特征。从“全心全意为人民服务”，到“是否有利于提高人民的生活水平”，然后到“代表最广大人民群众的根本利益”，再到“以人为本”“以人民为中心”，无不把中国化马克思主义的人民特质体现得淋漓尽致。

（一）马克思主义中国化

马克思、恩格斯和列宁始终强调不要把马克思主义视为一种教条，它只是各国共产党开展工作的行动指南，明确指出后继者们在运用马克思主义基本原理的时候，必须结合各国具体的实际情况灵活运用，决不能生搬硬套。这就在实际上对各国革命提出了马克思主义本土化的要求。马克思主义中国化指的就是在中国革命和建设的实际过程中，必须活学活用马克思主义基本原理，结合中国实际，行之有效地解决中国革命的实际问题，并总结出中国经验，进而把这些经验升华成科学理论，要让这些在中国土壤中生根发芽、枝繁叶茂的马克思主义原理融汇成中国经验和中国理论，呈现出中国特色和中国形式。

（二）人民性

习近平总书记强调，“党性和人民性从来都是一致的、统一的”[①]，“党的一切

① 习近平：《习近平谈治国理政》（第一卷），外文出版社 2018 年版，第 154 页。

工作都是为了实现好、维护好、发展好最广大人民根本利益”[①]。人民性是习近平总书记开创性总结出的马克思主义的一个重大特征。在纪念马克思诞辰200周年纪念大会上的讲话中习近平指出：归根到底就是一句话，马克思主义是为人类求解放的。马克思主义第一次立足于人民探求人类自由解放的道路，以科学的理论为最终建立一个理想社会指明了方向。[②]这是从马克思主义整个理论高度作出的一个既科学又深邃的评价。

人民性概括起来有以下几个特点：第一，人民是人民性的逻辑主体。科学研究人民性的前提是，必须把人民群众当作社会历史的主体、创造者、决定者，人民主体是其他任何理论和实践的立足点。第二，人民性的理论逻辑是人民中心思想。没有理论中心或者理论中心不科学都将带来极大的危害。第三，人民性的实践逻辑就是依靠人民力量。人民性的内涵蕴藏的就是人民思想，其实质就是依靠人民。只有相信人民蕴含的极大伟力，相信无产阶级和广大劳动人民是推动历史前进的原动力，才能相信无产阶级最终实现全人类解放的崇高理想。第四，人民性的价值逻辑就是一切为了人民、人民共享和人民作主。探究人民性的价值逻辑的目的旨在表明我们党理论与实践的出发点和落脚点都是为了人民。第五，人民性的现实逻辑就是推进“五位一体”总体布局和“四个全面”战略布局。探究人民性的现实逻辑就是不断满足人民群众的现实利益需求。第六，人民性的内生逻辑就是与时俱进。它不是一成不变的，而是在不断的变化中发展、丰富、完善的。

（三）马克思主义中国化的人民性

马克思主义中国化的人民性是一个复合性概念，马克思主义中国化的形成与发展体现在它的人民性之中，离开了人民群众广泛参与的实践，就不可能形成科学的理论。人民性的实现最终必然要在科学理论的指导下才能够实现，对于中国

① 习近平：《习近平谈治国理政》（第三卷），外文出版社2020年版，第137页。

② 习近平：《在纪念马克思诞辰200周年大会上的讲话》，《人民日报》2018年5月5日，第2版。

人民而言，马克思主义中国化就是中国人民最强有力的思想武器，是指导中国人民不断前进、不断创造美好生活的科学指南。另外，马克思主义作为代表人民利益的理论，在马克思主义中国化的过程中必然形成极具中国特色的马克思主义理论，彰显中国特色、中国气派的人民特质。

缘此，马克思主义中国化的人民性就是指中国化的马克思主义理论体系中集中反映中国人民生活、思想、情感和愿望的人民元素，反映人民群众对美好生活的向往和追求，体现中国最广大人民群众的根本利益，并且用以指导中国共产党人紧紧依靠群众，不断实现人民群众对美好生活的追求。

（四）马克思主义中国化的人民性的三重逻辑及其实现

马克思主义中国化的人民性的三重逻辑指的是马克思主义中国化人民性具有历史逻辑、理论逻辑与实践逻辑。具体地说，马克思主义中国化遵循了人类历史发展的客观规律，这是马克思主义中国化的必然结果，构成了马克思主义中国化的人民性的历史逻辑；在坚持马克思主义理论底色的同时，坚持理论创新，始终保持理论的青春活力，始终保持理论的人民特性，成功地开辟出理论新境界，构成了马克思主义中国化的人民性的理论逻辑；中国共产党人在不断创新理论的过程中，带领中国人民不断推进伟大的社会变革，中国人民的悲惨命运彻底改变，实现了从站起来、富起来到强起来的历史飞跃，实践充分彰显出马克思主义中国化的人民特质，构成了马克思主义中国化的人民性的实践逻辑。

实现马克思主义中国化的人民性的三重逻辑，必须把“人民性”转化为现实。就当下实际而言，我们必须在解决新时代所面临的重大课题过程中，严格遵循“人民性”的内在逻辑要求，遵循历史规律，确保马克思主义中国化的人民性得到充分彰显，把习近平总书记以人民为中心的发展理念贯穿到治国理政的所有领域和全部过程，切实推进理论向现实的转变。

二、沂蒙精神人民性研究的价值与意义

马克思历史唯物主义始终把人民群众视为历史的创造者和推动者，是推动社

会变革的决定性力量。无产阶级政党的力量源泉是人民群众。中国共产党从建立之初的小党，得以迅速发展壮大，不管是革命时期，还是解放时期，以及社会主义建设时期，其发展都得益于全国最广大人民群众的支持和拥护。中国共产党建党超过了一百年，具有 70 多年的执政经验，随着利益群体间冲突加剧、思想文化交锋日益尖锐，破解矛盾，解决难题，更好地调动并发挥人民群众的作用，实现伟大斗争的胜利，已经成为重大的时代课题。党的十八大以来，社会各界在党中央号召下，党的群众路线教育实践活动不断深化，党员干部的人民观教育得到加强。新形势下开展的群众工作，必须紧密结合人民群众在现实生活中遇到的问题与困难，但理念与方法却必须一以贯之地做到习近平总书记强调的那样，“注重从党的历史经验中汲取智慧和力量”。我们党在革命老区深入开展了扎实有效的群众工作，给我们留下了宝贵的成功经验，催生了众多催人奋进、发人深省的革命精神，沂蒙精神就是其中极具典型意义的精神。正是在这种精神激励之下，沂蒙人民前赴后继为中国革命和建设事业谱写了无数可歌可泣的历史故事。

从某种意义上，我们可以认为沂蒙精神是与马克思主义的人民性相伴而生的，是马克思主义人民性中国化的典范案例。中国共产党是马克思主义人民性理论的坚决践行者，这对我们理解以习近平同志为核心的党中央提出的“以人民为中心”的发展理念具有非常大的帮助作用，对验证“以人民为中心”的发展理念是对马克思主义理论人民性的传承创新具有积极意义，对新形势下党的群众工作的加强和改进、对“四个伟大”战略的推进具有重大的现实意义。

目前学术界主要是从历史视角、文化视角、党建理论视角，以及实践论视角展开对沂蒙精神的研究，但是缺乏对沂蒙精神人民性的系统研究。因此，对沂蒙精神的人民性进行研究，具有一定的理论价值和现实意义。

（一）沂蒙精神的人民性研究，能够帮助我们更加清晰地认知沂蒙精神是来源于沂蒙人民的伟大实践，有利于指导我们党的群众实践工作，并在工作实践中升华成为以人民为中心的工作作风和工作习惯，帮助我们更加客观、正确地认识并研究沂蒙精神的形成主体、内涵、本质特征和独特价值，帮助我们更加准确地把握我们党群众路线的价值和作用，凸显沂蒙精神的人民性。人民观是马克思主义哲学理论的重要观点，人民观是对人民群众在历史长河中伟大作用的充分肯定。在此观点指导下研究沂蒙精神，有利于更加深刻、更加直观地理解中国共产党鱼水情深的党群关系，指导社会主义建设的实践，对深化沂蒙精神的本体研究具有一定的学术价值。

（二）沂蒙精神的人民性研究，为沂蒙精神的研究提供了新的出发点和落脚点，并以人民性作为相关研究的理论指导和方法论指导，提供了研究沂蒙精神的新视角。本课题在以往从历史视角、文化视角、党建理论视角、实践论视角等视角研究沂蒙精神的理论基础上，从人民性的视角展开对沂蒙精神的研究，有助于提升沂蒙精神研究的高度、深度和广度。

（三）人民群众是历史的主人，是社会历史发展的主体力量。研究沂蒙精神的主要目的，是发挥沂蒙精神的作用，用沂蒙精神更好地坚持贯彻人民性的伟大实践，即弘扬沂蒙精神。因此，本课题的研究成果有利于在落实人民主体的执政兴国的实践活动中进一步弘扬沂蒙精神，具有一定的社会应用价值。

总之，研究沂蒙精神的人民性，为研究沂蒙精神提供了理论指导和方法论指导，是研究沂蒙精神的新视角，对从更深的层次理解沂蒙精神的形成主体、内涵、本质特征和独特价值，对探索沂蒙精神发展的规律，对提升沂蒙精神研究的理论深度和说服力，对拓展沂蒙精神的研究领域，不断加深对沂蒙精神的认识，对弘扬沂蒙精神，都具有重要的理论意义和现实意义。

三、沂蒙精神的人民性研究的现状与趋势

沂蒙精神在炮火纷飞的革命战争年代诞生，但开始研究的时间却到了 1989 年以后。从研究成果看，学术界在 20 世纪末对沂蒙精神的研究基本都是依托于对沂蒙革命史的研究。进入新世纪，2004 年成立“山东省沂蒙精神研究会”，学术界也于 2006 年掀起了第一次研究社会主义核心价值体系的高潮，沂蒙精神作

为民族精神的重要体现开始备受学术界关注，在此契机下出现了一大批在价值观和红色文化视角下产生的研究成果，比如著作《新时期沂蒙精神研究》《沂蒙精神与社会主义核心价值体系研究》等对沂蒙精神的历史渊源、文化特征和丰富内涵，进行了系统阐述，并对沂蒙精神的价值进行了高度概括。这一时期还有近百篇有关沂蒙精神的论文问世，研究的主题涉及沂蒙精神的渊源、内涵、实质，以及在产业、社会、时代和历史层面的价值。

“以人民为中心”的发展理念是习近平总书记于 2015 年 11 月 23 日在中央政治局第二十八次集体学习时提出的重大治国方针理论，旗帜鲜明地回答了“依靠谁发展、为了谁发展”这一发展中的根本问题。这一思想是对马克思主义人民观的传承和发展，体现了鲜明的时代性，体现了马克思主义理论的人民性。长期以来，对沂蒙精神与马克思主义人民观的研究主要集中在各自领域单独进行。随着党的群众路线教育实践活动于 2013 年广泛开展，特别是 2013 年习近平总书记抵达临沂并发表关于沂蒙精神的重要讲话之后，把沂蒙精神与马克思主义人民观联系起来的成果才开始逐渐增多，越来越多的学者开始关注沂蒙精神的人民性。

马克思主义人民观是唯物史观的重要内容，始终是学术界的研究热点，内容全面,成果丰富。步入 21 世纪以来,有关马克思主义人民观的研究,有赵雪峰的《马克思主义人民观与中国特色社会管理》、刘毅强的《马克思主义人民观》、王明寿的《人民观的知与行》、汲广运的《马克思主义人民观研究》等著作，与人民观相关的学术论文更有范小乐的《马克思恩格斯人民观研究》、李静《马克思人民观及当代价值研究》、张佳雯的《马克思主义人民观及其在我国的丰富发展》、王峰的《习近平人民观的理论本源、科学内涵和时代意蕴》以及张琦的《中国化马克思主义人民观研究》等数百篇。此外，还有一些与之相关的博士、硕士学位论文。我们可以大致把现有的研究成果分为五类：第一类是对马克思主义经典作家的有关论述进行整理，对马克思主义人民观展开溯源，探寻马克思主义人民观的思想渊源和理论基础。第二类是结合国家领导人的相关论述，研究马克思主义人民观中国化的进程，全面概括中国共产党人的马克思主义人民观。第三类是通过多样化的形式对马克思主义的精神实质、经典案例以及其人民观点和群众路线进行呈现，为党员干部提供学习的丰富教育内容。第四类是运用反面案例，总结马克思主义发展史上因为人民观缺失异化而给党的发展带来的教训，借以警醒党员干部。第五类是立足新时代新形势，借助马克思主义人民观破解难题，进一步展开党群关系、干群关系密切的新途径和新思路的探寻。

目前国内业界对沂蒙精神的研究，从研究内容上划分大致是四个方面：首先是综合性研究。人民出版社出版的《沂蒙精神》是全景展现沂蒙精神；山东人民出版社出版的《沂蒙精神与社会主义核心价值体系建设研究》是从建设社会主义核心价值体系的角度对沂蒙精神进行全面研究。其次是研究沂蒙精神的内涵和本质。侯振岩的《沂蒙文化及其内涵》对沂蒙精神的文化内涵作出概括；付然锋的硕士论文《试论沂蒙精神的形成、内涵及意义》则是对沂蒙精神的实质进行全面阐述；杨鲁慧的论文《马克思人的主体价值观与沂蒙精神的本质特征》，深刻揭示了沂蒙精神的本质特征。第三是研究沂蒙精神的形成过程。代表作品有《沂蒙党史大事记》和《鲁南地区妇女运动简史》，分别由中共临沂地区党史资料委员会编纂和鲁南地区妇女运动简史编委会编纂，这些文献资料是从地方史的研究角度，整理了沂蒙人民大量丰富生动的革命史实，阐释了沂蒙精神的发展进程，归纳出了沂蒙精神与党的群众工作之间的伴生关系。第四是研究沂蒙精神的价值。李敬华的硕士论文《沂蒙精神及其时代价值研究》就是对沂蒙精神的时代价值作了深入研究。杨玉金的《论沂蒙精神的时代意义》深入阐述了弘扬沂蒙精神的时代意义。

从现状看，思想理论界对马克思主义人民观的研究已经颇有心得，对沂蒙精神的研究也是成果丰硕。但是，“以人民为中心”的发展理念提出后，学者尚未开始对沂蒙精神的人民性展开系统研究。习近平总书记高度概括的“党群同心、军民情深、水乳交融、生死与共”的沂蒙精神，无处不渗透着马克思主义人民观，无处不反映出中国共产党人“以人民为中心”的发展思想。站在新的思想高度总结抗日战争和解放战争时期形成的沂蒙精神，深入研究沂蒙精神的人民性，用以指导当下及以后的群众工作实践，正是本课题的研究任务之所在。

四、沂蒙精神的人民性研究的主要内容和基本思路

（一）课题研究的主要内容

本课题研究的主要内容，是以人民性为主体，对沂蒙精神的生成主体、生成和发展过程、内涵、本质特征和实践价值等方面展开研究；对沂蒙精神源于人民—指导人民活动—人民共享活动成果的历史轨迹和生成规律进行总结；对沂蒙精神的发展阶段进行划分，对其每个阶段特性变化予以描述，意为进一步在“以人民为中心”的发展理念指导下弘扬沂蒙精神提供科学合理的路径设计。

研究沂蒙精神的人民性可以分为三个组成部分：一是围绕人民性这一主体，对沂蒙精神的生成因素及其相互关系展开研究，并对沂蒙精神的形成主体进行阐释；二是在“以人民为中心”的发展理念指导下，对沂蒙精神的生成、发展过程展开研究，即沂蒙精神源于人民，指导人民，并由人民共享发展成果的过程；对沂蒙精神各要素之间的区别、影响及依存关系进行全面研究；对沂蒙精神的发展阶段进行划分，对每个阶段沂蒙精神特性的变化予以描述；三是在“以人民为中心”的发展理念指导下，突出沂蒙精神的人民性，对传承弘扬沂蒙精神的经验教训进行探索，设计出弘扬沂蒙精神的科学合理的路径，以便更好地指导新时代的党建工作和党群工作。

（二）课题研究的基本思路

研究沂蒙精神的人民性，就是要立足马克思主义的人民观，对沂蒙精神产生的深层次原因展开理性的剖析，在更高层次上凝练沂蒙精神的内涵体系，揭示弘扬沂蒙精神的重大意义，进而提出当前党群关系、干群关系如何密切以及党的建设如何加强和改进的更好思路。

对沂蒙精神的人民性进行研究，需要深入论证中国共产党以人民为中心的基

本观点，并重新凝练沂蒙精神的内涵：从战争年代到和平时期，沂蒙精神喷薄而出，成为革命和建设的强大助推器，激发了沂蒙老区广大人民群众的革命建设热情，充分证明了马克思主义人民观即“以人民为中心”的发展理念在沂蒙老区得到了落实。“党群同心，军民情深”从党、军、群三个方面揭示了沂蒙精神的形成主体，“水乳交融，生死与共”则生动地描述了党、军、群之间密不可分、如胶似漆的亲密关系。

研究沂蒙精神的人民性，要对沂蒙精神与以人民为中心的内在关系展开深刻剖析，全面总结我党群众工作的“沂蒙经验”。一是对我们党在沂蒙山区进行马克思主义传播、早期党组织建立以及早期思想启蒙运动进行细致考察，结合具体事例对党既要依靠群众又要教育引导群众前进的以人民为中心的思想进行论证。二是研究从革命时期到建设时期沂蒙人民爱党爱军的动人故事，揭示党只有心系人民、服务人民，才能赢得民心的道理，印证我们党执政为民的人民属性。考察抗战时期在沂蒙老区我们党前赴后继保卫群众、动员群众积极参与全民抗战、统一战线建立、开展“文化翻身”的群众运动、抗日民主政府施政纲领和法令制定维护群众利益等历史活动，深刻认识这一时期正是基于党群同心才能赢得抗战胜利。考察解放战争时期我们党在沂蒙老区为人民而战、建设民主政权、改善民生、解决农民土地问题以及生产自救的开展等历史活动，建立我们党在沂蒙老区的群众工作与解放战争胜利的直接关系的深刻认识。三是对沂蒙老区人民在战争年代和社会主义建设时期的巨大贡献展开研究，用具体事例对人民群众是历史创造者的伟大论述进行验证。四是深入研究毛泽东在新中国成立初期对“厉家寨精神”“王家坊前新经验”和“高家柳沟新做法”做出的三次重要批示，在对人民群众伟大创造精神进行弘扬的同时，对我们党历来尊重人民的思想作出深刻揭示，政权的人民性有力地保障了人民群众推动历史的积极主动性。五是对新时代建设“大美新临沂”和创建“文明城市、首善之区”的成功实践进行深入研究，结合具体事例高度总结新时期沂蒙党组织“党员干部的权力是人民赋予的”“对党负责和对人民负责相一致”的人民主体即马克思主义人民观的自觉认同与自觉实践。

在对我们党在沂蒙老区开展的群众工作实践研究的基础上，对我们党群众工作的“沂蒙经验”进行归纳总结:广泛发动群众、密切联系群众、紧紧依靠群众、誓死捍卫群众、忠诚服务群众。

研究沂蒙精神的人民性，要重点揭示我们党群众工作的“沂蒙经验”对新形势下党的群众工作的加强与改进具有的时代价值。首先，群众路线关乎党的生死存亡，执政兴国的所有活动都必须落实以人民为中心的服务理念，必须毫不动摇地坚持全心全意为人民服务的根本宗旨。其次，高度认同人民群众是社会变革主体力量的理论，时时事事尊重人民群众的地位，始终牢记并坚持“情为民所系、利为民所谋、权为民所用”，保持并维护党群的鱼水深情。最后，汲取历史经验，在实践中密切党群关系；加强党员干部勤政廉政的自律意识，增强为民服务的意识，提高为民服务的能力；加强对群众的教育引导，加强平安中国的建设，提高人民群众对政府工作的认同感，改善民生，增强人民群众的获得感和幸福感。

目　录

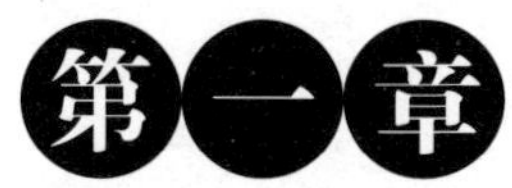

第一章 沂蒙精神人民性特征的形成基础

沂蒙精神形成的历史，是中国共产党领导沂蒙人民不断践行以人民为主体的历史，是中国共产党依靠沂蒙人民、教育和引导沂蒙人民不断前进的历史。沂蒙精神是具有优秀文化传统和革命基因的沂蒙人民，在中共中央和山东省委的坚强英明领导下，自觉意识被不断唤醒，革命热情被不断激发，沂蒙党政军民践行人民主体思想的精神结晶。强烈而浓厚的人民性，是沂蒙精神的鲜明特征。

第一节

古代民本思想为沂蒙精神的形成奠定了文化基础

沂蒙，红色的沃土，神圣的土地。

沂蒙，作为一个历史人文概念，它的地域标志是沂水和蒙山，历史文化悠久灿烂，文化名人层出不穷，对沂蒙人民产生了潜移默化的深刻影响，沂蒙人民在这种特定的浓厚的历史文化氛围中，世代传承并不断发展、升华，逐渐形成重情重义、民风质朴、重信守诺、崇尚气节的精神风貌和性格底色。中国古代的民本思想则为沂蒙精神的形成奠定了坚实的文化基础。

一、沂蒙的地理区位及特点

沂蒙主体部分位于山东省东南部，其区域范围比当下临沂市的管辖区域要广阔得多，因为抗日战争和解放战争时期沂蒙人民为中国革命作出的巨大贡献而闻名全国。历史上的沂蒙，今天大致包括现在的山东省临沂市的九县三区，淄博的沂源县，泰安的新泰市，济宁的泗水县，以及枣庄市中区、台儿庄区、峄城区和山亭区的部分区域，日照市的莒县，还包括江苏省北部的部分区域。

沂蒙境内主要分布有蒙山、鲁山、沂山和尼山四大山脉，从北到南呈西北东南方向延伸，整体地势是西北高东南低，主要河流包括沂河、沭河及其支流。从总体的地形上看，山地、丘陵和平原各占据 1/3 左右。平原的存在适宜于粮食作物种植，便于为部队供应军需，山地则有利于部队开展游击作战，进可攻退可守，为革命根据地创建提供了得天独厚的自然条件。

二、沂蒙老区的历史文化积淀

（一）沂蒙历史文化的发展积淀

沂蒙地区具有悠久的历史，早在四五十万年前，这里就有人类的足迹，是中华文明的重要发祥地之一。东夷文化和齐鲁楚文化在这里融汇成沂蒙文化，既有鲁文化的厚礼敦重，又有齐文化的开拓进取，还兼具兵家文化的雄武果敢和楚文化的豪放典雅。秦汉时期，沂蒙文化逐步融入多元一体的中华文化大家庭中。等到两汉、魏晋南北朝时期，沂蒙地区的世家大族在发展和传播沂蒙地域文化的过程中发挥了重大作用，在儒学和道学思想、文学书法以及绘画方面都取得了骄人成就。及至隋唐宋金元时期，沂蒙文化发展相对缓慢。明清时期的沂蒙文化也伴随着外来文化的输入和中国社会的转型，进入了转型复兴时期。

沂蒙地区历史悠久，文化灿烂。沂蒙在秦汉时期就已经发展成为山东的经学研究和传承的重要区域，涌现出一大批造诣颇深的儒学名师，或在地方，或在中央研读儒学、传播儒学；东汉时期，沂蒙地区的郡、县、乡就已经普遍设立官学，研习诵读儒家经典，民间私学也非常兴盛；出现了很多累世攻读儒家经典，并成为官宦世家的儒家大族，这些都对沂蒙地区历史和思想文化的发展产生了深远的影响。据不完全统计，在区域内乃至全国范围内具有重大影响的有600多人，其中，不乏影响中国历史进程的思想家、政治家、军事家，也有为中国教育、科学事业发展作出贡献的文学家、诗人、科学家。既有治世之能臣，又有安邦之武将；既有勤政爱民的仁人志士，又有实干兴邦的能工巧匠。

（二）沂蒙历史文化的基本特点

沂蒙文化与齐文化、鲁文化相比，呈现出原生性、交融性和连续性的特点。

1. 原生性。四五十万年前的沂源猿人是沂蒙文化的源头，发展到新石器时代，史学界称之为东夷文化。它开始于距今8300年前的后李文化，发展进程中先后有北辛文化、大汶口文化、龙山文化和岳石文化，是中华文明重要源头之一。当时的太昊与少昊两大部落分别缔造了龙文化和凤文化，龙凤文化起源于沂蒙地区，后来备受中华民族推崇，成为沂蒙文化对中华传统文化的重要贡献。

2. 交融性。沂蒙文化得益于东夷文化奠定的雄厚基础，并在与其他区域文化碰撞、冲突和融合的过程中逐步发展，兼容并包，是开放性文化的典型代表，对齐鲁楚文化的精华进行吸纳借鉴，厚礼敦重、开拓进取、典丽豪放都成为沂蒙文化的重要标签。沂蒙文化是与齐文化、鲁文化极具渊源，但又具有鲜明特色的区域文化。

3. 连续性。沂蒙地区优越的地理位置和独特的文化氛围，促成了沂蒙历史持续不断的发展，从四五十万年前的沂源猿人，到夏商周时期境内出现的诸如莒、鄫、郯、阳等众多古国，到秦汉时期分属琅琊郡、薛郡、东海郡，一直到宋元明清相继出现的沂州、莒州等称谓，沂蒙文化代代传承，经久不息，造就了沂蒙文化的瑰丽与典雅、厚重与深沉。

三、中国古代的民本思想

沂蒙地区在传承发展东夷文化、与齐鲁楚文化的碰撞交融之下，逐渐形成了独具特色的沂蒙文化。沂蒙人民形成了重义轻利、乐于奉献、敢于斗争、拼搏创新的伟大性格。历代经学家对人民群众的伟大历史作用有着清醒的认识，并且在学术著作以及政治实践中加以宣传践行，这为沂蒙精神的诞生奠定了坚实厚重的文化基础。

临沂文化气息浓厚，文臣贤士辈出，星光耀眼灿烂。《二十四史》中记载的临沂人就达到上千人；孔门弟子贤者七十二人中就有十三人是临沂人；古代广为传颂的二十四孝中有七个孝子故事发生在临沂。“宗圣”曾子、“算圣”刘洪、“智圣”诸葛亮、“书圣”王羲之就是临沂古圣先贤的杰出代表，同时临沂还诞生了孔子师即鹿乳奉亲的郯子、秦朝股肱之臣蒙恬、东晋中兴第一功臣王导、南朝文学理论家刘勰、南朝天文学家何承天、南朝文学家鲍照、西汉经学家匡衡、北朝教育家颜之推、清末民族英雄左宝贵等历史名人。他们的卓越思想和光辉事迹，对沂蒙人民的思想文化产生了深刻而悠远的影响。

（一）传统经学中的民本思想

沂蒙地区与儒学诞生地曲阜毗邻，深受孔孟学说的影响，传统文化中的民本思想涵盖了爱民、富民、亲民、养民等思想，儒家思想以及沂蒙地区的很多贤臣雅士对人民的尊重由来已久。孔子提出的以“仁”为核心的儒学理论体系体现了民本思想。战国时期的儒家代表人物孟子进一步提出实行仁政的政治主张，比如“制民之产”“取于民有制”等以民为本的统治理念，强调仁政只有在符合民众意愿基础上，才能真正施行。另一位儒家代表人物荀子，长期在沂蒙地区出仕、讲学授徒并在此终老，对沂蒙文化的发展作出了重要贡献，他进一步发展了孔孟的民本思想，指出民本就是要爱民恤民重民，富民利民养民，提出了“节用裕民”“轻徭薄赋”以及“爱民如子”等宝贵思想。《论语·尧曰》中有言：“兴灭国，继绝世，举逸民，天下之民归心焉。民之所重：衣、食、丧、祭。”《论语》中明确强调执政者重视的四件事，民放在第一位。《孟子·尽心下》中记载：“民为贵，社稷次之，君为轻。”孟子的思想言论也是对人民推崇备至，指出人民比社稷、君王都重要。荀子在《荀子·哀公》中写道：“君者，舟也；庶人者，水也。水则载舟，水则覆舟。”荀子在此告诫君王一定要重视人民的伟大作用。东汉时期的经学家匡衡则主张对人民要“宽柔和惠，则众相爱”。书圣王羲之人品如书品，担任右军时，轻徭薄赋，开仓赈灾，与民休息，其重民爱民思想非常突出。《三国志·蜀书·诸葛亮传》记载三国时期著名政治家诸葛亮对人民的地位非常敬重，指出“普天之下，莫非汉民，一夫有死，皆亮之罪”。

（二）杰出代表人物的民本思想

1. 荀子的“养民裕民”思想

荀子在“民本”思想中提出了养民、裕民和教民等主张，提出了“立君为民”“礼生为民”，指出立君、尊君并不是直接为了君主、诸侯等阶级，其根本目的是为了人民、保护人民。又用“舟”“水”与“舆”“马”来比喻君民关系，用“水能载舟，亦能覆舟”的道理，昭示出人民才是君王赖以生存的基础，而且人民蕴含着伟大力量，可以推翻君王统治，体现出深刻的“民本”思想。他还相继提出了“富民裕民”的系列思想主张以及治国之策，比如：“故君人者，爱民而安”[①]“爱民者强，不爱民者弱”[②]等，强调国家的强弱与君王是否爱护百姓密切相关。在此基础上，荀子又提出了“不富无以养民情……故家五亩宅，百亩田，务其业而勿夺其时，所以富之也”[③]“故明主必谨养其和，节其流，开其源，而时斟酌焉……

① 王先谦：《荀子集解》，沈啸寰，王星贤，点校。中华书局1988年版，第299–300页。
② 同上书，第271页。
③ 王先谦：《荀子集解》，沈啸寰、王星贤，点校。中华书局1988年版，第194–195页。

如是上下俱富，交无所藏之，是知国计之极也"[①] 等思想，这是对"以政裕民""开源节流"等政策的精准描述，充分彰显了"民本"思想。

2. 诸葛亮的"富民安民"思想

"沂南诸葛氏家族儒学功底深厚，先后有数人南渡，诸葛瑾、诸葛亮兄弟对沂蒙当代与南方文化的渗透与融汇做出了贡献"。[②] 诸葛亮的思想以儒学为主，对仁政思想体会颇深，深知得民心者得天下的道理，因此主张安民是政权建立和存在的根本。诸葛亮初见刘备于隆中，就指出：如果将军能够占据荆州和益州，一定要"内修政理"，通过施行恩德治理国家，让人民安居乐业，赢得民心，然后率仁义之师北伐中原，一定可以无往而不胜，光复汉室天下。从中可见诸葛亮保民安民、德治天下的执政思想。"学识渊博又聪慧过人的诸葛亮对儒家变革思想领悟得非常透彻，隐居隆中时又与当地名士接触交流，使他在自身文化结构中既具有沂蒙文化特质，又与当地文化相得益彰，融通多家之学，从而锻造了他的丞相之才"。[③]

诸葛亮在治蜀期间重用蒋琬的一个重要原因就是蒋琬"为政以安民为本，不以修饰为先"。诸葛亮出师北伐时，明确指出此举是为了将百姓从危难的处境中拯救出来，他说："普天之下，莫非汉民"，而"百姓困于豺狼之吻"，"皆亮之罪"，在尽显其担责尽责的同时，其忧国忧民之心跃然纸上。强调安民必须先了解民众疾苦，否则，"人有饥乏之变，则生乱逆"，必将动摇统治根基。所以主张"存恤"百姓。他揭示刘璋治下的益州之弊政就是"民殷国富而不知存恤"。所以，诸葛亮严明法纪，严惩恃强凌弱。对边远的南中等少数民族居住地区，加强技术手段的交流传授，推动经济开发，加强同内地的联系，充分彰显了诸葛亮"富国安民、以民为本"的思想。

诸葛亮不但善于用道家"静"的思想加强自身修行，而且也将"静"的思想用于治国。他汲取了老子"无为而治"的治国理念，"以法驭下"的同时，提出

① 王先谦：《荀子集解》，沈啸寰、王星贤，点校。中华书局 1988 年版，第 324 页。

② 徐东升、李婧、薛舒文：《新时代沂蒙红色文化传承与弘扬研究》，九州出版社 2023 年版，第 48 页。

③ 徐东升、李婧、薛舒文：《新时代沂蒙红色文化传承与弘扬研究》，九州出版社 2023 年版，第 48 页。

“务农殖谷，闭关息民”[①]，强调只有在百姓安居乐业、食物充足后才可以任用他们。诸葛亮通过选用贤才、明正典刑、开荒屯田等措施，推动了蜀汉经济发展，税收增加，国力日盛。诸葛亮的“内修政理”收到了良好的效果，西晋袁准称赞说：“亮之治蜀，田畴辟，仓廪实，器械利，蓄积饶，朝会不华，路无醉人。”[②]

沂蒙文化的深厚底蕴随着历史长河的流淌，深深地浸润、滋养着沂蒙人民，沂蒙的历史文化品格，通过一代代沂蒙人的行动予以诠释和体现，既是历史的积淀，也是文化的传承。“我们讲传承再造，并不是对传统文化照搬照用，而是要根据当今时代的要求在继承中赋予新的内涵。”[③]沂蒙文化的包容性进一步成就了其先进性，沂蒙文化中的传统民本思想深深影响着当权者的施政纲领，而其先进性也深深地影响着沂蒙人民，使得沂蒙人民在仁义敦厚的性格基础上，能够积极踊跃地吸纳中国的时代文化和世界的先进思想，积极投身救国救民的战斗中。当20世纪初期西方马克思主义思想传入沂蒙地区之时，沂蒙人民没有排斥攻击，而是把它视作救民族于危难的指路明灯，积极响应革命、拥护革命、投身革命，进而催生出了伟大沂蒙精神。沂蒙地区的先进文化为沂蒙精神的形成提供了优秀的历史文化土壤。我们“以高度的理论自觉和文化自信，把传统文化的主导价值观与当代中国的现实价值导向、价值理想有机结合起来，创造出源于中国传统文化又高于中国传统文化的当代价值观，不断推进优秀传统文化与社会主义先进文化的的互动融合”。[④]中国共产党人提出的“以人民为中心”的发展理念是对沂蒙文化中民本思想的批判传承与时代创新。毫无疑义，沂蒙人民与中国共产党的生死与共、水乳交融，正是沂蒙文化中的传统民本思想最基本价值的体现和发展。

---

① ［晋］陈寿：《三国志》卷三十三《后主传》。

② ［晋］陈寿：《三国志》卷三十五《诸葛亮传》裴松之注引《袁子》。

③ 马艳：《中华优秀传统文化与高校思想政治教育融合研究》，新华出版社2024年版，第114页。

④ 马艳：《中华优秀传统文化与高校思想政治教育融合研究》，新华出版社2024年版，第115页。

第二节 马克思主义教育为沂蒙精神的形成奠定了思想基础

沂蒙地区的先进文化和沂蒙人民的奋起抗争为沂蒙精神的形成提供了坚实的传统文化基础和雄厚的群众基础。在中国共产党的正确领导下，在马克思主义的教育下，沂蒙人民充分认识到自身的价值和伟力，他们自觉自主的意识充分迸发，主动参与到中国革命和国家建设的伟大实践中，从而促成了伟大沂蒙精神的诞生。

中国共产党自成立之日起，就坚持从理论和实践两个方面贯彻执行马克思主义政党人民立场的根本要求，始终把人民利益置于首位，始终代表最广大人民群众的根本利益。中国共产党在坚持马克思主义人民观本质的基础上，结合中国实际和中国文化对马克思主义人民观的传承和创新，是中国共产党历代领导集体在中国革命和建设的实践中不断探索、不断发展的产物。

一、马克思主义在沂蒙地区的传播和价值

马克思主义理论的人民性观点强调推进历史发展和推动革命前进的主体力量是人民。人民群众与革命领导力量的同频共振，同心同德，同向同行，是确保革命和建设成功的必备条件，马克思主义的根本力量就是与人民群众的实践能够紧密结合。依靠人民首先要做的是教育引导工作，提高人民群众觉悟，提高他们的接受水平。毛泽东同志说过："党和群众的关系的问题，应当是：凡属人民群众的正确的意见，党必须依据情况，领导群众，加以实现；而对于人民群众中发生的不正确的意见，则必须教育群众，加以改正。"[①] 中外历史通过无数次事实证明了得民心者得天下这一毋庸置疑的金科玉律。《尚书·五子之歌》中有言"民惟

① 毛泽东:《在晋绥干部会议上的讲话》，转引自《毛泽东选集》（第四卷），人民出版社1991年版，第1310页。

邦本，本固邦宁”，人民群众的利益是国家政权根基稳固所在，人民利益折射社会生活的方方面面。中国共产党建党初心就是为人民谋幸福，为民族谋复兴，维护人民群众的根本利益是我们党一切工作的出发点和落脚点，要倾听人民呼声，回应群众期待。人民群众在社会矛盾和个人利益面前，由于个人认知水平和切身利益的差异，他们的意见通常比较感性、分散，反应程度也会有所不同。特别是在矛盾异常尖锐、社会动荡剧烈的历史时期，由于客观环境和自身条件的限制，有些人民群众的意见会因循守旧、会抵触反对、会缺乏理性，他们的诉求呈现出多样化和差异化的特点，这都需要宣传教育引导发动。依靠人民群众必须重视对他们的宣传教育工作，这是践行以人民为中心的重要前提。

人民群众出于维护自身利益需要萌发的思想观念，即便与当时的主流的价值观念契合，也很难直接用来当作革命运动的指导思想，只有先进的科学的革命理论能够承担起这一使命。当然，科学的革命理论也需要改造接纳人民群众的朴素理念才能吸引人民群众，才能更好地调动他们的积极性和创造性。革命的运动离不开革命的理论。毛泽东指出：“人们的社会存在，决定人们的思想。而代表先进阶级的正确思想，一旦被群众掌握，就会变成改造社会、改造世界的物质力量。”① 所以，想造就革命的运动，就必须加强革命理论的传播，用科学的革命理论对人民群众进行教育引导。社会的变革必然会促使人民群众的精神观念发生变化，而精神观念的变化反过来也会对社会变革产生影响。教育引导群众就是要实现他们思想观念的转变，其实质就是用科学的革命理论武装群众。

任何思想的出现，任何理论的传播，都要经历由陌生到熟悉再到被热爱的过程。虽然沂蒙大地有海纳百川的胸怀，沂蒙文化有兼容并包的气度，但是科学革命的马克思主义理论被沂蒙人民接受，成为改造世界的革命力量，也同样经历了中国化本土化的正常路径，同样经历了教育引导人民群众并被他们掌握的过程。诚如马克思在《〈黑格尔法哲学批判〉导言》中所说的，理论只有抓住事物本质，才能够说服人，才能掌握群众，理论也只有被群众掌握，才会成为物质力量，才

① 毛泽东:《人的正确思想是从哪里来的？》，人民出版社 1991 年版，第 1 页。

能具有巨大威力。马克思主义刚刚传入中国，就被沂蒙地区早期的先进分子敏锐地察觉到其蕴含的巨大革命力量，认识到这一理论将在未来革命中发挥伟大的指导作用，他们很快就以极高的热情，迅速地投入到通过马克思主义对群众进行教育引导的工作实践中。

马克思主义对沂蒙地区人民群众的教育引导，大致分为两个阶段。

第一阶段，1919—1923 年，主要内容是新思想新文化的启蒙，是马克思主义传播的准备时期。第一阶段以五四运动为契机，宣扬科学与民主，反对专制与愚昧，为马克思主义在沂蒙地区的传播做了前期的思想启蒙工作。沂蒙文化中有厚重的爱国元素，人民群众有浓厚的爱国热情，且历来就有接受新思想新观念的传统，虽然沂蒙山区被称为“四塞之崮，舟车不通；土货不出，外货不入”，但这不能阻挡沂蒙人民接受新思潮，迎接革命的热忱与豪迈。五四时期，民族危机不断加深，救亡图存成为时代旋律，民族已然警醒，精神不断复苏，临沂各界人士在北京爱国学生运动的鼓舞下迅速响应。兰陵各界于 1919 年 5 月 9 日举行国耻纪念会；临沂各界于 5 月中旬，举行罢市、罢课和游行示威，他们高呼：“坚决支持北京学生的爱国运动”“外争国权,内惩国贼”和“誓死收回青岛”等口号，抵制日本霸占山东的企图。5 月 30 日，临沂各界再次举行游行示威，奋起抵制，掀起查封和销毁日货的活动，沉重打击了日本帝国主义的嚣张气焰，鼓舞沂蒙地区人民群众的爱国热情。活动持续数月之久，波及蒙阴、沂水、日照等地的城镇和乡村。临沂人民反帝爱国浪潮的迅速掀起,把沂蒙地区的五四运动推向了深入。第一阶段的爱国运动，既对沂蒙地区社会民众发挥了新文化思想启蒙的作用，从思想上为日后马克思主义的传播奠定了基础，又为沂蒙地区党组织的建立作了思想上和干部上的准备。

第二阶段，1923—1926 年，主要内容是广泛传播马克思主义的科学思想。这一阶段，早期的共产党员和进步青年，在沂蒙大地播撒下无数革命的火种。最早在沂蒙地区接受并传播马克思主义的是王尽美，中国共产党创始人之一，山东诸城人，山东党组织最早的组织者和领导者，在党的创建和早期革命活动中，作出了卓越贡献。早在中国共产党成立之前，王尽美就开始了在沂蒙地区播撒革命火种的工作，广泛宣传马克思主义，培养了第一批新思想的启蒙者。沂蒙地区涌现出一大批经过五四运动洗礼的知识分子和有志青年，他们不断走出沂蒙大地，奔向全国各地的革命战场。他们通过各地党组织的教育引导，纷纷加入中国共产党，成为中国最早的临沂籍的共产党员，其中的优秀分子有李清潍、刘晓浦、刘一梦等人。他们为了民族的希望、国家的富强和人民的福祉，背井离乡，外出求学、工作，在新思潮、新学说的指引下找到了中国共产党，看到了民族的希望和前途。他们一方面通过书信、邮件、托人捎带等方式，把一些革命刊物寄回家乡，传递他们接触到的新思想和马克思主义学说，传播中国共产党的思想主张；另一方面通过假期和省亲的机会，与亲人、老乡、同学进行面对面交流，进行思想宣传和革命发动工作。总之，他们通过各种形式，尽己所能地传播马克思主义，在沂蒙地区成功地撒播了无数的革命火种，这些革命种子生根发芽，待春风至便会疯狂生长。1923 年，蒙阴县垛庄镇人刘晓浦，经由王尽美介绍入党，其侄刘一梦也随后入党。这一时期沂蒙地区涌现出的马克思主义传播者和实践者的杰出代表，还有郯城县的刘之言，沂南县的刘鸣銮，临沂的孙善师，以及沂水县的李清漪、李清潍、王敬斋等人。他们建立了很多宣传马克思主义和新思想的阵地，其中著名的有李清漪、李清潍开办的平民学校，以及王敬斋的“读书会”和“农民共济会”，其他同志也都以各种方式投身到马克思主义的宣传活动中。

青年学生走出大山，率先受到马克思主义新思想的洗礼，成为屹立时代潮头的弄潮儿，肩负家国兴衰的重任回到故乡，深入群众中大力宣传马克思主义，为中国共产党培养拥护和支持革命的骨干力量。在神州大地形势带动下，在沂蒙优秀儿女的努力下，沂蒙大地春潮涌动。临沂北部以李清漪、李清潍、刘鸣銮和王敬斋等为代表；临沂东部以日照县（今日照市）的丁君羊、郑天九、陈雷和安哲等为代表；临沂西部和南部以刘之言、孙金宣、孙善师等为代表，他们广泛传播革命思想，人民群众的革命热情空前高涨。沂蒙地区初步形成了三个马克思主义宣传中心：沂水、日照和郯马。

对人民群众的教育引导工作受到他们接受程度的制约，要注意方式方法。帮助人民群众换脑最重要的是采用正确的方式方法走心。毛泽东同志提出：“我们是革命战争的领导者、组织者，我们又是群众生活的领导者、组织者。组织革命战争，改良群众生活，这是我们的两大任务。……我们不但要提出任务，而且要解决完成任务的方法问题。我们的任务是过河，但是没有桥或没有船就不能过。不解决桥或船的问题，过河就是一句空话。不解决方法问题，任务也只是瞎说一顿。”[①] 就是要求宣传工作者必须学会用最贴近底层人民群众的方式和手段，真正走进他们的内心世界，注重科学理论教育引导群众的实效，帮助群众真正接受、理解和掌握革命的思想。这是宣传工作中尤为关键的问题。

马克思主义只有与人民群众紧密结合，才能迸发出自身孕育的磅礴伟力。沂蒙地区自然环境相对闭塞，致使与外界接触相对较少，沂蒙文化中的“正统”思想根深蒂固，区域内的人民群众中农民比例较大，文化层次低。摆在沂蒙地区年轻马克思主义传播者面前需要破解的难题，就是如何让人民群众接受西方传入的马克思主义思想。在最初马克思主义的传播过程中，“灌输”式的宣传教育是最简单也是最必要的，事实证明也是有效的。在那个年代要加强马克思主义科学理论对实践指导作用的宣传，尤其需要“灌输”和“引领”。在广大人民群众无产阶级自觉的阶级意识形成之前，通过“灌输”理论来指导实践走向社会主义是必不可少的。马克思主义传播是马克思主义中国化时代化大众化的基本前提。马克思主义基本的内在方式之一是传播，实质就是“灌输、改善传播过程，实现马克思主义的广泛传播和大众普及，进一步推进马克思主义中国化时代化大众化”[②]。

这里需要解释的是，此处的“灌输”并非强制接受之意，“灌输”是我们党宣传工作中的一种最基本方法，是我们党宣传工作的基本原则和重要方法。最早提出灌输理论的是俄国革命家普列汉诺夫，后来列宁在领导俄国革命的过程中，

① 毛泽东：《关心群众生活，注意工作方法》，转引自《毛泽东选集》（第一卷），人民出版社1991年版，第139页。

② 李明：《灌输、传播与大众化》，人民网－理论频道2012年2月13日。

结合群众实际，对马克思、恩格斯的有关文献中蕴含的思想加以阐发，进一步把考茨基等人对“灌输”的论述系统化和理论化，并创新理论，形成科学的、完整的“灌输论”观点体系，进而发展成为马克思主义的重要原理。具体是指先进分子采取各种方法，持续向工人和广大群众开展马克思主义理论与党的路线、方针和政策的灌输工作。

早期的中共党员根据灌输理论走进人民群众，依靠人民群众，采取他们能够接受且易于接受的手段和方式传播马克思主义。当时最普遍也是最主要的传播手段是成立平民学校和群众社团。沂蒙山区早期的共产党员李清漪，1926 年回到家乡，一边养病，一边传播马克思主义。他的主要做法就是成立平民学校，献房集资，编印教材，对贫苦人民和青少年开展思想启蒙运动，揭露阶级压迫，宣传反抗革命。他油印的《农民小报》，通过一些通俗易懂的事例，来培养和提高农民的阶级觉悟。在他的带动下，沂水县西北乡的青年知识分子李鸿宝和陈梯山等先进的知识分子根据农民求知若渴的实际，纷纷办起了平民学校，对年轻人和穷苦人开展思想启蒙教育。史料记载，夜校开班后不久，沂水西北乡附近山上的石头上竟然被刻满了汉字，原来是上夜校的农民在山上干活时，不忘复习所学知识，就将所学内容都刻在了石头上。由此可见，成立平民学校，通过识字的方式扫除文盲，进而传播先进思想，是人民群众愿意接受的有效方式。后来，八路军一一五师挺进山东，以及在沂蒙革命根据地的创建过程中，都延续了这一做法。灌输成为我党对人民群众施加教育引导，以及促进党群关系、军民关系融洽的重要手段之一。

同一时期的沂水县人王敬斋，吸纳学生、教员和农民成立了诸如“读书会”“小学教员联合会”“农民共济会”等革命群众组织，在传播文化知识的同时，宣传马克思主义革命理论，为党培养骨干力量和积极分子。沂蒙人民在他们的宣传启蒙下，渐渐懂得了翻身抗争、救亡图存的道理，马克思主义的星星之火之所以能够在沂蒙大地上点燃并呈燎原之势，就是得益于早期共产党人的不懈努力和薪火相传。最初的马克思主义者和后继者们传播马克思主义的成功经验，就是在教育引导人民群众的同时注重对他们的依靠。沂蒙地区最早的党组织诞生于沂水县，得益于对人民群众开展的教育引导，也与这里的人民群众被广泛发动密切相关。正是因为沂蒙地区的马克思主义传播较早，群众基础较好，党中央后来才在这里建立抗日根据地。

沂蒙地区的马克思主义传播阶段具有三个主要特点：第一，沂蒙籍的进步青年发挥了重要的媒介作用，成为马克思主义传播的骨干力量，在他们的影响和带动下，沂蒙地区形成了三个传播中心：沂水、日照和临郯。第二，马克思主义传播从总体上尽管还比较分散，缺乏系统性，但指向和目的都非常明确，就是用马克思主义武装青少年和穷苦大众，培养、提高他们为自身利益寻求解放的觉悟意识。在他们的努力之下，沂蒙地区的部分人民群众开始接受马克思主义理论，中国共产党开始在沂蒙地区生根发芽，为日后的茁壮成长奠定了坚实的基础。第三，早期的马克思主义传播者对宣传教育的方式充分考虑，采取的是较为通俗、大众的方式，因贴近群众而收到良好的教育效果。

沂蒙地区马克思主义理论的传播，是马克思主义大众化中国化的实践，是我们党教育引导人民群众、践行人民主体的实践，成功地促进了沂蒙人民的觉醒。先进的马克思主义理论被广大的人民群众接受，就从思想上为沂蒙地区中共早期地方组织的创建奠定了基础。

二、中共党组织在沂蒙地区的建立和发展

沂蒙地区卓有成效的马克思主义宣传发动工作，从思想上为中国共产党早期地方组织的创建奠定了坚实的基础，也为沂蒙地区人民群众的觉醒提供了科学的思想指导。

（一）党组织的建立及早期发展

从1840年鸦片战争到1919年五四运动期间，中国人民为了反对帝国主义的疯狂侵略和封建地主阶级的残暴统治进行了前赴后继、不屈不挠的斗争，但最终都以失败告终。伴随着帝国主义的入侵和近现代工业的发展，中国的无产阶级产生并且在不断地发展壮大，从阶级力量上为中国共产党的建立奠定了雄厚的基础。

1917 年，俄国十月革命一声炮响给中国送来了马列主义，中国的先进分子从此找到了救国救民的真理，从思想上为中国共产党的建立奠定了基础。1919 年爆发的五四运动，从实践中促进了马克思主义和中国工人运动的结合，从思想上和干部上为中国共产党的建立创造了条件。中国共产党的诞生是近代中国革命发展的客观需要，是马克思主义同中国工人运动相结合的必然产物。伟大的中国共产党在 1921 年应时代之需诞生在上海。她的成立，是中国历史上一个开天辟地的重大事件，她的成立强有力地推动了中国革命的发展。

为推动中国革命高潮的早日到来，早期的共产党员奔赴全国各地，也包括自己的家乡，开始了促进民众觉醒和提高革命自觉的宣传活动，沂蒙地区的马克思主义宣传和早期党组织建立的工作也由此悄然拉开了帷幕。

中共沂水县委。王敬斋，山东省沂水县人，1921 年在淄博洪山煤矿当职员，追求进步，积极投身工人运动，1924 年组织矿业工会，成为矿区工人运动骨干，同年加入中国共产党，被任命为洪山煤矿党小组组长。1926 年 3 月，到广州第六届农民运动讲习所学习，同年 10 月受中共山东区执行委员会派遣到沂水县从事建党和革命工作。王敬斋借助同乡、同学关系，联系了沂水当地的一些关心国家前途、积极追求进步的青年知识分子，向他们讲述南方革命形势，以及国共合作推动北伐并取得胜利的情况。他还让这些骨干成员到学生、教员、农民中做宣传工作，帮助建立读书会、小学教员联合会和农民协会。王敬斋先后发展了鞠百实、邵德孚、张希周等沂水县第一批早期党员。与此同时，其他早期的共产党员身影也积极活跃在沂水县的周边地区。李清漪，山东省沂水县诸葛镇人，1924 年在上海大学读书，经系主任瞿秋白介绍，他秘密加入了中国共产党，成为临沂市最早的中共党员之一，1925 年曾任上海总工会总务科文牍股秘书。1926 年李清漪因病回到家乡。养病期间，他利用自己家的房屋创办平民夜校，吸引了周围村庄 30 多名贫苦青少年，与弟弟李清潍一起创办了《农民小报》，自己用油印机印刷成册，向劳苦人民宣传马克思理论。在他的影响带动下，邻村的进步知识分子也陆续创办平民学校或夜校，马克思主义在沂水的西北乡迅速传播。随着党员队伍的壮大，1927 年 4 月，中共山东区执委批准建立中国共产党沂水支部，王敬斋为负责人，成员有鞠百实、邵德孚、张希周三人，这是沂蒙地区最早的党组织。后来，王敬斋与李清漪取得联系。从此，沂水支部成为全县党员的统一组织，成为沂蒙地区的第一个党组织，王敬斋为负责人，直属中共山东区执行委员会。

沂水支部成立后，组织发展较快，随着曹泽生、徐子厚、孙固斋、朱寿年、杜润芳等人的相继入党，他们把组织的发展工作迅速扩大到沂水县南部、西南部和北部。同时支部发动党员继续从事农民运动工作，效果显著。在后来欢迎北伐军到达临沂的活动中，沂水支部发动国共两党的党员举行隆重的欢迎仪式。由于北伐军很快从临沂撤退，军阀的队伍又重新占据沂水城。而共产党员的身份在此次活动中全部暴露，为避免损失，党员随后疏散隐蔽，中共沂水党支部工作暂停。

1927 年 11 月，中共山东省委通知原沂水支部党员张希周前往济南，任命他为沂水党组织负责人，重新整顿沂水党组织。张希周重新发展党员，其中包括沂水县第一批女党员皇甫玉、牟馨斋等。及至 1928 年 5 月，山东省委特派员孙兆鹏到沂水指导工作，经他批准后，沂水县党员名单分批报告省委。1928 年 6 月，成立中共沂水特别支部,直属中共山东省委领导,孙兆鹏担任书记。1928 年 12 月，经孙兆鹏提议，全县党员代表大会在沂水南部司马村召开。会上选出县委委员 5 名，组成中共沂水县委，朱寿年任书记。县委直属中共山东省委领导。县委下属南乡、城里、北乡三个区委，以及埠前、东里小学支部和莒县特支。到 1929 年春，农会已经遍布全县农村，会员达到五万余人。沂水县委和特支成立后，迅速展开有计划地恢复发展党员，壮大党组织的活动。到 1933 年春，县委下属南乡、西南乡、西北乡三个区委，9 个支部，党员发展到近 300 人。中国共产主义青年团沂水县委员会也在这一年的 5 月建立，由陈善担任书记。

中共日照中心县委。安哲，原名安丰铎，日照县（今日照市）安家村人，八岁起便跟着父亲念书识字，从小聪慧、勤快。1925 年 8 月，在济南省立第一中学上学的安哲认识了邓恩铭。经邓恩铭介绍，阅读了鲁迅以及《新青年》上的文章作品，大开眼界。后在邓恩铭的倡导下，安哲组织在济南上学的一些日照籍青年成立了“少年日照学会”，主要参加者有郑天九、牟春霆（陈雷）、李平章等十几个人。这是一个党的外围组织，也是我们党培养优秀青年的组织之一。1926年春，安哲由丁君羊介绍，在济南加入了中国共产党。同年9月，安哲与郑天九、牟春霆、李平章等人被派往武汉，进入武汉中央军事政治学校学习。1927年8月，安哲被派回济南任省委巡视员。同年冬天被派到青岛开展工人运动。1928年春，省委又派安哲回日照同牟春霆、郑天九一起建立日照县委，在当地开展农民运动。这是中共日照的第一届县委，由省委直接领导，县委书记由安哲担任，组织部长由牟春霆担任，宣传部长由郑天九担任。县委建立后，安哲在安家村干小学教员，以职业作掩护，秘密发动群众，建立党的基层组织。1932年春，根据省委指示，日照县委改为中心县委，负责日照、莒县、沂水、诸城四个县的工作，安哲任中心县委书记。安哲又在诸城南部发展了一批党员，建立党的基层组织。经过安哲等人几个月的努力，到这年秋季，全县已有党员700余名，共青团员300余名，建立了6个区委、45个党支部和25个团支部。日照中心县委在秘密发展党、团组织，建立各种群众团体的基础上，积极领导农民开展向恶霸地主的斗争。这些斗争的胜利，在打击了地主乡绅气焰的同时，教育了广大人民群众，农民逐渐被动员组织起来，形成一股伟大力量。

中共临郯县委。刘之言，原名刘兆逊，籍贯郯城县马头镇，1923年进入山东省第一师范学校求学，入校后在共产党员庄龙甲的影响下，大量阅读进步书刊。1924年，加入中国共产党。1927年，奉系军阀张宗昌在济南大肆搜捕共产党员和进步学生，刘之言遵照山东省委的指示，回到家乡开展革命活动。他以教书职业作为掩护，从事秘密的地下工作。在他的主导下，先后成立了“读书会”“小学教员联合会”和“农民协会”等组织，在教师、学生和贫苦农民中进行革命思想的传播工作，积极发展进步力量。刘之言于1929年冬天，在郯城县马头三小成立了中共鲁南第一支部，书记由刘之言担任，副书记由刘谐和担任。这是中国共产党在临、郯、费、峄地区建立的第一个支部。刘之言和当时正在郯城县西南部进行秘密工作的中共徐海蚌特委派员唐东华取得联系后，在其帮助下中共郯城县委于1932年6月建立，书记由刘之言担任，接受中共苏鲁地区徐海蚌特委的领导，下辖马头、涝沟、四哨、城关4个区委。1932年9月，改称中共临郯县委，隶属中共山东省委，刘之言任书记兼组织部长，田英任组织部副部长，郭云舫任军事部长，管理临沂、郯城、峄县、费县、莒县和邳县（今江苏省邳州市）的部分地区，有党员350人，下辖4个区委31个党支部。

中共新蒙县委。中国共产党在上海成立后，在济南、曲阜等地求学的徐琳、王传敬、薛次箫、赵传钵等人，陆续加入党组织，并利用假期和各种机会回家乡开展革命活动。1931年2月，赵传钵、王宪廷、崔全法在新泰城西南关（今朝阳社区）小学成立了新泰第一个党小组——中共新泰小组，赵传钵任组长，隶属于中共曲阜二师支部。1931年6月，中共泰安特支重新建立，新泰小组隶属于泰安特支。中共山东省委为更好地开展新泰、蒙阴地区的工作，1931年12月派遣巡视员李冰若和“老张”（化名，真名不详）前往新泰、蒙阴加强组织工作，月底建立了中共新蒙县委，由赵传钵担任书记，李冰若、王宪廷分别担任组织委员和宣传委员。成立的新蒙县委下辖城关、烟庄和两县（村）一带的三个党小组，拥有近二十名党员。中共新蒙县委1932年春遭到破坏。10月，新泰县委在省委帮助下重新建立，书记由王献廷担任，到1933年春，在龙须崮地区发展中共党员70余人。

中国共产党成立后，马克思主义的春风迅速席卷全国大地，也温暖了被称为“四塞之崮”的沂蒙地区。春风从鲁南山区吹到沂水河畔，吹蓝了黄海之滨，吹绿了巍峨泰山。从1927年下半年到1932年冬，沂蒙地区党组织迎来了大发展时期。这期间，党的活动遍及沂蒙大地的城镇乡村，人民群众的思想觉悟迅速提高，党组织工作蓬勃开展。

1927年大革命失败，全国陷入一片白色恐怖之中，但沂蒙地区的党组织和人民群众经受住了历史的考验。他们没有放弃抗争，积蓄力量，等待时机，每一位党员，就是一个火种；每一个党组织，就是一座革命堡垒。他们用自己的坚守和不屈的意志，诠释着以人民为中心的斗争理念，深深地扎根于人民群众中，用贴近人民的方式走进他们的生活和内心，在教育引导人民的活动中依靠人民服务人民。他们的贴心细心和耐心，感动着人民群众，证明了“星星之火，可以燎原”的革命真理，伴随着沂蒙各地党组织的纷纷建立，沂蒙地区的革命面貌再次焕然一新。

（二）地方党组织武装斗争的尝试

沂蒙文化中坚强勇敢、忠贞不渝、不畏强权、孝悌友爱的精神代代传承，沂蒙人民自古以来就有反对暴政、拥护德政的优良传统。面对军阀的连年混战和国民党政府的横征暴敛，沂蒙人民不堪折磨，不屈的精神时刻破土而出，斗争的情绪在不断高涨。随着马克思主义的广泛传播，沂蒙地区基层党组织的纷纷建立，更多的人民群众的革命意识被唤醒，这一切为沂蒙地区武装斗争的开展奠定了一定的思想基础、组织基础和群众基础。

刚刚建立的沂蒙基层党组织在中央“左”倾思想的影响下，与南方苏维埃革命遥相呼应，发动了一次又一次革命暴动。中共沂蒙地方组织在19世纪30年代初，相继组织了日照、沂水、苍山、龙须崮等几次规模较大的武装暴动，进行革命武装斗争，在沂蒙革命斗争史上留下了极其悲壮的一页。他们成立了“中国工农红军鲁南游击总队”和“鲁南游击纵队”，进行了“打土豪、分土地”和“打倒旧政府、建立苏维埃政权”的尝试，尽管最后都失败了，付出了惨痛的代价，但是给国民党的反动统治沉重打击，扩大了中国共产党在人民群众中和社会上的影响。人民群众通过实际的接触对中国共产党的初心使命有了深刻的认识，共产党是真正为人民服务的政党，共产党领导的人民军队是真心为广大人民群众打天下的军队。

沂蒙地区的暴动实质上是在当时党内“左”倾冒险主义错误思想指导下的盲动。暴动的失败，沉重打击了沂蒙地区的革命事业，很多基层党组织遭到毁灭性的破坏，党的工作陷入瘫痪状态，沂蒙地区无数的党员干部和人民群众被反动派逮捕杀害，失败是惨痛的，教训是深刻的。一系列暴动的失败使沂蒙地区的革命事业蒙受了重大损失，开始促使基层党组织清醒，促使广大党员对中国革命的道路以及武装斗争的策略进行反思。

这一阶段中，沂蒙地区马克思主义的传播与基层党组织的建立，为我们党领导群众开展武装斗争奠定了初步的思想基础和组织基础。沂蒙人民在中国共产党的领导下，不怕牺牲、反抗强权、勇于斗争，为沂蒙精神的孕育奠定了最初的实践基础。伟大的沂蒙精神是在不屈的斗争和残酷的战争中诞生的。后来的实践证明，在抗日战争和解放战争中形成的沂蒙精神，得益于中国共产党与沂蒙人民群众同心同向的生死与共,得益于人民军队与人民群众水乳交融的鱼水深情。正因为如此，沂蒙精神才经受得住硝烟弥漫的战火的淬炼，经受得住血雨腥风的斗争的考验。

（三）基层党组织在挫折中前进

20世纪30年代初，沂蒙地区在各地党组织领导下，发动了一系列武装暴动，先后都失败了，各地党组织遭受严重破坏，暴动中很多优秀党员和先进分子献出了生命。挫折面前，沂蒙地区的党组织和党员同志们，没有放弃自己的信仰，紧紧跟随党中央的指示和步伐，吸取失败的教训，总结成功的经验，在艰难困苦中继续高举革命的旗帜砥砺前行。基层党组织和幸存下来的共产党员一面千方百计取得与上级党组织的联系，一面化整为零坚持斗争，继续深入人民群众，开展组织发动工作，积蓄力量等待革命高潮的到来。上级党组织也积极派出优秀人员深入基层，指导地方组织开展重建工作，帮助地方组织和人民群众重拾信心。人民群众一面悄悄地收殓烈士遗体，一面怀念伟大的中国共产党，期盼着亲人再次领导他们掀起新的斗争。

在上级党组织的领导关怀和人民群众的无私支持下，沂蒙地区的基层党组织没有在沉默中消亡，而是如凤凰涅槃般迸发出勃勃生机。中共费县工委、中共临沂中心县委、中共苏鲁边区临时特委等基层党组织陆续成立，很快便带领沂蒙人民创造了一个又一个胜利。

中共费县临时县委、费县工委。费县党支部于1932年8月成立，书记为尚明，党员有刘子峨、陈子未、郭华、陈子齐、诸葛昌林和商向前等人。同年秋，组织费县教师开展以增加工资为中心的罢课斗争，得到了社会各界的同情和支持，也是对党员和学生的锻炼和考验，并成功发展了一批新的入党对象。1933年，临郯县委发动的苍山暴动失败，领导成员刘谐和、马叙卿来到费县，在费县党组织的掩护下继续进行活动，同年11月，刘谐和、马叙卿主持成立中共费县临时县委，尚明任书记，陈子未、李伯瑾为委员。费县临时县委虽然与上级失去了联系，但依然独立坚持斗争。中共山东省工委于1935年冬重新建立。1936年8月，山东省委派宣传部长林浩到费县师范讲习所任教，掩护开展党的活动，发展新党员，联系失掉关系的地下党的组织。1936年10月，费县师范讲习所党支部建立，支部书记为崔晓东。11月，林浩同志亲自组建费县工作委员会，书记王宗一，组织部长崔晓东、宣传部长李祖恩。12月12日，西安事变爆发，林浩组织学生成立“抗日救国学生联合会”和“中华民族解放先锋队”。后林浩调回省委。1937年春，省委派安波来费县师讲所任教，以省委特派员的身份直接领导费县党组织的工作。费县党组织在这一时期内对人民群众的教育引导工作主要是通过费县师范讲习所的师生进行的，主要内容是宣传党的抗日主张，发展群众党员，扩大党的社会影响。这一时期的费县师范讲习所成为中共开展革命活动和宣传教育引导人民群众的主要基地。

中共苏鲁边区临时特委。20世纪30年代初，由于李立三、王明“左”倾思想错误的影响，全国各地党组织都遭到严重破坏。到1933年夏，徐州特委也因领导人相继被捕而停止了活动。尽管枣庄矿区党委是徐州特委及其所属党组织唯一保存下来的一个党组织，但同上级失掉联系，斗争的环境变得更加困难，在负责人郭子化领导下不得不独立开展工作。经过一段时间的努力，各地党组织得到恢复和发展，但随着形势的发展，需要建立一个统一的党的领导机构。郭子化在1935年2月，召集张光中、丛衍瑞和王明增等人，举行了各地党组织负责人会议，成立了中共苏鲁边区临时特委，作为这个地区党的活动的统一领导。临时特委书记由郭子化担任，负责临时特委的全面工作。特委的成立，标志着边区党的工作进入了一个新阶段。他们在和上级党组织失去一切联系的情况下，独立开展党的恢复工作，重新聚集各地党的骨干分子。1935年3月，临时特委决定以抱犊崮山区为中心，开展山区党的工作，建立革命根据地。5月，郭致远、高志成以开药店行医治病作掩护，到大北庄开办了天德堂药店，在抱犊崮山区建立了第一个地下工作点。6 月，中共大北庄支部成立。此后，在党支部的宣传教育引导下，当地人民群众逐渐觉醒，斗争意识愈来愈强。其间，许多暴露身份的党员和干部转移到此，这些同志共产主义信念坚定，对党忠诚，忠于人民，是经得起斗争考验的优秀干部，他们同郭子化同志一起，形成了一个坚强的领导核心。1936 年夏，临时特委建立中共临沂中心县委，负责开展临、滕、费、峄山区党的工作。1936 年底，伴随着革命形势的蓬勃发展，临时特委的活动范围已经从苏鲁边区扩大到苏鲁豫皖四省边区的 10 多个县。为适应形势需要，特委将中共苏鲁边区临时特委更名为中共苏鲁豫皖边区临时特委，中共苏鲁豫皖边区特委书记仍由郭子化担任，鲁南抱犊崮山区的高桥镇作为机关驻地。我党在抱犊崮山区的工作成功地开辟了革命基地，既有效地保障了临时特委的安全，也为后来创建鲁南抗日根据地奠定了雏形。

国民党第五十一军中共地下工委。国民党军第五十一军，最初是北洋军阀吴佩孚的第十八混成旅，后改编为奉军第二十军，1933 年按照国民党军队的编制序列改编成第五十一军。1937 年 6 月，奉命由西安开赴鲁南，进入沂蒙山区。中共地下工委迅速派遣党员打入五十一军内部展开统战工作，加强思想教育引导，宣传党的理论主张，发展积极分子，壮大革命队伍。地下三人小组中，张岗同志主要负责争取爱国知识分子；汪洋负责开展沂水山区工作；崔介在临沂教育界开展抗日活动。

从 1934 年到 1937 年，是沂蒙地区党组织遭遇挫折后的恢复期，是我们党继续践行马克思主义政党人民立场的重要时期，一面教育引导人民群众，一面融洽沂蒙地区党群关系。我们党的人民立场在当时的具体体现就是我们党的群众路线，这是党的生命线，也是我们党的根本工作路线。任何时期，只有一切为了群众才能赢得群众的支持，只有一切依靠群众才能更好地把人民群众的积极性、主动性和创造性激发出来。我们的力量来源于人民，我们的智慧来源于人民，而我们的奋斗目标还是为了人民，我们的工作必须由人民去落实执行，工作方向也必须充分征求人民的意见，这就是从群众中来，到群众中去。正如毛泽东比喻的那样：“水里可以没有鱼，但鱼儿却永远离不开水。”没有人民群众的支持，我们党就无法呼吸无法生存。当中国革命遭遇挫折，被迫转入低潮时，对人民群众的教育引导就变得尤其重要。这一时期，沂蒙地区的群众教育引导工作具有三个特点。

第一，教育引导工作的受众群体扩大。在党组织建立以及早期的发展阶段，我们党进入沂蒙山区的先进分子深入的人群主要是贫苦农民和青年学生，而挫折后恢复时期，教育引导工作开始深入更广阔的人群，涉及知识分子、开明士绅和军队士兵，人民群众范围进一步扩大。万春圃，出身地主家庭，为人耿直、有强烈的正义感和爱国心，1918 年组织民团自卫武装，自任民团团总，带领民团抵御土匪，在当地颇有影响，他倾向革命，同情共产党。后来中共苏鲁豫皖边区特委派李韶九、郭致远到这一带活动，万春圃对党的抗战主张坚决支持，倾心拥护，为抗日根据地的开辟作出了重要贡献。万春圃在抗战期间，英勇杀敌，保家卫国。万春圃 1946 年加入中国共产党的时候，罗荣桓对他高度评价。

第二，工作作风和工作方式更加理性。在经历挫折和失败的打击之后，基层党组织“左”倾冒动和急躁冒进的做法得到清醒认识，被逐步克服。基层党组织和党员意识到革命不可能一蹴而就，开始注重在人民群众积蓄力量等待革命时机，开始注重通过多种途径和形式开展人民群众的教育引导工作。例如，革命过程中遇到困难挫折或者敌我力量悬殊情况，冷静处理，沉着应对，有理有力有节地开展斗争，避免激化矛盾和武装对抗；党员身份暴露及时转移，减少不必要的损失；与上级党组织联系中断时，一面蛰伏继续开展工作，一面寻找途径联系上级；面对人民群众不同的阶级成分、革命觉悟的差别，尽可能团结一切可以团结的人，采取针对性强的教育引导方式开展思想工作，戒除简单粗暴，扩大群众基础。以上具体做法表明沂蒙地区的基层党组织已经从幼稚走向成熟，人民群众运动呈健康发展态势，为沂蒙精神的诞生提供了良好的生态环境。

第三，沂蒙党组织坚定支持响应中共山东省委和苏鲁边区临时特委等党组织的领导，始终坚守人民立场和人民主体，坚持并践行党的群众路线，有力地推动了临沂各地党组织的恢复、发展和壮大，为我们党抗战时期武装斗争的顺利开展积蓄了力量，也为沂蒙山根据地的建立打下了坚实的群众基础。

第三节

近代以降沂蒙人民的革命斗争为沂蒙精神的形成奠定了实践基础

在漫漫岁月长河中，沂蒙人民的血液里始终流淌着坚忍不拔、顽强不屈的斗争精神，在与大自然不懈斗争的同时，也不甘心封建统治阶级的压迫和剥削，为了自己的生存和尊严，展开了一次又一次可歌可泣的反抗斗争。近代以来，由于清王朝的腐败无能，对外战争接连失败，与资本主义国家签订了一系列割地赔款的辱国条约，中国开始进入半殖民地半封建社会。沂蒙人民承继优秀的革命传统，面对国内封建主义的压迫和国外资本主义的侵略，沂蒙地区的人民再次奋起反抗，掀起了一次又一次可歌可泣的顽强斗争，从而为沂蒙精神的形成奠定了坚实的群众基础。

一、沂蒙地区的幅军起义

由于清政府的腐败无能，鸦片战争战败，并与英国侵略者签订了丧权辱国的《南京条约》，中国百年屈辱历史从此开始，社会也沦为半殖民地半封建社会，为支付巨额赔款，清政府加紧了对人民的搜刮与剥削。早在太平天国运动爆发前夕，山东的民众已经不堪忍受清王朝反动统治阶级的虐政压迫，组织团体，进行反抗。其中，幅军是形成时间久、发动广、影响深的一支农民武装。幅军起义的外因是帝国主义侵略和太平天国革命运动影响，而内因则是严重的阶级矛盾。

幅军初期称幅党，活跃在苏北，由于当地统治势力较强，1861 年后，活动中心转入鲁南山区。他们先蓄发，然后各用五色幅巾勒头作为标志，所以，沂州俗称他们为“红头”“红胡子”等。形成武装组织后，他们夜聚昼散，杀富济贫。

幅军自咸丰三年（1853）开始武装起义至同治二年（1863）失败，在兰山、郯城、费县、峄县四个县的山区，由小到大，由弱变强，坚持武装斗争十几年，逐渐形成了四个根据地：以侯孟刘平为首领，活动于穆柯寨为主的运南山区；以枣庄石碑人刘双印为首领，活动于云谷山为主的抱犊崮山区；以费县尚庄人孙化祥为首领，活动于岐山为主的临费山区；以费县水寨（今属平邑）人程四虎为首领，活动于费滕山区围寨。各地幅军袭击官军，屡获胜利，1860 年 6 月，幅军首领孙化祥率部在费县起义，自称七十二寨主，统一了附近各部力量，清朝统治者大为惊恐，不断加派官兵镇压，怎奈幅军发展势头太猛，愈演愈烈。幅军的足迹南至运河、北到淄川、东至海滨，在费县、郯城、兰山、新泰、蒙阴、沂水、博山等县山区频繁活动，势力达到顶峰。其中，在鲁南地区活动的几支势力比较强的队伍刘双印、程四虎、孙化祥等部，人数都在数万以上。孙化祥所部鼎盛时期的人数达到 10 万之众。

幅军气势如虹，清政府一方面不断向鲁南地区增兵，一方面鼓励地方乡绅兴办团练。在官府督责下，地方团练武装发展迅猛。1862 年底，清军总兵陈国瑞命令参将张从龙、千总张学圣、郯城县丞李思谦率兵进攻幅军营寨徐圩，幅军战败，200 余人被杀。随后，清军采取分进合击、各个击破的策略，致使幅军的兰山、郯城、费县等地的一些重要据点，比如仲村、长城、旺山、水寨等地接连失陷。至 1863 年 6 月，鲁南幅军在坚持武装斗争 13 年之后失败。幅军起义虽然失败，但是给清朝的封建统治以沉重打击，极大影响了后来沂蒙人民反抗剥削压迫的革命斗争。

二、沂蒙地区的捻军斗争

捻军在起义前称捻党。捻就是一伙人的意思，在民间俗称捻子，是北方地区的一种群众团体组织，参加者以农民为主。参加这种团体或组织称为入捻、在捻、随捻。捻子人数从几人到几百人不等。捻党在清初康熙年间就已经存在了，“河南之归、陈、南、汝、光，江苏之徐，山东之兖、沂、曹，所在有之。”[①]

1853 年太平军进入安徽，开始北伐，有力地推动了捻党运动的发展。各地捻党纷纷发动抗清起义，捻党转变成捻军。捻军最初的活动地点集中在皖东、

① （清）朱学勤总纂，《钦定剿平捻匪方略》，卷首《序言》。

苏北、河南、山东等地。1860 年 9 月，淮北捻军八万余人分属蓝、黑、白三旗，在姜台凌、程大伟等人带领下，从皖北浩浩荡荡进入山东的峄县、兰山等地，“绵亘六十里，兵声火色，数百里皆惊”[①]，捻军与幅军相互配合，攻城略地，朝野震动，并直接威胁京城安全。清政府立即发布上谕，任命科尔沁郡王僧格林沁、侍郎瑞麟率清军精锐 1 万人，前往山东围剿捻军。12 月 26 日，双方在巨野南部的羊山集激战，捻军分兵抵御、各个击破，充分发挥兵力上的优势，大败僧格林沁部，并击毙清副都统格明额等一众将领。僧格林沁命令部队修筑了一条长达 470 余里的长堤，妄图阻止捻军北上。但捻军很快就击败地方团练并攻破堤坝。1861 年 2 月 20 日，双方展开第二次大战，僧格林沁命令清军分南、北、中三路进攻，结果清军大败溃逃，捻军击毙清军上千人。3 月 17 日，捻军在汶上北面的杨柳集第三次包围僧格林沁的部队，发生第三次交战，清军副都统伊兴额以及徐州镇总兵滕家胜等被击毙，僧格林沁主力部队覆没殆尽。僧格林沁无计可施，捻军威震山东。捻军所到之处，撒播了革命种子，有力地推动了群众反清斗争。鲁西北、鲁西南、鲁南及鲁中地区的民众纷纷起义，获得长足发展，汇聚成山东人民反清斗争的一次新高潮。

1863 年，由于太平军在天京上游的战事中接连受挫，皖北的捻军也遭遇失败，张乐行牺牲，清廷相继镇压了山东各地人民的抗清斗争，捻军主力遂撤往河南、安徽等省。1864 年，太平天国运动失败后，太平军余部与捻军联合，推举太平军的遵王赖文光为新首领，继续坚持抗清，捻军转战苏北、鲁南，忽南忽北，时东时西，清军疲于奔命，但是后来捻军因进军方向出现分歧，而清廷也改变策略，坚壁清野，给捻军活动带来极大困难，在清军以及地方团练合围之下，捻军最后以失败告终。

捻军起义虽然失败，但给予清王朝沉重打击，清王朝的统治根基被动摇，捻军也在江北多地撒播了反抗斗争的火种。

---

①《中国近代史资料丛刊・捻军》，上海人民出版社 1957 年版，第 4 册，第 51 页。

三、沂蒙人民的反洋教斗争

19 世纪 60 年代开始，西方的基督教势力开始传入山东沂蒙地区，传教士们披着传教的外衣，收容社会上的地痞流氓等无业游民入教，为他们充当爪牙，欺压百姓，勾结官府，鱼肉乡里，破坏中国的司法公正，沂蒙人民不堪屈辱，奋起反抗，掀起了反洋教的斗争。

（一）沂水人民的反洋教斗争

安治泰在沂水王庄建立圣言会，一面强行宣传其教义，逼迫民众入教；另一面纵容教民行凶作恶，激起沂水人民的反抗。王庄及附近村庄的士绅于 1888 年春夏之交，自发组织起来攻击教堂。这次反洋教斗争，尽管规模不大，却是当地人民与洋教的第一次正面冲突，影响较大。

这次冲突之后，圣言会继续掠夺土地，肆意宣传，致使民教矛盾进一步激化。沂州府东部地区的莒州、日照两州县人民，与附近诸城县（今诸城市）人民联合起来，建立了一支两万余人的队伍，于 1898 年秋，发动了对各地教堂的进攻，

拉开了 1898—1899 年间沂州地区人民反洋教斗争高潮的帷幕。沂水人民再次奋起响应。11 月 22 日，南北左泉一带的反洋教民众会同来自莒州的一部分民众，进攻左泉教堂。其后，沂水人民和其他各县的反洋教民众合兵一处，前往沂州府城，捣毁了沿途许多教堂。为镇压各地风起云涌的反洋教斗争，美国驻烟台领事法勒电请山东巡抚张汝梅派兵弹压，各地的反洋教斗争在中外反动势力联合镇压下失败。之后，沂水人民的反洋教斗争与沂州府其他各县一样持续不断，一直延续到 1899 年夏初才告一段落。

（二）费县人民的反洋教斗争

德国天主教会在费县，一面以各种形式霸占农民田产，一面招揽无赖、恶霸入教。地痞无赖入教后仗着洋人撑腰，为非作歹，对广大民众肆意的敲诈勒索，激起了费县民众的反抗。1899 年 2 月，费县同乐、接峪、青山湖等地饱受欺凌的 50 余民众，在孙玉田、孙孝德等人的带领下，高喊“抢洋教，打洋人”口号，手持武器攻打教堂，沿途群众纷纷加入，教众闻风逃窜。当天下午，孙玉田、孙

孝德又带领500余民众再次袭击同乐庄教堂，抓获并处死教徒谢景伦父子。同时，孙朋起领导费县东南乡西村的民众一百余人，手持刀枪棍棒，前往青山湖、接峪等村，进行反洋教斗争。

费县白埠村于1909年10月爆发孙隆三领导的反洋教斗争。孙隆三带领群众四五百人，将人称“二鬼子”、仗势欺人、作恶多端的教徒孙隆典杀死，随后火烧白埠教堂，捣毁了洋教的店铺。但是费县县衙在传教士华德胜威逼下，逮捕了村民30余人，孙隆三也被捕入狱，费县的反洋教斗争失败。

（三）郯城人民的反洋教斗争

德国传教士戈巴德在郯城的神山、西庄，一方面拉拢地痞流氓加入教会，危害乡里，破坏司法公正，霸凌乡民；另一方面，垄断商行，囤积居奇，哄抬物价，激起民怨。1898年春，民众在杨清贤、宓保仁、杨振德、胡兆清、刘盛贵、傅鸿勋等人带领下，发动了轰轰烈烈的反洋教斗争。他们号召“抵制洋人洋教，均粮济贫”，捣毁教堂，将洋人囤积的物资分发给贫苦人民。周围群众纷纷响应，参加斗争的群众多达2万人。1899年3月，千余民众再次聚集，声讨洋教，由于主要首领杨振坤、杨振德、宓保仁、陈际阶、胡兆信、刘盛贵、傅鸿勋等人被暗算或者被诱捕入狱，杨清贤则在乡亲掩护下逃亡。民众数千人包围县衙为众人作保求释，洋教徒于振海仗势欺人，企图报复，结果被兰山县（今兰山区）农民陆乾等人秘密绑架处死。

四、沂蒙地区的反清反袁斗争

沂蒙地区的仁人志士作为群众中的先进分子，他们于19世纪末20世纪初，为了推翻腐朽的清王朝，救民众于水火，前赴后继投身到打倒清王朝、建造民主共和国的资产阶级革命的洪流中。山东的战略地位非常重要，背靠中原大地，东临渤海和黄海，南接江淮平原，与平津距离也不远，而沂蒙地区是鲁南的核心地带，自古以来就是兵家必争之地。清朝末年，资产阶级革命党人在沂蒙地区传播民主革命思想，建立革命组织，积极策划推翻清廷和反对袁世凯复辟帝制的起义暴动，有力地配合了全国的反清反袁斗争，沉重打击了帝国主义、封建主义的统治，推动了沂蒙革命运动的发展，谱写了光辉篇章。

（一）同盟会在沂蒙

中国同盟会，全称中国革命同盟会，是中国近代第一个全国性的资产阶级革命政党，成立于日本东京，它在推翻清王朝、结束中国两千多年帝制的辛亥革命中发挥了重要作用。加入同盟会的沂蒙籍留日学生有李光仪、赵保太、段荫远、庄陔兰、周瑞麟、刘佛缘等10余人，他们一方面在日本积极宣传同盟会纲领，扩大同盟会影响。一方面将同盟会机关刊物《民报》等其他宣传革命的报刊寄回家乡，促进了沂蒙地区革命思想的觉醒，推动了资产阶级革命运动的开展。回国后，他们致力于山东和沂蒙地区革命运动的开展，积极参与地方办学，把课堂变成他们揭露清王朝媚外卖国和痛斥帝国主义侵略中国的阵地，教育发动学生反帝反封建。李光仪，临沂兰山人，保定师范学堂毕业后，官费留学日本。李光仪在中国同盟会成立后，与丁惟汾、刘冠三等人在东京组织成立了中国同盟会山东分会，并担任山东分会会长。回国后，李光仪担任沂州初级师范学校教务长、县署“乙种警察教练所”教习等职。他利用各种机会揭露清政府的腐败无能，指出中华民族正处于亡国灭种的危急关头，呼吁民众只有团结起来，奋发图强，方能振兴中华民族。周瑞麟，沂水县人，20岁考中秀才，留学日本期间加入了同盟会。毕业回国后，自筹经费，创办沂水县第一公学，并把学校变成同盟会的活动基地，发展会员，积蓄革命力量。后来，第一公学被刘南宅地主指使地痞破坏，但周瑞麟没有放弃，继续冒着生命危险，于1908年创办了沂水第二公学。在他的宣传影响下，第二公学的教员以及很多学生相继加入了同盟会，第二公学成为当时沂水的革命中心，周瑞麟也被选为沂水县同盟会会长。

在国内参加同盟会的仁人志士也积极投身于创办新式学堂的工作，一方面提高人民群众的知识水平，一方面利用学堂对学生进行反帝反封建的革命宣传。方耀庭，郯城县马头镇人，曾经就读济南师范学堂，后考入北京师范大学堂。他在学校接受了孙中山先生的民主革命思想，并加入了同盟会。毕业后回到山东，就以教育为掩护开展宣传革命的活动。方耀庭在家乡创办了求是学堂，自任校长，并亲自授课。求是学堂打破传统，不读经书读新书，不做八股写白话，向学生和群众宣传革命思想，倡导暴力革命，指出只有民主才能救中国。学校还开设音乐、体育等课程，被当地人称为“洋学堂”。在求是学堂影响下，郯城县先后出现了女子高等学校、启新女校、竞进学校等10余所新学堂学校。在他的影响带动下，邓月楼、徐凤楼、于霨辰等人加入了同盟会，成为郯城县最早的一批同盟会会员。

一些非沂蒙籍的同盟会会员也积极投身沂蒙地区的革命活动，帮助沂州早日实现光复。刘冠三，山东同盟会的重要领导人，他是最早在沂州从事资产阶级革命活动的外地人，沂州公学的学生孙建平就是在他的介绍下加入了同盟会。在刘冠三之后，同盟会会员尤民、吴廷勋等人也来到沂州开展革命宣传。他们主要活跃在清军的下级官兵、绿林好汉、地方帮会中，他们通过大量细致的工作，成功地做通了沂州协副将以及一些沂州防营中的官兵的工作，为而后的沂州暴动，奠定了坚实的组织和人员基础。

1911年武昌起义爆发，沂蒙革命党人响应湖北军政府的号召，积极筹备武装起义。在刘冠三指导下，武装会合了鲁西南、沂州等地及大江南北约集好的散兵游勇、绿林豪杰、帮会会众等四五千人，并按照军事单位进行编排，做好了迎接南方革命党军北伐的准备。最初的计划是在沂州发动暴动赢得独立，随后攻取鲁西南，待南方革命军到来后一起北上占领济南。由于清军节节溃退，南方革命党人陈干部进军神速，进驻徐州。沂蒙革命党尤民等人商议后决定放弃原计划，主动赶赴徐州与陈干部会合，合编为陆军第三十九旅，成为北伐军中一支重要的革命力量。

（二）沂蒙地区的反袁斗争

辛亥革命推翻了腐朽的清王朝，但是由于资产阶级的软弱性和妥协性，在帝国主义和封建势力的压迫下，革命果实被地主买办阶级的政治代表袁世凯窃取，中国进入了短暂而又混乱的北洋军阀统治时期。袁世凯倒行逆施，对外出卖国家利益，对内实行独裁统治。

1913年，“二次革命”爆发，沂蒙地区的革命党人积极准备响应。刘溥霖，沂水县埠前庄人，其父刘次哲，其兄刘彤霖、刘湛霖、刘淦霖均为山东同盟会成员。二次革命期间曾经赶赴曹州与民防营营长时建勋共谋起义响应。由于“二次革命”很快失败，计划未及实施。袁世凯命靳云鹏统治山东，残杀革命党人。刘溥霖先避居北京，后赶赴太原主编《公益报》，仅三个月报社就被查封，只得再回北京，闭门写作小说《孤剑寻仇》，以表心迹。应革命党人蔡自身等人的邀请，刘溥霖东渡日本，在东京拜见孙中山，面呈《山东军事进行计划说明书》，汇报了山东的革命斗争形势，受到孙中山的赞许。并与驻东京的各省革命党人的代表人物集会，谋求振奋精神，加强革命团结。1914 年 12 月 30 日，被孙中山任命为中华革命党山东支部长，回国筹备讨伐袁世凯。与革命志士方刚抵达青岛后，迅速联络革命力量，商讨反袁。后被靳云鹏获知，勾结青岛日本宪兵司令部于 11 月 24 日以刑事犯罪为名将刘溥霖等人拘捕，后在济南被杀。

1913 年，沂水县革命党人周瑞麟联络民众，组织工会，准备起事，由于被刘南宅地主揭发，1914 年初，周瑞麟、杨宝林、郑瑞麟、高筱山等 4 人被捕，被押解至济南。周瑞麟等人在狱中宁死不屈，被判处死刑。在各方营救下，后来改判徒刑。7 月 20 日，周瑞麟于狱中牺牲。

山东革命党人吴大洲在“二次革命”失败后逃亡日本，后加入孙中山先生组建的中华革命党。吴大洲于 1914 年冬奉命回国，与薄子明等人在大连建立了中华革命党山东支部。在听说沂州有众多绿林好汉时，便商议前往沂州劝导他们参加反袁斗争，革命党人庄维道、孙屹自告奋勇前往劝说。但他们乘船行至烟台时，被地方官府逮捕。吴大洲、薄子明等山东革命党人于 1915 年初返回青岛，尤民率领两淮与关外壮士并 100 多人赶往青岛投奔薄子明等人。他们计划在青岛举事，讨伐袁世凯的第一个目标仍然是沂州，且动员沂州城防某营长作为内应。薄子明与尤民、邓天乙等把 100 多位壮士编为敢死队，计划里应外合拿下沂州。但当薄子明、尤民等率领敢死队于 5 月 14 日傍晚在青岛出港时，先遭遇暴风骤雨恶劣天气，而后遇到敌人阻击，致使谋求沂州独立、建立反袁基地的计划再次破产。袁世凯 1915 年底复辟帝制，遭到了全国人民的反对。各地组建护国军讨伐袁世凯，此时，沂州地区的人民也在仁人志士的领导下积极参与武装反袁斗争。

沂蒙地区的革命志士为拯救民族危难，以天下为己任，积极投身到全国的反清反袁，以及建立民国的斗争当中，他们一往直前，无怨无悔，以大无畏的革命精神激励着沂蒙儿女前赴后继投入革命。他们的精神启迪着优秀的沂蒙儿女在革命的道路上继续前进，人民群众的革命热忱一旦遇到革命的思想就会立即迸发出耀眼的火花，释放出巨大的能量。沂蒙人民近代的反抗斗争也从另一个角度教育人民只有党群同心、军民情深才能够赢得斗争的胜利和自身的解放。

第二章

沂蒙精神的生成主体——人民

马克思主义理论高度重视人民群众在历史发展中的伟大作用，强调人民群众是社会历史及其关系的创造者。马克思曾经指出："理论一经掌握群众,也会变成物质力量。"[1]人民群众是历史的创造者,任何理论精神,只有通过人民群众的实践活动，才能转化为强大的物质力量。实践证明，沂蒙精神的生成主体存在着党和人民群众的双重主体，脱离了任何一个方面，沂蒙精神都不能生成。从另一个层面而言，中国共产党党员是劳动人民的普通一员，是工人阶级的先进分子，所以，沂蒙精神最突出的特征是"人民性"，其主体就是人民群众，脱离了这一主体就失去了其生成和发展的基础和根源。沂蒙精神从某种意义上讲，是与马克思主义群众观相伴而生的。共产党人决不能脱离人民群众，必须始终相信人民群众，坚守人民立场，坚持人民主体，相信人民群众创造历史的主观能动性。

① 《马克思恩格斯选集》(第一卷)，人民出版社1955年版，第9页。

第一节

历史的反思——坚决彻底地贯彻群众路线是胜利的根本保证

“离开革命实践的理论是空洞的理论，而不以革命理论为指导的实践是盲目的实践。”[①] 用这句话来对20世纪30年代中国大地上发生的一系列暴动进行总结，真是恰如其分。任何一件事情的成功都需要科学的理论作指导，中国知名的新闻记者、政论家、出版家邹韬奋曾经把理论称为实践的眼睛。中国共产党早期领导中国革命屡屡遭受挫折的重要原因就是理论上存在不足，甚至一度被错误的理论指导所致。刘少奇同志针对我党理论指导方面出现的问题，指出：“特别是我们党的主观努力不够，二十年来，我党虽有极丰富的实际斗争经验，但缺乏理论的弱点仍旧未能克服。”[②] 他进一步分析，我们党在科学的马列主义思想上准备不足，导致在革命运动的指导上发生错误，造成工人运动和武装暴动出现了不应该有的损失。同理，我们党领导的沂蒙地区的武装斗争也不可避免地受到党内“左”倾错误思想的影响，在时机并不成熟的情况下盲目发动武装起义，过早地暴露革命力量，举事未成功，还给自身带来严重损失。

毛泽东在1927年的八七会议上提出了“枪杆子里出政权”的光辉论断。他认为，第一次大革命的实践充分证明中国不可能通过合法途径实现革命的胜利，只能通过武装斗争的形式，用武装的革命对抗武装的反革命，暴力夺取政权。沂蒙地区的几次农民暴动说明沂蒙地区早期的基层党组织对武装斗争的认识符合中国革命的实际，也从实践上进行了尝试，但是事实也证明，武装斗争要取得胜利

①《斯大林选集》(上卷)，人民出版社1979年版，第199-200页。

② 刘少奇：《答宋亮同志》，转引自《刘少奇论党的建设》，中央文献出版社1991年版，第275页。

仅靠理论认识、意志顽强是远远不够的，它还受到理论素养、领导能力、群众基础和斗争时机等等因素的制约。由于当时敌我力量的过分悬殊以及革命条件还没有完全具备，中共山东省委在中央“左”倾错误思想的指导下，命令沂蒙地区的基层党组织发动了多次武装暴动。当时我们党领导各地暴动的指导思想是“民众武装暴动”。它的形成，是因为我们党认为通过暴动能够促成农民的革命意识和革命信念的不断增强，在这一错误认识的指导下，出现了基层党组织不顾客观形势盲目暴动，仓促出击，暴露了革命力量，招致遭遇数倍于己的敌人的围攻，给革命带来难以估计的损失。日照暴动失败后，国民党反动当局对革命群众进行了疯狂报复，仅在县衙门口一次就杀害了 40 多名起义农民。沂水暴动失败后，反动当局制造了“黄石山惨案”，残杀 3000 多会众和老弱妇孺。这些地区的党组织在暴动之后，也都基本陷入停滞状态，在上级党组织很长时间的努力下，才得以恢复和发展。这些暴动失败的思想根源是党中央的“左”倾错误，从理论反思的层面来说，失败的根源是马克思主义理论没有与中国革命的实际相结合，马克思主义的简单化和教条化是沂蒙早期暴动失败的根本原因。

没有巩固的根据地作依托，武装斗争将成为无源之水、无本之木。没有根据地支撑的武装力量，其战斗力是不可能持久的。根据地是武装力量休养生息、力量保存、实力扩充的后方，是为革命的持续发展源源不断输送物资、兵源的战略基地。沂蒙地区早期的党组织在发展过程中对武装斗争和依靠广大农民的重要性也有一定程度的认识，但是自身对当时中国革命的特点、道路和依靠力量等问题认识不足，再加上受中央“左”倾错误影响，尽管也曾有建立根据地的建议和主张，但对农民参加革命、农村革命根据地创建的必要性和重要性不够重视，缺少相关实践。由于没有建立拥有强大群众基础的革命根据地，也就没有作为进攻依托和退却保障的基地。暴动之前对前景的估计过于乐观，对困难的考量严重不足，致使面对强大反动力量的反扑时缺乏思想准备，缺乏持续的后劲，处于进不能进、退又无处可退的苦难境地。这种用暴动去迎接革命高潮的想法，体现了广大农民“大无畏”革命精神的英雄主义做法，与中国历史上起义领袖振臂一呼、昙花一现没有实质区别，和我们党后来提出的“工农武装割据”思想也有着本质区别。

毛泽东同志结合农村革命根据地创建的实践经验归纳形成的“工农武装割据”思想，是指在中国共产党的领导下，采取的主要形式是武装斗争，中心内容是土地革命，建立农村革命根据地作为战略依托，三者相互结合建设红色政权的总概念。在“工农武装割据”的思想中，土地革命是国民革命的中心内容，农民是革命的主力军，只有解决了农民的土地问题，才能实现对农民的组织和发动工作，他们才能积极参加党领导的武装斗争，建立、巩固、发展农村革命根据地。根据地是进行土地革命、开展武装斗争的基础和依托。以山东为例，党建立的以沂蒙为中心的抗日战争和解放战争的根据地，在扭转山东战局和夺取全国胜利过程中发挥了重大作用，充分证明了党在领导中国革命过程中强烈的根据地意识和高瞻远瞩的战略胆识。

第一次轰轰烈烈的大革命失败后，党中央领导发动了一系列武装起义，都遭遇了失败。毛泽东领导秋收起义失败后退往井冈山，开始了建立革命根据地的尝试。但这时毛泽东关于武装割据的思想还处在萌芽阶段和初创时期，有待在实践中去验证和丰富。各地党组织武装斗争的理论和实践同样匮乏，再加上当时毛泽东所代表的正确主张并没有确立党内的统治地位，沂蒙地区的基层党组织更是远离中央，在白色恐怖强大势力封锁下消息相对闭塞，中央信息传递并不及时，革命的步伐往往会跟不上外部形势的变化。比如 1927 年大革命失败的消息，沂蒙地区党组织很长时间才收到；当南方苏维埃革命如火如荼展开时，沂蒙地区的党组织也不可能及时吸取成功经验和失败教训。这一切都导致沂蒙地区早期党组织并不具备发动农民武装暴动的客观条件。由于没有“工农武装割据思想”的理论指导，不具备洞察全局的理论勇气和战略眼光，所以，沂蒙地区早期党组织的武装暴动的失败是不可避免的，我们党需要做的就是及时总结经验教训，为下一次革命高潮的到来做好思想、组织的准备工作。所以，早期农民暴动失败的原因是多方面的，客观上确实是敌我力量过分悬殊、革命条件还不成熟、上级党组织指导存在错误等。但最重要的主观原因之一是缺乏必要的建立革命根据地的意识，没有建立我党自己的独立武装，人民群众的教育引导工作不够深入全面，造成农民暴动失败后，党组织及革命力量无处遁形。

人民群众是历史的参与者、创造者和推动者。武装斗争开展的基础条件和保障是广泛发动并依靠人民群众，沂蒙地区马克思主义的传播和早期党组织的建立都得益于人民群众的支持。随着革命形势的发展，特别是武装斗争的进行，党对群众问题尤其是对农民问题的认识还远远不够，没有广泛教育引导群众，对群众的宣传教育也不深入等问题进一步凸显。

党群关系重要性认识的严重不足以及欠缺引导教育群众的工作能力，这些已经严重不适应当时斗争形势的需要，制约甚至阻碍了革命力量的发展。“革命战争是群众的战争，只有动员群众才能进行战争，只有依靠群众才能进行战争。”[①]20 世纪 30 年代初期沂蒙地区农民暴动失败的最根本的原因是党的宣传教育引导不充分致使群众基础不够牢固，这是因为我们的党组织对马克思主义人民观的理论学习、认识不到位所致。从中央到基层，都存在革命的急躁冒进情绪，脱离群众，不切实际，片面认为革命高潮已经来到，失去了对革命形势和地方实际的理性判断，不折不扣地执行上级决定。在上级的错误思想指导下，基层纷纷暴动失败的后果就是直接导致基层党组织被严重破坏，广大革命群众被逮捕或杀害。地方革命转入低潮，基层党组织活动不得不转入地下，部分党员和意志不坚定者纷纷脱党甚至叛党，导致我党的党员数量迅速下降，再加上以往的群众工作中忽视了争取中间力量，以致暴动失败后很多中间阶层和开明人士纷纷远离共产党。不扎实的群众教育引导工作，导致了革命徒劳的观点在部分群众中滋生，对共产党以及中国革命的前途持有怀疑、悲观、失望情绪。

坚持人民立场，尊重人民群众的历史伟力，为人民服务，走群众路线。沂蒙地区的早期党组织也在遵循中央的指示精神坚定不移地走群众路线，但是他们对群众路线的理解和认识还不够深刻，不能严格贯彻党的群众路线。早期党组织对人民智慧、人民力量、人民创造力认识不够，没有把群众意识上升到工作中心的

① 毛泽东：《关心群众生活，注意工作方法》，转引自《毛泽东选集》（第一卷），人民出版社 1991 年版，第 136 页。

地位，没有把群众意识融入党员的血液里，成为一种自觉自发的行为。历史事实无数次证明，只有把人民视为根基和血脉，始终把人民利益作为工作思考的出发点和落脚点，才能拥有源头活水。所以，党的群众路线关系到党的前途命运，它是党的工作路线，是党的生命线和根本工作方法。如果严格贯彻执行党的群众路线，就会形成密切的党群关系，事业就得以前进发展；不能严格贯彻执行党的群众路线，就会损害党群关系，事业就会受挫停滞，甚至出现倒退。

回望沂蒙地区早期农民暴动，回顾党走过的艰辛历程，都在强调一个历史结论：中国共产党来自人民、植根人民、依赖人民、服务人民。每一个成就和每一次胜利，都离不开人民的支持。党之所以能够战胜前进道路上的艰难险阻，归根结底也是源于人民的支持。历史证明，坚持人民立场，想群众之所想，急群众之所盼，党就能无往而不胜。正如毛泽东同志所强调的："真正的铜墙铁壁是什么？是群众，是千百万真心实意地拥护革命的群众。这是真正的铜墙铁壁，什么力量也打不破的，完全打不破的。反革命打不破我们，我们却要打破反革命。在革命政府的周围团结起千百万群众来，发展我们的革命战争，我们就能消灭一切反革命，我们就能夺取全中国。"[①] 沂蒙地区早期暴动失败的惨痛教训给党组织深刻警示：以人民为中心是党一切工作的指针，群众利益是党所有工作的出发点和落脚点。沂蒙地区党组织深刻认识到：坚持群众路线，也只有坚持群众路线，中国的革命才有前途。他们践行马克思主义人民观的自觉性增强了，以人民为中心的意识牢固树立，党群同心，其利断金，沂蒙革命根据地铜墙铁壁的根基愈发坚实。沂蒙地区党的发展史就是一部群众路线践行贯彻和不断深入的历史。

从中共沂水支部成立的那一刻开始，沂蒙地区的党组织历经了土地革命战争、抗日战争、解放战争、社会主义建设和改革开放，沂蒙精神产生和发展的历史就是党群关系不断密切融洽的发展史。中国共产党在与人民群众的密切联系中发展壮大，人民群众的积极主动性和创造性在与中国共产党的密切融洽中不断高涨，

① 毛泽东：《关心群众生活，注意工作方法》，转引自《毛泽东选集》（第一卷），人民出版社 1991 年版，第 139 页。

党和人民的事业在践行人民主体和人民立场的过程中蒸蒸日上，党的执政能力在人民群众的参与中不断提高。

通过梳理我们党在沂蒙地区革命早期开展的教育引导工作、马克思主义传播工作、党组织建立、武装暴动发动和挫折中前进的波折道路，细致考察早期党组织在沂蒙地区教育群众、发动群众、服务群众、依靠群众的实践活动，我们得出两个结论：党同人民群众的关系是双向的，一方面，人民群众是历史的创造者，革命成功需要人民群众的力量，没有他们的参与，革命不可能取得胜利；另一方面，没有先进思想作指导的政党的领导，人民群众运动不可能取得真正的胜利。通过对沂蒙地区早期革命活动成败的鲜活对比，我们已经能够充分发现党群之间彼此成就的鱼水关系，也能够清楚看见马克思主义人民观和沂蒙精神形成之间的关联。沂蒙精神具有党同人民群众双重主体，孤立地依靠任何一个主体都不可能生成。人民性是沂蒙精神最突出的特性，脱离了人民群众这一主体是不可能找到其生成和发展的基础和根源的。所以，从某种意义上说，正是以人民为主体的工作作风和革命精神催生出了沂蒙精神。正是人民立场的不断牢固，为人民服务的意识日趋浓厚，我们党革命、建设和改革开放的事业才能不断深化，同时也促使我们党以人民为中心思想的不断发展完善，其间沂蒙精神实现了生成和发展。

坚守初心，方得始终。习近平同志高度重视群众路线的价值作用，在很多会议上反复对党员同志进行告诫并强调："始终要把人民放在心中最高的位置，始终全心全意为人民服务，始终为人民利益和幸福而努力工作。"[①] 以习近平同志为核心的党中央提出的"以人民为中心"的发展理念是马克思主义人民观在中国新时代的传承创新，是党的群众路线在新时代的践行，是党在自身发展中世界观和价值理念的凝练，"'坚持人民至上'，表明了中国共产党以人民为中心的价值导向和根本立场。"[②] 更是新时代具有现实意义的方法论和思维模式。

---

①《习近平谈治国理政》（第三卷），外文出版社 2020 年版，第 139 页。

② 丁瑞兆、措吉、周洪军：《全媒体时代高校思想政治教育研究》，新华出版社 2023 年版，第 60 页。

第二节

沂蒙精神的生成主体

沂蒙精神是革命战争年代淬炼生成的，产生形成于抗战时期，丰富完善在解放战争时期。在沂蒙人民一次次的奋起抗争中，在党政军民生死同心的英勇战斗中，在建设人民政权和开展减租减息过程中，在人民群众的踊跃支前和拥军参军的活动中，孕育生成了伟大的沂蒙精神。围绕人民性对沂蒙精神展开探讨更富有时代使命。沂蒙精神是沂蒙地区的党政军民在英明的中共中央和山东分局领导下，践行马克思主义政党人民立场的精神结晶。我们可以从沂蒙地区党政军领导干部和沂蒙地区人民群众两个视角来探析沂蒙精神的生成。

一、沂蒙地区党政军领导干部的理论素养

习近平指出："为什么人、靠什么人的问题，是检验一个政党、一个政权性质的试金石。带领人民创造幸福生活，是我们党始终不渝的奋斗目标。"① 以习近平同志为核心的党中央提出的"以人民为中心"的发展理念包含"为了谁"的出发点、"依靠谁"的力量主体、"由谁享有发展成果"和"由谁监督"权力运行，最后是"由谁评判"发展效果的落脚点。中国共产党代表人民群众的利益，是无产阶级政党，其根本的政治立场就是人民立场，这是把人民放在最高位置上的立场，马克思主义人民观包括人民观点、群众路线和人民工作理论。以毛泽东同志为代表的中国共产党人的人民观，在抗日战争和解放战争时期的主要内容包括：人民群众是历史的创造者，一切为了人民群众，要把人民群众的利益放在第一位，全心全意为人民服务；要相信群众、依靠群众，从群众中来，到群众中去；无尽的

①《习近平著作选读》（第一卷），人民出版社 2023 年版，第 37 页。

创造力深深地蕴藏于人民群众中，他们作为真正的英雄，是中国共产党智慧的摇篮和力量的源泉。1938 年，毛泽东在延安公开发表了重要军事论著《论持久战》，强调“兵民是胜利之本”，“战争的伟力之最深厚的根源，存在于民众之中”。文中指出，我们赢得抗战胜利的最深厚的力量源泉蕴含在人民群众中，我军克敌制胜的法宝永远都是军民融合。其中，人民观点是理论基础，群众路线是思路与方法，人民工作是群众观点、群众路线在实践中的具体表现。同一时期的沂蒙党政军领导基本理解并掌握了以毛泽东思想为代表的人民观。

第一，沂蒙地区的党政军领导高度重视人民群众的主体地位，清醒地认识到人民群众蕴藏的巨大伟力，明确主张依靠人民群众。八路军第一纵队司令员徐向前 1939 年到达沂蒙后强调指出 :“抗日政权只有得到广大民众拥护，才会有力量。”[①] 要求党员干部不仅要在平时依靠人民群众，尤其在战斗中，更需要取得他们的支持和帮助，强调这是取得胜利的关键要素。山东省临时参议会参议员郭英于 1940 年 8 月在沂蒙地区召开的山东省“联合大会”上，要求领导干部必须充分认识到人民群众的伟大力量，才能以谦虚谨慎、坦白诚恳的态度与人民群众打交道，才会想方设法去组织领导人民群众。1941 年 12 月，中共中央山东分局书记、八路军第一纵队政委朱瑞对日伪军在 1941 年底的大扫荡进行总结时指出，尽管损失非常大，但是党在山东还有沂蒙地区抗战的条件依然具备，最主要的条件就是依然拥有人民群众的支持。1943 年 6 月，为发动群众抗战，罗荣桓主持下的山东分局结合延安的整风运动，大抓党的群众纪律和作风建设，颁布《山东军区、一一五师关于拥政爱民的决定》，指出 :“如没有政权与人民的动员，人力、物力、财力的解决就不可能，则我坚持五年抗战也是根本不可能的。”“只有更加依靠及密切与人民的联系，尊重人民，才能得到人民对自己的帮助，这就是我们力量的

① 中共中央文献研究室、中央档案馆 :《建党以来重要文献选编(一九二一——一九四九)》(第十六册)，中央文献出版社 2011 年版，第 818 页。

源泉。”[①] 以这些制度规定的执行为抓手，不断加强党的组织建设、思想作风建设和廉洁自律建设。山东战时行政委员会主任、山东分局副书记黎玉于 1943 年 10 月特别指出："群众观念不强的人，必然会变成官僚主义者；群众观念不强的机关，也必然会变成为官僚主义的机关。”“究竟什么是群众观念呢？这是党与非党群众的关系问题，是革命力量的源泉问题，也是马列主义最基本的问题。”[②]1945 年 9 月，黎玉进一步对每一个党员提出告诫，要求他们必须对群众问题具有一个最清醒的无产阶级的立场、观点与方法。

第二，人民群众的利益不可侵犯，一切工作服务于人民。沂蒙党政军领导干部通过对早期革命实践中经验的总结和错误的反思，对人民群众的利益高度重视，清醒地认识到民众利益维护的重要性。1942 年 7 月，朱瑞围绕滨海区的群众工作在大会上强调："共产党要成为群众的领导者，必须具备两个条件：第一，真正代表群众利益，成为群众利益的维护者；第二，党的主张和路线能为群众所接受，成为群众自己的主张和路线。”[③]《山东军区、一一五师关于拥政爱民的决定》对于人民军队如何开展与人民群众相关的工作，做了非常明确细致的描述："军队要爱护人民，像爱护自己的肌肉皮肤一样。要爱护人民一针一线、一草一木的利益。军队的天职就是为保卫人民的利益，要负责保护人民一切生命财产的安全。”[④] 中共中央山东分局副书记黎玉要求军政领导就像爱护自己的眼睛一样爱护人民群众

---

①《山东军区、一一五师关于拥政爱民的决定》，载山东省档案馆，山东社会科学院历史研究所合编《山东革命历史档案资料选编》（第九辑 1942.9—1943.7），山东人民出版社 1983 年版，第 518-521 页。

②《六年来群众工作概括总结——黎玉同志一九四三年十月在分局群工会议上的总结报告》，载山东省档案馆、山东社会科学院历史研究所合编《山东革命历史档案资料选编》（第十一辑 1943.10—1944.4），山东人民出版社 1983 年版，第 109-110 页。

③《群众工作的领导问题——七月二十五日朱瑞在滨海区两个月来群众工作大会上的讲话要点》，载山东省档案馆、山东社会科学院历史研究所合编《山东革命历史档案资料选编》（第八辑 1941.12—1942.8），山东人民出版社 1983 年版，第 437 页。

④《山东军区、一一五师关于拥政爱民的决定》，载山东省档案馆、山东社会科学院历史研究所合编《山东革命历史档案资料选编》（第九辑 1942.9—1943.7），山东人民出版社 1983 年版，第 520-521 页。

利益，指出我们党的所有工作都是为广大人民群众服务，他的认识非常深刻，是与马克思主义人民观完全契合的。

第三，党政军领导高度重视人民工作和群众路线。1944 年，山东军区司令员兼政治委员、中共中央山东分局书记罗荣桓针对群众路线说："实际上所谓民主作风的问题，就是一个群众观念和群众路线的问题。不难想象，没有群众观念，不走群众路线，而会有民主。"[①] 黎玉在 1945 年 9 月更是强调："我们无论哪一级党的委员会，如果不懂得党的群众路线，或染上官僚主义，把发动群众看成可有可无，那就表明要失掉马克思主义政党的尊严的称号了。""所谓全心全意为群众服务，即是所有你的思想活动，所有你的实际行动，都要为了群众。所以，党的路线即是群众路线，即是一切为了群众，一切适合当地群众要求，一切从群众具体利益出发，根据群众要求改正错误，坚持真理。"[②]

第四，党政军领导高度重视向人民群众学习和教育依靠人民群众的关系。任中共中央山东分局书记的朱瑞曾就向人民群众学习的问题发表讲话："要善于把我们根据群众实际情况和要求所做的决定投到群众中去，用群众自己的力量来实现它,并在群众不断的实践中来考验这一决定是否正确。"[③] 他还告诫领导干部要尊重人民的实践，如果发现决定不正确或者落后于实践，不合乎实际需要，就必须立即修改，而不可故步自封，要保持理论与实践的一致。徐向前围绕如何对人民群众参战的问题展开教育引导作出明确指示："必须经过说服教育，万勿强迫。""加强民众的抗日民族教育，提高其政治觉悟。"[④] 黎玉对向人民群众学

①山东省财政科学研究所，载山东省档案馆合编《山东革命根据地财政史料选编》，山东人民出版社 1985 年版，第 142-143 页。

②《论群众路线与山东群众运动——在山东分局群众工作第二次代表会议上作的报告》，载山东省档案馆、山东社会科学院历史研究所合编《山东革命历史档案资料选编》（第十五辑 1945.6—10），山东人民出版社 1983 年版，第 353-354 页。

③《群众工作的领导问题——七月二十五日朱瑞在滨海区两个月来群众工作大会上的讲话要点》，载山东省档案馆、山东社会科学院历史研究所合编《山东革命历史档案资料选编》（第八辑 1941.12—1942.8），山东人民出版社 1983 年版，第 438 页。

④徐向前：《粉碎敌人的新"扫荡"与我们的紧急动员工作》，《大众日报》，1939年12月11日。

习和教育人民群众这二者之间的关系以及内容有明确表述:“我们应一方面以‘诲人不倦’的态度教育群众，另方面又要以‘学而不厌’的精神向群众学习。”“教育些什么呢？基本上是进行阶级教育，以提高基本群众的阶级觉悟。不但要将党今后总的任务、方针、政策向群众反复地进行教育，而且应将党的共产主义事业的更远大的要求毫不隐瞒地告诉群众，以提高群众对将来更合理的社会的热望，更密切对我党的信赖。”“学习些什么呢？学习群众的劳动习惯、生产知识、实际朴素的精神以及群众的语言等。”①综合以上史实，我们发现，抗日战争和解放战争时期的沂蒙党政军领导比较全面地理解并掌握了马克思主义人民观点、群众路线和人民工作理论，基本建立了以人民为中心的价值观。

二、沂蒙地区党政军领导干部的实践素养

第一，形式多样、扎实有效的宣传方式实现了马克思主义理论的遍地开花。

为加强沂蒙地区的理论宣传实效，扎实推进人民群众的教育引导工作，打下坚实的群众基础，党中央在抗日战争和解放战争时期，先后派遣徐向前、黎玉、罗荣桓、朱瑞、刘少奇、陈毅、粟裕等革命前辈抵达沂蒙。他们高度重视思想政治教育工作，采取了报告、演讲、座谈会和个别谈心等形式，有计划、有步骤地宣传马克思主义，结合沂蒙人民的生活实际对中国共产党的路线、方针、政策开展深入浅出的解读，帮助沂蒙人民接受马克思主义，明确革命目标。

黎玉指出，党员领导干部的任务是把共产主义理想与人民群众生活相联系，实现二者目标的一致性，让人民群众发自内心地认可党的思想主张，“要随时随地把共产主义具体化,以启发群众理想与现实痛苦解除的出路”②。罗荣桓对马克思主义和中国共产党的大政方针政策的宣传工作十分重视，他要求各级领导从学习延安的整风文件入手，领会其精神实质，真正掌握马克思主义的立场、观点、

①《六年来群众工作概括总结——黎玉同志一九四三年十月在分局群工会议上的总结报告》，载山东省档案馆、山东社会科学院历史研究所合编《山东革命历史档案资料选编》（第十一辑 1943.10—1944.4），山东人民出版社 1983 年版，第 124-125 页。

②山东省档案馆、山东社会科学院历史研究所:《山东革命历史档案资料选编》（第十一辑），山东人民出版社 1983 年版，第 407、404、403 页。

方法。

由于沂蒙地区的党政军领导干部抓住了事物的本质，找到了宣传工作中快捷而有效的办法，成功地用马克思主义思想打开了沂蒙人民群众的心扉，实现了先进科学理论的入脑入心，共产主义理想与人民群众的追求目标达成一致，我们党的思想主张才成为沂蒙人民自觉追求的革命行动，有了坚实的群众基础，革命的胜利就不再遥不可及了。

第二，一切为了人民，始终以群众的利益为最高利益。

人民利益至高无上，战争离不开人民的支持。沂蒙地区的党政军领导干部人民观点非常明确，人民利益不可侵犯。罗荣桓强调要尽量减轻人民群众的负担，一粒粮食都不能浪费，一个民夫、一辆大车、一匹马都不能多用。在抗日战争最困难的时期，面对敌人的封锁以及“三光”政策，山东的党政军领导严格遵循党中央指示，开展减租减息和生产节约运动，既战胜了因为敌人封锁而给根据地军民带来的困难，又成功地实现了根据地人民负担的减轻，进一步取得了人民群众的拥护和爱戴，极大地调动了沂蒙革命根据地人民的革命积极性。一一五师某团政委吴岱回忆自己当年在沂蒙的战斗经历时说：“在艰苦的战争年代里，最大的拥政爱民，就是要不惜一切代价用战斗来保卫人民政权和群众利益。”“平时一切从人民利益出发，保卫群众麦收，助民秋收秋种，生产自救，减轻人民负担等。”[①]他们所在的古贺区，当地干部群众为了表示感谢，给他们制作了一面“滨海屏障”的锦旗。

一些“小事”也充分体现了沂蒙地区的党政军领导干部始终把群众的利益放在心上。抗战时期，中共鲁南区委书记赵镈有一次外出，他的马把老百姓的两个西瓜踩坏了。他立即掏出两个铜钱放在了被踩烂的西瓜上，并且于第二天亲自找到西瓜的主人赔礼道歉。有一次，罗荣桓在检查工作时，发现个别领导干部为便于在反“扫荡”中隐蔽部队、疏散群众，强令老百姓收高粱时不准砍高粱秆，违

① 中共临沂市委：《沂蒙将军颂》（抗日战争卷），山东文艺出版社1998年版，第640、644、645页。

反就要严惩。他当即予以制止，并强调对人民群众不能搞强迫命令，即便做的是对人民群众有益的事情，也必须讲清楚原因道理，必须把党和军队的要求变成群众的自觉行动。还有，1942 年沂蒙地区开展的“打狗运动”，罗荣桓与《战士》报的社长交流时，说：“宣传为什么要打狗，不能只说为了便利部队夜间行动，要替群众着想，从关心群众的利益出发。”①

第三，坚持群众路线，处理好向群众学习和教育引导群众的关系。

在抗日战争和解放战争时期，沂蒙地区的党政军领导干部妥善处理了学习人民群众和教育引导人民群众二者的关系，这二者是工作实践中很难全面把握并能够妥善处理的事情。共产党最擅长的就是群众工作，这是共产党在革命战争时期所有工作的基石。沂蒙地区的党政军领导干部对人民群众的工作特别重视，多数干部都是做群众工作的典范。

其中，罗荣桓就是做群众工作的榜样模范。首先，他一直注重倡导并身体力行地向人民群众学习。1939 年的冬天，气温已经非常低了，但是沂蒙根据地抱犊崮山区的一一五师指战员们没有棉衣可穿。为解决这一棘手问题，罗荣桓一方面要求大家在部队内部商讨对策，另一方面深入人民群众中走访问计。最后，他在一位放羊的老乡那里找到了“榨花生油换棉花”的对策，从而解决了战士们的棉衣问题。这件事让罗荣桓十分感慨，他指出人民群众不仅是广大指战员的衣食父母，还是党员干部工作上的老师。另外，他对群众工作不仅有高度的认识，而且注重工作中的严格践行，收到了很好的效果。罗荣桓为了进一步发动人民群众，把他们变成党抗日救国的坚强后盾，就把一一五师的大批干部抽调出去，编成小组到人民群众中开展教育引导和组织发动工作。后来，刘少奇莅临山东，推动并实现了中共中央山东分局的一元化领导，罗荣桓和黎玉加强调查研究，推进干部训练，对群众工作投入了更多精力、人力、物力。罗荣桓指出军事行动的目的之一也是群众工作。1944 年 7 月 1 日，他在给根据地干部做的报告中借用毛泽东

① 辛润：《罗荣桓在山东抗日前线》，见王积业：《元帅的风采》，中国大百科全书出版社 1992 年版，第 346 页。

的话强调群众工作:"我们打仗，不是为了打仗而打仗，是为了宣传群众，组织群众，建立群众自己的政权，武装群众的力量而打仗。"[①]

黎玉在沂蒙地区工作多年，是一位做群众工作的专家。他仅从1939年到1949年的10年中，就先后发表了《起来，为广大人民办事》《介绍大家读李有才板话和我们的群众路线》《拥政爱民与军队群众工作的建设》等10多篇文章，这些文章至今仍然对做群众工作具有较强的启发意义。他的工作特点是办法多、踏实、细致。比如，他在谈及宣传群众工作的时候，围绕"宣传内容""宣传对象"和"宣传方式"展开讨论。他就宣传方式谈到了如下几点：深入学校上课和作报告；参加群众集会；组织村民大会、军民联欢会，开展房东、难民会、农业生产、村干部和士绅等的座谈会；访问、爱民和文字等的宣传。

共产党在沂蒙地区的力量之所以能够迅速发展壮大，正是得益于沂蒙党政军领导干部的群众宣传工作、发动工作、武装工作、领导工作做得扎实有效，深入人心。抗战期间，沂蒙地区成为山东抗日根据地的中心。到解放战争时期，沂蒙人民尽己所能、不遗余力支援前线，沂蒙人民为中国革命事业的胜利作出了不可磨灭的贡献。这是我们党践行以人民为中心理念的成功典范。

三、沂蒙人民与党同心、与军情深。

马克思主义认为，人民群众是历史的创造者和推动者，是社会变革的决定性力量，他们的支持和拥护决定着一个政党、一个政权的存续与否。我们从人民群众的视角，发现抗日战争和解放战争时期的沂蒙人民与中国共产党同心同德，同向同行；与党领导下的人民军队同根同源，手足情深。伟大的人民群众与我们的党、我们的军队在血与火的考验中建立了坚不可摧的血肉联系和鱼水深情，为了党的事业，为了民族的未来，他们舍弃自己的家庭，为民族解放事业无私奉献。

艰苦卓绝的战争年代，沂蒙人民被中国共产党深深感动，深切地感受到中国共产党与以往的团体政党不同。他们浩然正气，他们奋不顾身，他们风雨兼程，

① 罗荣桓:《学习毛泽东同志的思想——为纪念党的二十三周年而作》，中共临沂市委、中共山东省委党史研究室编《三帅在沂蒙》，中共党史出版社1996年版，第477–478页。

他们平易近人，是真正一心一意为人民群众谋福利的党。党为人民，人民爱党。沂蒙人民自古以来就有重情重义的传统，党的工作以人民为中心，人民不惜牺牲一切维护党。当时的沂蒙地区共有人口 420 万，先后有 20 万人踊跃参军，扛起武器保家卫国，另有 120 万人次组成担架队、运粮队，以各种方式支援前线，其中 10 万先烈浴血疆场，为国捐躯，抗日战争和解放战争期间沂蒙山区涌现出了“沂蒙母亲”王换于，“沂蒙红嫂”祖秀莲、明德英等，“全国抗日楷模村”渊子崖，还有支前模范“沂蒙六姐妹”以及“陈毅担架队”等英雄群体。

沂蒙六姐妹，沂蒙老区在革命战争年代涌现出的众多女英雄群体中的代表。沂蒙六姐妹在炮火纷飞的莱芜战役、淮海战役，特别是孟良崮战役过程中，因当时村中青壮男子都已经奔赴前线，她们挑起重担，发动全村妇女老幼，昼夜加班，从事为部队纳鞋、伤员护理等工作。战役期间，沂蒙六姐妹和乡亲们整天忙碌奔波，每天来回二十多里山路，只吃一顿饭。据不完全统计，仅孟良崮战役期间，她们就带领全村老幼为解放军纳了 500 多双鞋，并且还经常到前线组织宣传活动，鼓舞士气。

“沂蒙母亲”王换于在 1938 年 12 月加入了中国共产党。中共中央山东分局、八路军第一纵队机关和大众日报社于 1939 年夏先后到东辛庄村驻扎。当时随同机关一起来的还有一批孩子，为免除部队机关的后顾之忧，她主动要求建立战地托儿所，并主动担负起抚养和照顾抗战将士子女的责任。其间，她经常叮嘱儿媳：“让革命烈士的孩子吃奶，咱们的孩子就吃粗的吧！咱的孩子饿死了，还可以再生，可烈士的孩子死了，那可就断了根了啊！”她自己的 4 个孙子由于营养不足，照顾不周，先后夭折。而革命烈士的子女却在王换于及其家人的精心呵护下得以健康茁壮地成长。2010 年王换于被山东省妇联评选为“70 年山东妇女杰出人物”。

沂蒙人民“最后一块布，做军装；最后一口饭，做军粮；最后一个儿子，送战场”。这是他们“一切为了前线”，为了自由与和平的光辉写照！也是沂蒙人民追求进步，敢为人先，对中国共产党以人民为中心恩情的回报。沂蒙人民用他们的鲜血和生命支持抗日战争和解放战争，涌现出数不清的“沂蒙红嫂”和“沂蒙母亲”，也铸造了震古烁今的沂蒙精神。

四、沂蒙地区的党政军民水乳交融、生死与共

在抗日战争和解放战争时期，沂蒙地区的党政军领导干部毫不动摇地坚决贯彻执行党的群众路线，始终坚定不移地依靠群众，服务群众，一切为了群众，把人民视为所有工作的中心，与人民同呼吸，共命运；沂蒙地区的人民群众也在长期交往中深切地感受到党的温暖，他们像热爱自己的生命一样热爱中国共产党和人民军队，为了祖国的前途命运舍弃自己的家庭，为了革命无私奉献。正是沂蒙老区党政军民之间形成的这种水乳交融般密不可分、患难之交中生死与共的关系，铸就了光荣伟大的沂蒙精神。

沂蒙地区的党政军领导干部对党群关系的高度重视和身体力行，有力地保障了党群、军民关系的健康发展。

刘少奇在工作中时时处处都替群众着想。他通过在沂蒙地区的长期调研，于1942年得出了“群众是共产党的母亲，党是群众的儿子”[①]的光辉论断，成为中国共产党妥善处理与人民群众关系的指导思想。他在沂蒙逗留期间，曾经住在临沭县的朱樊村，那时他常常工作到深夜。但是，房东天不亮就会起来推磨，这对他的休息带来了影响。他的工作人员就悄悄地让房东调整一下推磨时间，刘少奇知道后，非常严肃地批评工作人员：“农民白天忙于农活，只好早起晚睡干家务，不要影响了他们的正常生活。”这件事被大家知道后，都特别感动，这在无形中拉近了干部与人民群众的距离。

中共中央山东分局在1943年6月颁布了《山东军区、一一五师关于拥政爱民的决定》强调：“军队不但要以平等民主精神对待人民，而（且）把人民当作自己的母亲。不但尊重基本群众，而且要尊重一切抗日人民。”[②]“每一个党员，必须随时随地深刻地懂得：共产党是群众的一部分，同时又是群众中最先进的，

① 鲁振祥：《刘少奇百周年纪念》（上下），中央文献出版社1999年版，第31页。

②《山东军区、一一五师关于拥政爱民的决定》，载山东省档案馆、山东社会科学院历史研究所合编《山东革命历史档案资料选编》（第九辑1942.9—1943.7），山东人民出版社1983年版，第521页。

最有觉悟的、最有组织的一部分，同各种各样的敌人长期进行大大小小的斗争，不但要积极地站在群众面前，而且必须经常保持与群众最密切的联系，否则，党就不可能保持最生动的物质基础，不可能具备着不可战胜的力量。”[①]罗荣桓在沂蒙革命老区转战6年之久，他始终把自己看成是人民群众中的普通一员，视群众为亲人，与人民同甘共苦。他指出，人民就如同领导干部身上的血液，党和军队时刻都离不开他们，脱离了人民，生命就会衰竭。八路军一一五师刚刚进入山东的时候，由于沂蒙老区的人民对党领导的军队还不了解，有的地方一度出现了村民不让部队进村的情况。针对这个现象，罗荣桓对战士们解释说：“群众不让我们进村，是因为对我们不了解。在这种情况下，我们应以自己的实际行动向群众宣传我军抗日救国的主张，以取得群众的信任和支持，决不能和群众为敌。”[②]后来当人民群众看见军队纪律严明，与百姓秋毫无犯，才放下戒备，接纳部队进村。罗荣桓随后立即组织部队帮助群众打扫卫生、劈柴、挑水、看病，同时开始宣传党和军队的路线、方针和政策，与村民的距离很快缩小，良好的军民关系也迅速形成。

1942年是抗日战争最困难的时期，八路军和老乡一样，同吃同住同劳动。罗荣桓的夫人林月琴曾经回忆这段往事：“老百姓磨出来很多煎饼，挑着来慰劳军队。有的时候还长霉了，但霉了也得吃……罗荣桓强调再苦也要照顾老百姓，守纪律，不能破坏群众纪律，群众吃什么我们吃什么，所以跟群众关系搞得好。……罗荣桓经常讲：‘山东的老百姓真正好。’他最喜欢山东老百姓。”[③]

联系群众的重要方式就是帮助群众劳动。黎玉曾经说：“帮助群众劳动是爱

①《六年来群众工作概括总结——黎玉同志一九四三年十月在分局群工会议上的总结报告》，载山东省档案馆、山东社会科学院历史研究所合编《山东革命历史档案资料选编》（第十一辑 1943.10—1944.4），山东人民出版社1983年版，第109–110页。

②肖长桃：《雪夜露营》，见《罗荣桓传》编写组编写《回忆罗荣桓》，解放军出版社1987年版，第332页。

③林月琴：《罗荣桓在山东》，傅宝君、史建琴、徐少杰：《抗日烽火忆当年》，齐鲁书社1997年版，第222–223页。

民的具体表现，是军民打成一片最有效的行动。”[①] 党的领导干部在帮助群众劳动中一直发挥着模范带头作用。山东分局书记朱瑞经常深入百姓，直接参与生产劳动。山东分局在 1943 年春天的时候，住在滨海区的三界首村，朱瑞和机关的工作人员会经常深入田间地头参加生产劳动。有一次，警卫班长徐洪德为避免朱瑞过于劳累，就让朱瑞做砸土块的工作。结果朱瑞坚决不同意他的这个安排，坚持拉犁。结果，不到半天，朱瑞衬衣的肩上部分就被绳子磨破了。1940 年 8 月 12 日，郭英在“联合大会”上指出：“干部深入群众，与群众打成一片，工作就容易开展。”[②] 正因为党的领导干部都能这么贴近人民，我们的党才得到了人民群众的无限爱戴和大力支持。

1943 年 11 月发出的《中共山东分局、山东军区一九四三年拥政爱民总结简报》记载：“我军和政权、群众的关系是普遍的改善了，造成了相当高的拥政爱民热潮。”粟裕在《粟裕战争回忆录》中深情地回忆：“原华中部队进入山东后驻扎的临沂地区的人民群众，在天寒地冻的严冬季节，给部队以热烈的欢迎和无微不至的亲切关怀、照顾，那种深情厚谊、鱼水之情，使全体指战员感到无比的温暖。临沂地区的人民……是那样地坚强勇敢，不怕困难，奋不顾身，竭尽全力地支援人民子弟兵。”他们作为亲历者，对沂蒙地区党政军民关系的感受是真实且深刻的，也是非常正确的。

①《拥政爱民与军队群众工作的建设——一九四四年四月黎玉同志在军区政工会议上的报告》，《山东革命历史档案资料选编》（第十一辑 1943.10–1944.4），山东人民出版社 1983 年版，第 409 页。

②《山东的农民工作——一九四〇年八月十二日郭英在联合大会上的报告》，载山东省档案馆、山东社会科学院历史研究所合编《山东革命历史档案资料选编》（第五辑 1940.7—9），山东人民出版社 1983 年版，第 152 页。

第三章

沂蒙精神人民性的体现（上）

2022年3月25日，经党中央批准，正式将沂蒙精神的基本内涵表述为“党群同心、军民情深、水乳交融、生死与共”十六个字。内涵是指一个概念所反映的事物的本质属性的总和，它隐藏在事物内部的深处，体现事物的精髓和要义，需要通过鲜活的表征进行持续地探索、挖掘、提炼、归纳才能够更好地为人所感知确认。但是，内涵不是一成不变的，它会随着时代的发展变化而不断地得到丰富和完善。沂蒙精神的内涵必将永远地深深植根于马克思主义政党的人民性之中。深刻领悟沂蒙精神的内涵，对新时代更好地传承弘扬沂蒙精神具有重大的历史意义。

习近平总书记于2013年11月视察山东，他对沂蒙精神进行了详细的论述和精准的定位，深情指出：“山东是革命老区，有着光荣传统。军民水乳交融、生死与共铸就的沂蒙精神，对我们今天抓党的建设仍然具有十分重要的启示作用。”习近平总书记的表述鲜明指出沂蒙精神的创造主体是沂蒙老区革命战争年代的党政军民，沂蒙精神的诞生是山东根据地党政军和人民群众两个主体双向互动的产物。革命战争时期和社会主义建设年代，沂蒙地区的党政军在革命活动中，“为了人民群众，依靠人民群众，忠诚看齐革命到底”；伟大的人民群众，“紧跟共产党，热爱子弟兵，艰苦创业无私奉献”。沂蒙地区的党政军和人民群众与沂蒙精神萌生的双主体匹配吻合。

我们不能单纯地从党组织或者人民群众的某一个方面去对沂蒙精神的内涵进行理解和提炼，这显然是不符合历史事实的。习近平总书记2013年11月在沂蒙革命老区视察的时候作出特别指示：“我们的革命政权来之不易，主要是党和人民水乳交融、心心相印，党把人民利益放在第一位，为人民谋解放而领导人民展开革命斗争；人民群众真正跟党走，相信我们的党，在党的领导下为人民解放事业无私奉献，可歌可泣啊！这种精神在你们身上得到了体现。要继续弘扬沂蒙精神。”

在炮火纷飞的革命战争年代，沂蒙老区的人民群众所体现出来的忠诚爱党爱军情怀和无私革命奉献精神，是经历了中国共产党的宣传、教育、引导、感召、培育、影响，伴之以革命实践逐渐生发强化起来的，是党在实践中表现出的英明领导、奋斗精神、服务人民，是人民军队为了民族的解放和人民的幸福表现出的不畏艰难、不怕牺牲、前赴后继的革命精神，人民群众的政治觉悟才得以催生唤醒，党和军队用行动感染了人民，也赢得了他们的支持和爱戴，从而促使沂蒙人民群众在心灵深处萌发出对党和人民军队的无限忠诚和真挚热爱，在长期的革命实践中党群、干群、军民之间逐渐结成牢固联盟，形成水乳交融、情深同心、生死与共的坚强堡垒。

第一节

党群同心——革命建设的动力源泉

“党群同心”是沂蒙精神基本内涵的本质特征，充分体现了“党把人民当亲人，党和人民心连心”的鱼水深情，构筑起党心为民、民心向党的双向奔赴，这是中国共产党人理想信念、初心使命、原则立场和宗旨目标的深刻体现，贯穿着马克思主义的人民观和党以人民为中心的群众路线，是中国共产党“亲民、爱民、为民”根本宗旨的充分体现，也是人民群众“听党话、感党恩、跟党走”的忠诚担当，这是党和人民的双向奔赴，这是由外及内的交融渗透。革命建设源源不断的内生动力来自中国共产党与人民群众为拯救民族于水火的双向奔赴。正是在沂蒙地区党与人民群众这对双主体的作用之下，才实现了“以党心换民心、以民心聚党心”“党心为民、民心向党”的互通共融，这是沂蒙精神的根与魂。因此，沂蒙精神才得以生成、发展、走向成熟。

一、一切为了群众

中国共产党一切工作的出发点和落脚点就是“为了群众”，人民群众作为我们党的力量源泉，是我们党能够接续奋斗、不断前进的根本动因。“一切为了群众”具有深刻的理论内涵，在中国革命、建设和改革中发挥了重大作用，只有代表人民群众的利益才能胜利前进。正如习近平总书记所说：“一个政党，一个政权，其前途命运最终取决于人心向背。”中国共产党自诞生之日起，就义无反顾地投身于为人民服务的工作中，历经波折与磨难，始终同人民站在一起、想在一起、干在一起。党的宗旨和性质就是为了人民群众。在沂蒙革命根据地，党员领导干部以及人民军队在党的英明领导下为人民群众全心全意地奋斗，牢记并践行党的使命宗旨。

（一）保障人民群众的物质利益

物质利益是人民群众最基本的利益，也被称为经济利益，是与非物质利益相对的，是同人们的物质文化生活密切相关的经济利益。在阶级社会中，物质利益集中表现为某个阶级的经济利益，任何阶级斗争都是基于阶级之间物质利益的冲突基础上发生的，归根到底是为了实现某个阶级的物质利益而进行的。在不同的社会形态下，人们的物质利益具有不同的性质。社会主义物质利益的根本特征是劳动者的共同利益与个人利益的正确结合。

古往今来，物质利益是所有革命斗争和政治斗争的焦点。既然是一切为了群众，首先就必须实现和满足人民群众的物质利益。毛泽东在《关心群众生活，注意工作方法》中指出："如果我们单单动员人民进行战争，一点别的工作也不做，能不能达到战胜敌人的目的呢？……一切群众的实际生活问题，都是我们应当注意的问题。假如我们对这些问题注意了，解决了，满足了群众的需要，我们就真正成了群众生活的组织者，群众就会真正围绕在我们的周围，热烈地拥护我们。"抗日战争和解放战争期间，沂蒙根据地的党组织严格遵循毛泽东的指示，实施了一系列的惠民措施，使得人民群众的负担大为减轻，让人民群众看到实实在在的物质利益，让根据地人民真实地感受到生活的变化，感受到党的温暖，感受到党是真正为人民群众服务的政党，是切实为人民群众谋福祉的政党，让他们产生对党的信任和依赖，建立心心相连的亲密关系。抗日战争时期，党在根据地推行减租减息政策，在很大程度上减轻人民的负担，封建压迫的部分枷锁被解除，又开展精兵简政和大生产运动，在不扰民的情况下发展生产，不给人民群众增添负担，与人民群众吃住行干在一起。解放战争时期，党的土地改革政策在解放区全面实施，废除了封建土地所有制，解放了社会生产力。在漫长的封建社会，农业是最主要的生产部门，土地是最基本的生产资料，但是广大农民没有土地，只能被迫租种地主的土地，而地主又通过实物地租等多种形式对农民进行敲骨吸髓般的剥削，农民深受其害，而今中国共产党解决了他们最关切的土地问题，土地是他们的命根子，这一问题的解决刺激了广大农民的革命积极性，调动了他们参与革命、支持革命、响应革命的热情，牢固树立了人民群众与党生死与共的坚定信念。1947年下半年，华东局为战胜灾荒、减少根据地人民的经济负担，决定将生产救灾作为党的中心任务，领导沂蒙革命根据地的人民群众开展了自力更生的生产救灾运动，实施“清理资财”、“精简编制”和“降低生活标准”三大方案。山东省政府颁布的《八大禁令》以及《关于生产节约度春荒的十项要求》，提出了“不荒掉一亩地，不饿死一个人”的明确要求。为减轻鲁南平原的水害，鲁中南行署于1949年3月调集民工20万人，组织开展导沭工程。中国共产党为民族谋解放、为人民谋利益的一项项政策不断出台，一桩桩改善人民生活的鲜活事例摆在人民群众面前，人民群众得到了实惠，获得了利益，物质生活得到明显改善。

（二）支持并保障人民群众的政治权益

政治权益指的是人民群众作为国家政治生活的主体，依法享有的参加国家政治生活的权益，是国家为公民直接参与政治活动提供的基本保障。一种是选举权与被选举权；另一种是政治自由，就是公民表达自己政治意愿的自由，通常表现为言论、出版、集会、结社、游行、示威的自由，简称政治自由。

在新民主主义革命阶段，我们党就高度重视支持和领导人民当家作主，支持并保障人民群众获得的政治权益。实现人民群众政治权益的前提条件是建立人民民主政权。沂蒙地区民主政权的建立工作是从1940年开始的，建立最早的县级抗日民主政府是郯城县抗日民主政府。该政府成立后，先是废除了原有的苛捐杂税，使群众生活得到改善，对我们党减租减息、增加工资、负担合理化等政策加大宣传并逐项落实，从而巩固了抱犊崮山区东南部的外围阵地。随后，费县、临沂县（今兰山区）、沂水县、沂南县、蒙阴县、莒县、日照县（今日照市）、临沭县等地的抗日民主政府和一批相当于县政府的办事处也相继建立。山东省临时参议会全体会议在1940年9月召开，审议通过了省战工会制定的《山东省战时施政纲领》。《纲领》规定：“实施民主政治。使一切赞成抗战、赞成民主者，不分党派、性别、信仰、种族、财产、文化程度，都能参加民主政治。”“实行选举、罢免、创制、复决等四权，村以上各级政权一律民选。”后来，山东党组织除了新开辟的地区建立政权暂时实行委任制以外，根据地内普遍发动群众，通过民主选举建立政权，中上层实行间接选举，基层实行直接选举。在当时成立的山东抗日民主政府中，通过人民选举产生的县长、区长、乡长分别达到94%、80%、70%，村一级的政权也大都是由村民自己选举产生的。中共山东分局和沂蒙根据地各级党委在民主政权建设中，严格贯彻执行党中央制定的“三三制”原则，就是在民主政权组成人员数额分配上，共产党员、非党员的左派进步分子和中间分子按照各1/3的比例分配，这一政策的实施有效调节并保证了各抗日阶级的利益，起到了巩固抗日民族统一战线的作用。为贯彻这一决定，参加滨海区参议会的一部分共产党员主动退出参议会，把位子让给党外人士，对调动民主人士参政议政的积极性发挥了很好的作用。

（三）共享并保障人民群众的文化权益

沂蒙地区的人民群众在物质利益和政治权益获得实现并得到保障后，他们开始渴望文化上的满足和思想上的解放。全面落实党为人民服务宗旨的一个重要方面就是实现人民群众文化利益的保障。我们党对人民群众的文化权益是有规划的，在《山东战时施政纲领》就明确指出了要“普遍实施新民主主义教育，发展文化事业”，“普遍设立抗日小学及成年民众学校”，“普遍设立民众教育馆、教育巡视团、农村俱乐部”。沂蒙根据地的党组织首先是想方设法地提高人民群众的文化水平，从学制、课程设置、教学方法和教学形式等方面机动灵活地开展教育，为改变人民的观念，在每个村子都设立了文化教育宣传委员会，专门负责乡村农民的教育问题，组织活动提升群众的文化水平，加强思想意识形态的建设。

当时，沂蒙革命根据地的农村教育包括民众教育和小学教育两部分。伴随着《山东省战时国民教育实施方案》等一系列相关法律法规、措施的出台，民众教育开始被纳入了国民教育的范畴，根据地党组织结合成人教育的特点，对农村人民群众的工作生活特点给予充分考虑，通过冬学、壁报、民校、识字班、识字牌、俱乐部、大众书报、读报小组和农村剧团等丰富多样的形式组织民众进行教育，其中的冬学形式则是民众教育的主要形式。1941 年 7 月，中共山东分局号召全省人民开展根据地十大建设运动，其中的第六项就是建设群众性的文化教育工作，明确指出要广泛建立和健全社会教育工作，作为学校教育的有益补充，普遍建立并充实识字班、夜校、俱乐部，加强计划性和组织性，采取多种行之有效的方式推进社会教育。中共山东分局在《山东省战时施政纲领》明确指出，要“发展社会教育，广设民校、识字班、冬学、农村俱乐部，提高人民文化知识及政治觉悟”。为了既能实现普及文化的目的，又能减轻人民群众的学习负担，民校学生一律不收学费，民校的教育经费都由村里拨款支付。对于那些家境贫苦，无力承担购置课本文具费用的，一律从村里的教育经费或村里的公产中进行补助或供给。在党的各项政策扶持和鼓励下，从专署到各县政府都建立了机关学校，1949 年 7 月，仅滨海区小学的教学班就达到了 1165 个，在校生高达 37300 多人，84% 的小学得到巩固，团结争取了近 1400 名教师和青年参加了新民主主义教育工作，参加各类民校、识字班的人民群众多达 4.2 万余人。教育事业的兴旺发展使沂蒙人民在学到文化知识的同时，掌握了马克思列宁主义和毛泽东思想，极大地激发了人民群众的革命热情，有力地推动了沂蒙人民群众的解放，特别是广大妇女同志的思想观念得到了很大解放，沂蒙人民的精神风貌和素养修为在整体上也有非常大的提高。

二、一切依靠群众

历史已经无数次证明，人民群众是物质生活和精神生活的创造者，社会所需要的衣食住行、生产用品都是由人民群众所提供的，人类社会的精神财富也是人民群众的伟大智慧和创新思想创造的。他们是推动社会变革的中坚力量，是历史发展的真正动力，人类社会的每一次发展演变都是人民群众推动的，他们是当之无愧的历史的创造者。习近平总书记反复强调：“党的根基在人民、血脉在人民、力量在人民，人民是党执政兴国的最大底气。”任何一个组织和政党只有植根于人民，才能获得源源不断的动力。共产党人把握了历史发展的规律，清醒而深刻地认识到人民群众的伟大力量，认识到只有依靠人民才能永葆青春与活力。革命战争年代，尽管沂蒙老区山高沟深、交通不便、经济落后，人们生活非常艰难，阶级斗争异常残酷，但是只要党为人民谋利益，信任、依靠人民群众，就能够获取民心，党领导的人民军队才能实现生根发芽，发展壮大。因此，帮助人民群众、带领人民群众获得利益并捍卫既得利益，这是沂蒙精神得以形成并不断发展的深层原因。

（一）尊重群众

在中国历史上，自古以来就有很多以民为本的思想，比如孟子提出的“民贵君轻”的观点，荀子提出的“君者，舟也；庶人者，水也”的观点，都在某种程度上认识到了人民群众的伟大力量，但是由于所处的阶级社会，决定了这些观点从本质上而言是为统治阶级服务的，是为了缓和阶级矛盾，维护统治阶级的地位。古往今来，没有哪个政党组织能和共产党一样，从历史唯物主义的高度出发，深刻地认识到人民群众的力量，发自内心地敬畏人民、尊重群众。

很多共和国元勋都曾经在沂蒙革命根据地战斗过，他们与人民群众建立了深厚情感。刘少奇曾经感慨地说：“群众是共产党的母亲，党是群众的儿子。”罗荣桓则说：“人民是领导干部身上的血液，领导干部脱离了群众，生命就要枯竭。”正是由于我们的党对人民群众始终保持正确的认知，并且把这种认知变成了政策，使得我们的工作原则性更强，执行起来更有力量。根据地政策制定的时候都会充分考虑人民群众的利益，也都会给予人民群众充分尊重，比如，对高傲轻视群众的态度明确反对；对群众漠不关心的态度予以反对；不打骂老百姓，当自己家里的父母兄弟姐妹一样看待；尊重民情风俗；不能埋怨群众落后，要多从自身找原因；不许对民众态度蛮横，凡事要商量、要讲理；等等。党尊重人民群众的结果，就是赢得了民心，赢得了他们的全力支持。我们党这种发自内心的对人民的尊重，从本质上讲，就是我们党之所以先进、优秀，能够成功的真正原因。

（二）宣传群众

尊重群众的同时，还必须认识到人民群众由于自身阶级的制约，需要加强马克思主义理论的教育宣传引导。马克思 1843 年底撰写了《〈黑格尔法哲学批判〉

导言》，指出："批判的武器当然不能代替武器的批判，物质力量只能用物质力量来摧毁；但是，理论一经掌握群众，也会变成物质力量。"马克思认为，革命要想成功，理论作为"批判的武器"与实践作为"武器的批判"同样都是不可或缺的，理论只有通过掌握群众，才能够在改造世界的过程中转化为物质力量。向群众进行宣传既是我们党群众工作的主要内容，也是我们党群众工作的重要方法。1928 年，毛泽东在《湘赣边界各县党第二次代表大会决议案》中曾就"宣传问题"作出指示，强调"共产党是要左手拿宣传单，右手拿枪弹，才可以打倒敌人的"。在党中央群众路线思想的指导下，山东党组织对宣传群众工作给予高度重视，坚持不懈地用党的思想理论和政策主张教育群众、引导群众、武装群众。

党刚刚建立的时候，沂蒙山区的基层党组织就开始通过形式多样的渠道宣传进步书刊，比如《向导》《新青年》《共产主义 ABC》和《共产党宣言》等，开始将马克思主义真理的种子深埋于知识青年的心里。抗战爆发后，为统一认识，筑牢人民战线，各级党组织纷纷采取措施加强宣传教育引导群众的工作力度，想方设法促进人民群众思想觉悟的提高，为全民族抗战奠定基础。随着我们党广泛发展社会教育，民校、识字班、冬学等组织如雨后春笋般建立，一一五师战士剧社和抗大一分校文工团等八大剧团到处演出，传播先进思想的报纸、期刊、书籍遍布沂蒙，人民群众的文化知识及政治觉悟迅速提高。中共山东分局于 1939 年 1 月 1 日，在中华民族生死存亡的危急时刻，为加强对群众的宣传教育，捍卫中华民族的独立，维护民族尊严，争取国家和人民的自由，建立了属于自己的舆论阵地——《大众日报》，这是我们新型的无产阶级党报，及时传递延安信息、人民抗战信息，激励民众坚持抗战。一个民族最根本的觉醒是思想觉醒。战争年代曾有几家香港报社的记者，深入根据地乡村采访了几位识字班的姑娘，她们不仅能够识字且稍微有一些文学修养，还能用一些专业的政治术语对共产党全面抗战的道理加以阐述，并且批判国民党的片面抗战政策。所以，从整体上看，山东根据地之所以做到了"唤起工农千百万，同心干"，是因为宣传群众的教育工作是非常成功的。要学会并且善于把宣传群众、教育群众和服务群众结合起来，不断壮大主流思想舆论。

（三）组织群众

给予群众尊重的表现是对群众加强宣传，提高他们的认识，发挥他们的能量。伴随着人民群众思想的觉醒，就需要组织人民群众，在革命和建设的过程中发挥他们的聪明才智，实现他们的人生价值。深入人民群众中，对他们进行广泛而又深刻的动员组织，这是共产党有别于其他政党的一个强大优势。毛泽东于1938年5月撰写的《论持久战》中写道："战争的伟力之最深厚的根源，存在于民众之中。日本敢于欺负我们，主要的原因在于中国民众的无组织状态。克服了这一缺点，就把日本侵略者置于我们数万万站起来了的人民之前，使它像一匹野牛冲入火阵，我们一声唤也要把它吓一大跳，这匹野牛就非烧死不可。"中共中央于1939年11月作出了《关于深入群众运动的决定》，要求各根据地的党组织一定要采取切实有效的措施，把群众工作引向深入，强调"在目前时期中，共产党认真地研究群众生活、群众情绪、群众要求，根据上述方针，在不同的环境、不同的时间、不同的具体口号之下，一步一步的组织他们、教育他们、领导他们改良生活，发动他们的积极性"。山东根据地的党组织遵循中央指示精神，先后成立了农救会、妇救会、工救会、青救会和儿童团等各级各类的群众团体组织。及至1940年夏，山东抗日根据地加入农救会、自卫团的群众达到了200万人，加入工人组织的有20余万人，加入妇女组织的则有26万人。这些数据的增长表明沂蒙地区人民群众的组织性和纪律性大大提高。根据不完全统计，截至1944年底，山东的各种群众组织人数是：农救会成员133.6万，妇救会成员131万，工救会成员15万，青救会成员36万，儿童团成员也有88.7万。全省加入各类组织的群众总数达到了404.2万，占根据地总人口的26.55%。山东根据地在实际工作中深切感受到了群众组织的重要性。山东分局于1943年8月在《五年工作总结及今后任务》中写道："群众是我们的母亲，是我们的依靠，故斗争的胜利，取决于群众。历史经验告诉我们，必须认真进行基本群众的动员与组织工作，必须把我们的抗战事业放在千百万有了觉悟，有了优势的群众政治基础上，我们才有了依靠，我党我军才有战斗力，根据地才能巩固，我们才能胜利；反之，凡是未经群众的动员觉醒与组织的地区，工作一定薄弱，没有依靠，根据地便不能巩固，我党我军便没有战斗力，我们便会失败。”

山东革命根据地严格执行并落实党中央一切依靠群众的原则宗旨。一切依靠群众，不是一句口号，不是权宜之计，而是对历史规律的深刻洞察和清醒认识，它不受时代的制约，人民永远是党工作的重心和中心，为人民服务是党一切工作的永恒主题，这是马克思主义政党有别于其他政党的独特优势。沂蒙精神的着力点是一切为了人民、一切依靠人民，正是基于这样的前提基础，党才能与人民群众建立起生死与共、水乳交融的牢不可破的密切关系。

三、从群众中来，到群众中去

人民群众是社会实践的主体，是推动实践和认识发展的原动力。早期中国共产党人对中国社会和群众生活的认识就是从群众中得来的，在深入群众、接触群众的过程中进一步加深了对人民群众生产生活的认识，也加深了对中国社会和中国革命的认识。随着调查研究的展开和社会实践的深入，早期共产党人对经济救民、解放人民重要性的认识越来越深刻，得出了“兵民是胜利之本”，“是真正的铜墙铁壁”，“战争的力量在于广大人民”的科学论断。

人民群众是历史的推动者和创造者，历史实践无数次证明：得民心者得天下，失民心者失天下。《中国共产党章程》对党的性质有明确表述：中国共产党是中国工人阶级的先锋队，是中国人民和中华民族的先锋队。俄国十月革命一声炮响送来了马克思列宁主义，激进的知识分子和有志青年从此开始摆脱封闭，寻找救国救民的真理，在马克思主义的思想中，看到了革命的曙光和前行的动力，他们如饥似渴地汲取营养，接受新思想的洗礼，越来越多的有志青年不断从群众中走来加入到中国共产党的队伍中，涌入中华民族的伟大复兴事业中，踏上了救亡图存的道路，抗战前夕，山东根据地的党员数量已经从抗战初期的2000人不到，发展壮大至20多万。他们在接受了党组织系统的理论教育之后，又利用假期、省亲、工作的机会回到人民群众中，从事革命宣传活动，传播马克思主义，宣传中国共产党的思想主张，提高广大人民群众的思想觉悟，传播无产阶级革命民主的思想。

在领导党员干部的教育引导和宣传带动下，沂蒙人民群众的革命热情不断高涨，沂蒙地区的参军热潮仅抗战期间就出现了 4 次。第一次出现在抗战爆发后的 1938 年到 1939 年，尽管我党的山东抗日根据地尚未建立，但由于前期群众的宣传教育工作卓有成效，很多热血青年立志报国，纷纷报名参加共产党领导的抗日武装，参军高潮空前。第二次参军热潮出现在抗战时期最艰难的 1941 年至 1943 年。在那时，参军就意味着牺牲，但人民群众保家卫国、参军杀敌的热情丝毫不受影响反而日益高涨，涌现出大量的“母亲送儿打东洋，妻子送郎上战场”的动人事迹。费南县第一次参军入伍的就达到近千人。盘石沟村的林万祥，入伍后第一仗就英勇牺牲了。他哥哥林万松听说后，二话没说，抬起担架就上了前线。1945 年为准备反攻做准备，沂蒙根据地又掀起了第四次的参军热潮。鲁中根据地沂蒙区参军人数 8111 人，鲁南根据地参军人数 11064 人，其中费南县就有 4000 多人报名参军，超过计划任务的三倍。大批青年农民踊跃参军，部队已经到了无枪可发的程度。党只有置身于人民群众中，才能更好地了解人民群众的需要，才能真正与人民群众形成相互依存的鱼水关系。等到抗战胜利时，山东革命根据地面积达到了 12.5 万平方公里；2400 多万人口，接近共产党领导下人口总数的 1/4 ；主力部队人数 27 万，民兵人数 50 多万，自卫团人数 150 多万，接近共产党领导下的人民武装部队总数的 1/3。山东根据地一首歌谣生动地再现了当时的党群关系：“鱼靠水来箭靠弓，抗日要靠毛泽东。船靠舵来屋靠梁，百姓要靠共产党。”山东革命根据地的发展浓缩了一个基本规律，那就是，共产党要想实现组织建设的坚强有力，关键在是否能严格执行党的群众路线，党同人民群众始终保持的水乳交融、生死与共的关系，是沂蒙精神的灵魂所在。

第二节

军民情深——令天地动容的铜墙铁壁

军民情深是沂蒙精神基本内涵的鲜明特征，是沂蒙精神的动力源泉和胜利保障，是军民团结如一人的具体展现，是党群同心的鲜明标识。在血与火的抗日战争和解放战争时期，军爱民、民爱军同频共振的生死故事，桩桩件件让天地动容、草木动情。党领导的人民军队出生入死保卫人民，人民群众抛家舍业护卫子弟兵，他们双向奔赴在解家国危难的征途之上，军民情深成为沂蒙精神的显著特征，沂蒙精神的支撑主体和中流砥柱是“军民团结如一人”铸就的钢铁长城。

无论是炮火纷飞的战争年代，还是热火朝天的和平建设时期，人民军队始终在党的领导下，为了人民的利益抛头颅洒热血，不惜牺牲自己的生命。人民群众为了掩护和挽救战士的生命而丧失自己和亲人的生命，甚至为抚养和保护部队的后代，失去了自己的孩子。源自革命战争年代的“军爱民、民拥军，军民团结一家亲”的军民鱼水情，在沂蒙大地上代代传承，历久弥新。

在革命战争时期，沂蒙山根据地共有人口 420 万，其中就有 120 万人次参加拥军支前，21.4 万人先后入伍参军，10.5 万人为了保家卫国献出了自己宝贵的生命。当时的沂蒙绝对是“乡乡有红嫂，村村有烈士”。明德英是用乳汁救活伤员的“沂蒙红嫂”。她出生在一个贫苦农民家庭，两岁的时候因为患病失去了说话能力。全国抗战爆发后，她目睹了中国共产党领导的人民军队坚持抗战，为人民群众做了很多实实在在的实事好事，逐渐被共产党和八路军的优良作风感染，对他们产生了深深的敬意。1941 年的冬天，当时的八路军山东纵队司令部驻扎在沂南的马牧池村，后被大批日伪军包围。在反“扫荡”突围中，一名八路军小战士身负重伤，被明德英发现，她机智地救下这名战士，并为他做伤口处理。等到搜捕的日军撤退后，这位伤员却因为失血过多、缺水而陷入了休克状态，由于周围没有水源，正在哺乳期的明德英为救活伤员毅然用自己的乳汁喂给他。为了让小战士早日重返战场，她和丈夫李开田把两只仅有的正在下蛋的老母鸡杀了熬汤，为小战士补养身体。在她的精心照料下，小战士很快康复返回部队。为保护小战士，她的小儿子却被日本鬼子摔坏了脑子，生活不能自理。明德英在 1943 年，又从日军的炮火中，救出了时任八路军山东纵队军医处香炉石分所看护员的 13 岁战士庄新民。明德英英勇救护八路军战士的故事，后来被写入了小说《红嫂》，编入了京剧《红云岗》和舞剧《沂蒙颂》。明德英被公认为沂蒙红嫂的生活原型，赢得了人们的尊敬和爱戴。

王换于、祖秀莲等人被称为“沂蒙母亲”，她们为了中国革命奉献了无私无畏的爱。1938 年 12 月，王换于加入了中国共产党，不久被选为村里的妇救会长和艾山乡的副乡长，她的丈夫、两个儿子和大儿媳也都加入了中国共产党。1939 年夏天，中共中央山东分局、八路军第一纵队机关和《大众日报》社先后进驻东辛庄，王换于发现罗荣桓、王建安、江华等领导人的子女，还有一些革命烈士的子女无人照看，为了让他们没有后顾之忧，专注对付日军的“扫荡”，她就主动把这些孩子安排到附近可靠的人家代为抚养。1941 年冬天，日军发动了对沂蒙山区的大“扫荡”。马保三，时任山东省参议会的副参议长，他把一本《山东省联合大会会刊》交给王换于保存，反复告诉她“全省所有抗日领导机构和干部名单都在这本书上面，要千方百计保藏好”。王换于将此事牢记于心，妥善保存到 1978 年上交，共保存了 38 年。1941 年 11 月，任职《大众日报》社发行科的毕铁华被日军逮捕，受尽敌人的严刑拷打，身上的多处皮肉被残忍的敌人用烧红的刺刀烙焦，群众掩护脱险后的毕铁华被安置在王换于家中，此时的他面目全非，全身伤口溃烂化脓。王换于多方努力，讨来民间验方，经过她 40 多天的精心看护调养，毕铁华终于恢复了健康。1939 年初，年近 50 的祖秀莲积极参加本村的妇女救国联合会，她和很多青年妇女参加磨军粮、做军鞋等抗日活动。1941 年 11 月 6 日，时任八路军山东纵队司令部侦察员的郭伍士在执行任务途中，被遭遇的日军击中数枪，日军又上前再打两枪，并使用刺刀对腹部连刺数刀。误以为其已经死去才离开。苏醒后的郭伍士，被祖秀莲发现。祖秀莲立即将他扶回家中进行抢救。祖秀莲一家为了更好地保护郭伍士，就在西山沟里挖了个山洞，将他藏在那里。祖秀莲每天上山给他采药，又送水送饭，还为他擦洗伤口。祖秀莲一家人为帮助郭伍士早日养好伤，节衣缩食，省吃俭用。经过祖秀莲一家人一个多月的悉心照料，郭伍士的伤口不断好转，后被转到部队医院继续治疗。当日伪军于 1942 年 10 月再次对我沂蒙山区进行大“扫荡”时，祖秀莲不顾个人生命危险，帮助抗大一分校掩藏文件物资，还和妇救会其他人一起救护疏散八路军的伤员。沂蒙根据地的优秀人民群众代表还有很多，她们在危险面前毫不畏惧，舍生忘死地帮助救护八路军战士，演绎了一幕幕可歌可泣的动人故事。

1950 年 6 月，朝鲜战争爆发，美帝国主义悍然出兵，并把战火烧到鸭绿江边。沂蒙山区的人民在常年的战争中，生活异常艰难，但他们为了祖国为了前线，响应国家号召，积极拥军参军，节衣缩食，捐献财物，用各种方式表达自己对祖国对人民子弟兵的热爱。临沂、沂水两专区原计划捐献 11 架战斗机，折款大约 165 亿元（旧币，1 万元旧币相当于 1 元新人民币）。截至 1951 年底，实际捐献数额达到 223 亿元（旧币），比原捐款计划超出 58 亿元（旧币）。沂蒙老区的许多农民喊出了：“我们多流一滴汗，前方少流一滴血。”“多锄一遍地，多锄几棵草，等于多打死几个美国佬。”沂蒙老区的广大妇女用参加生产劳动来支持国家的抗美援朝，通过多编席、多做鞋和多养鸡等赚取的收入来达到捐款的目的。郯城县第一区后东庄村 700 多名妇女，有 419 人参加互助组织，539 人拾栗花编火绳 6000 余条、做鞋 4000 余双，增加收入 700 多万元（旧币），并将增收的绝大部分捐献购买了武器，赠送给志愿军战士。沂蒙人民通过多种多样的形式，实现他们支援前线、关爱人民子弟兵的目的。沂蒙人民的爱国热情给予前方的志愿军将士们极大的鼓舞，他们用自己的实际行动支持抗美援朝战争的顺利进行。

在血与火的战争年代里，只要人民群众有危难、有需要，人民子弟兵总是会在第一时间出现在身边，他们为了人民群众舍生忘死，保一方平安；人民群众也是感怀于人民军队的赤胆忠心，扶危济困，心甘情愿地贡献所有支援子弟兵，在鱼水深情的双向互动中，构成了一道天地动容、牢不可破的铜墙铁壁。

第三节

水乳交融、生死与共——克敌制胜的根本保证

“水乳交融、生死与共”是沂蒙精神基本内涵的特质和支点，集中显示出沂蒙老区党政军民经过长期斗争磨合而成的同呼吸共命运、同甘苦共患难的一体化融合状态。这种“党群鱼水相融、军民生死相依”的人民主体思想和以人民为中心的群众路线，是沂蒙精神得以形成的内在机理和生成逻辑，显现出沂蒙精神的双重创造主体合二为一的形象描述。牢固树立人民主体的立场观念，构筑坚不可摧的党群、干群、军民关系，实现党性与人民性的高度统一，从而巩固沂蒙精神萌生的基石和发展的根本，达到新时代凝心聚力的目的。

“水乳交融、生死与共”昭示出我们党百年发展历程中的一条红线，就是党的建设的不断加强。在我们党建的系列工程中，体现“党群干群关系”的“党的生命线”是其中最核心的中轴线，党群干群关系是中国革命是否能够取得最终完全胜利的关键，也关系到中国共产党成立的使命和追求。正是因为党建工作的重要性，习近平总书记才会强调指出，沂蒙精神“对我们今天抓党的建设仍然具有十分重要的启示作用”。而沂蒙精神的这个“启示作用”是其价值最本质的体现，成为我们党长期执政的红色密码。在新的时代条件下发扬光大沂蒙精神大力推进党的建设，“是习近平总书记基于党领导山东革命斗争经验的历史思考，是基于沂蒙精神形成根本原因的深刻洞察，是对沂蒙精神现实价值的高度肯定”。

“水乳交融、生死与共”蕴含着理论高度，与“党群同心、军民情深”互为补充、相辅相成，理论与实践相结合，从而构成了一个逻辑严密、内在统一的有机整体，深刻阐述了党同人民群众的血肉联系，映射出党始终以人民为中心的服务理念和

初心使命深深地感染了人民群众，也深刻彰显了人民群众相信党、依赖党、跟党走的坚定信念，形成了党与人民群众的生死相依、不离不弃的血浓于水的深厚感情。一方面，“党群同心、军民情深”是对沂蒙老区党政军民融洽关系和时代特征的真实反映，人们通过这八个字可以深刻清楚地感受到沂蒙精神中折射出的“党亲民、民向党”和“军爱民、民拥军”的党群之间、军民之间双向奔赴的厚重感情，全方位多角度地把沂蒙革命老区党政军民荣辱与共、生死相依的画卷活灵活现地呈现在世人面前；另一方面，“水乳交融、生死与共”作为沂蒙精神的内涵核心，从成因上深刻揭示了沂蒙精神的特质、“群众路线”的实质和“党的建设”的本质，进一步增强了人民群众与党的同频互动，对党的政治、思想、情感和行动的认同感更加强烈，使我们能够更深刻地理解习近平总书记关于沂蒙精神“对我们今天抓党的建设仍然具有十分重要的启示作用”这一重要论断的深远意义和使命担当。

第四节 沂蒙精神的价值取向——人民性

人民立场始终是中国共产党的执政立场，强调所有的发展都是为了人民、所有的发展都离不开人民，人民不仅参与成果共建而且参与成果共享，凸显“以人民为中心”的发展理念涵盖的三个方面，分别解释了发展的目的、动力和价值问题。沂蒙精神是革命战争年代在中国共产党的领导下，在以沂蒙山区为中心的山东革命根据地，历经艰苦卓绝的革命战争岁月的烈火生成的。马克思主义认为，政党是某一阶级的先进分子组成的政治集团，武装是为了实现阶级目的组建的军事集团。中国共产党在沂蒙革命根据地的实践活动证明，中国共产党代表的是人民群众的利益，领导的政府和军队是为了解放人民、实现人民利益而奋斗的正义之师和光荣之师；人民群众在革命斗争中，在共产党与国民党及其军队的对比中，通过无数鲜活的事例，得出只有共产党才能救中国，才能救民于水火的结论，发自内心地认可、支持、拥护中国共产党、政府和军队；人民这一重要范畴，是沂蒙精神价值取向的关键词之一。基于党对人民群众的无限热爱和人民群众对党的无限忠诚，沂蒙根据地得以形成了党政军民水乳交融、生死与共的良好局面。

一、沂蒙根据地政权建设的价值取向——人民政权为人民

山东历来是兵家必争之地，战略地位非常重要，因此，中共中央和毛泽东在1938年作出了“派兵去山东”的重大战略决策。抗日战争全面爆发后，党就开始了在沂蒙革命老区发动人民群众、组织全民抗战的工作，与日伪军浴血奋战保护群众的生命财产安全，联合社会各界人士建立了广泛的爱国统一战线，成立抗日民主政府，在社会各界人士充分参与磋商的基础上，制定了维护民众利益的施

政纲领和法令。党领导的人民军队在沂蒙山区为了维护人民群众的切身利益，积极建设亲民爱民为民的民主政权，制定了一系列维护人民利益的施政方略，致力于解决农民最关心的土地问题，并组织根据地的生产救灾活动。中国共产党在革命根据地所做的一切，充分证明了以人民为中心是党的宗旨原则，也因此赢得了沂蒙人民群众的拥护与爱戴。

抗日根据地建设的根本问题和首要问题是政权建设问题。山东各级党组织领导根据地军民遵循中共中央的指示，经过曲折艰苦复杂的斗争，在根据地普遍建立了各级民主政权。1940 年 8 月 1 日，山东省战时工作推行委员会在沂临边县青驼寺（现属沂南县）成立，简称战工会，是山东省政府的前身。战工会是按照“三三制”原则成立的，共产党占 1/3，无党派人士占 1/3，国民党和各个方面的人士占 1/3。山东党组织遵循“三三制”民主原则成立的省战时工作推行委员会，成为山东抗日根据地正式形成的标志，标志着山东抗战进入新的历史时期。战工会作为山东省级政权，是当时中国共产党领导的全国唯一以省为建制的政权组织，是政权建设的创举。

根据山东省战工会制定的《施政纲领》中的“三三制”原则，沂蒙根据地抗日民主政权严格贯彻执行，按照民主政治的要求依法施政，实现人民群众政治上当家作主的地位；推动经济和教育、文化等社会各项事业的发展，促成人民群众物质文化生活的改善；各级领导干部勤于政事，务实守正，廉洁奉公，把人民作为自己工作的出发点和落脚点，全心全意为人民服务，得到了广大群众的拥护和支持。各级民主政权在充分依靠群众，动员组织群众，引导教育群众，建设巩固的根据地，提供人力、物力支援革命战争等方面，作出了巨大贡献。

（一）山东敌后抗日根据地政权的曲折发展历程

1. 敌后抗日民主政权的初步创建

本阶段起止时间是从 1937 年 10 月到 1939 年夏天。

1937 年 12 月，国民党山东省主席韩复榘面对日军的进攻，率部退出山东，各地超过 90% 的专员、县长擅离职守，直接导致了山东省县级以上的旧政府相继垮台。山东15.3万平方公里的大好河山沦于敌手。山东各地原有的旧政权纷纷崩溃，陷入无政府状态。由于山东地下党组织对建立抗日民主政权工作的重要性认识不足，共产党未能及时抓住韩复榘政权溃散的大好机会，放手发动人民群众，在抗日游击队控制地区建立民主政权，而是忙于组织武装抗击日寇，发动武装起义，保家卫国，以致错失了利用有利时机发展壮大的历史机遇。有的地方游击队已经成功地把日寇伪政权推翻，国土光复了，却没有人愿意出任县长。1938年1月，韩复榘由于临阵脱逃被蒋介石在武昌处决，沈鸿烈出任国民党山东省政府主席，陆续恢复了山东的行政系统。沈是国民党顽固派，影响控制大小武装15万人左右，在数量和武器装备上都优于八路军。沈鸿烈坚定地反共反人民，推行消极抗日、积极反共的政策。为了阻挠破坏共产党领导的抗日根据地的发展和民主政权的建立，他设置障碍限制八路军的发展，断绝根据地与外界的交通。当时的山东党组织由于害怕影响了国共统一战线，而选择了对沈鸿烈进行迁就，个别县建立抗日民主政权还需要经过他的委任。山东大地上除了国民党的政权以外，还有日本侵略者在沦陷区普遍建立的伪政权。山东形成了敌、我、顽尖锐复杂的三角斗争局面，建立抗日民主政权充满波折和艰辛。

总之，从日军1937年10月开始侵略山东到1939年夏，中共山东党组织把主要精力都放在了宣传发动群众、成立抗日武装、进行游击斗争的工作中，再加上我们的党组织长期从事地下活动，对抗日民主政权建立重要性的认识严重不足，对地方政权的创建缺少理论指导和实施意见，使得这一时期建立的民主政权仅局限在部分地区：胶东地区的蓬黄掖3个县政权，1938年8月在北海成立专署；冀鲁边地区的盐山、无棣、乐陵、庆云等8个县政权；鲁西、泰西、鲁南、泰山等个别地区的政权组织。尽管建立了部分政权，但是从山东抗日根据地的整体布局看，这一阶段“政权的建设是点滴缓慢的诞生时期”。

2. 山东抗日民主政权的迅速发展

本阶段的起止时间是从1939年夏天到1941年冬天。

山东地理位置的重要性日渐得到党中央的重视，因而山东创建根据地和建立抗日民主政权的工作越来越得到中共中央的关注。中共中央于1939年4月颁发《中央对山东问题之处置办法》，针对山东分局过去一段时期内的退让提出批评，并对下一步政权建设工作作出明确指示。5月19日，中共中央在讨论山东工作的会议中作出特别指示，根据地形成的重要标志是建立政权，没有政权领导的八路军或者地方游击队是不可能达成根据地建立，并且发展巩固的目的。所以，坚决不能放弃已经建立的政权，强调要在今后工作中积极建立新的人民政权。指出政权争取的方式不仅可以自上而下，还可以自下而上，宗旨就是争取政权的机会决不放弃。中共中央对政权建设的高度重视，为山东党组织政权建设工作的推进指明了方向。

山东分局随即根据中央指示，加强领导干部对政权建设重要性的认识，明确指出要接受以往的教训，凡是条件允许的地方，都必须加紧推进专署、县、区抗日民主政权的建设工作。在党中央的明确要求下，山东各地的党组织迅速行动，于6月初派出一批干部开始了县、区、乡抗日民主政权的建立工作，迅速推动了沂蒙地区党组织领导的政权工作进展。

徐向前、朱瑞于1939年6月抵达山东，来到沂蒙山区推进八路军第一纵队的组建工作，同时对山东根据地建设的经验教训进行了全面系统的回顾，并进行分析总结，然后以山东分局的名义颁发《关于山东今后工作意见》，指出：“为造成山东巩固抗日根据地，我必须迅速建立抗日政权”，同时强调，“要深入关于政权工作问题的党内外教育，彻底转变忽视政权工作的观念。”山东党组织在党中央的指示下，结合沂蒙根据地实际工作中的三角斗争，对根据地创立政权的重要性有了统一的深刻认识。9月中旬，徐向前以八路军第一纵队司令员的身份抵达费县的上冶、薛庄一带，与时任国民党鲁苏战区总司令的于学忠进行谈判，谈判的中心内容就是抗日根据地的政权问题。于学忠反对八路军搞政权，徐向前则予以反驳：你的政权，一不给我们粮款，二不给我们枪弹，连薪饷都不给。我们没有政权，吃饭问题都解决不了，还怎么坚持抗日？经过徐向前的据理力争，于学忠对徐向前的要求持默许态度。徐向前还和沈鸿烈进行了面对面的斗争，对他限制共产党、八路军发展的举动言行进行严词驳斥。徐向前的努力，为建立抗日民主政权创造了有利的外围条件。

沂蒙地区的各级党组织按照山东分局的指示，在不断拓展抗日根据地的同时，开始了有计划、有步骤地开展抗日民主政权的建设工作。郯（城）费（县）峄（县）四县边区联庄会办事处于1937年11月在临沂县（今兰山区）尚岩（今属兰陵县）成立，但是该机构还不具备政权的性质。1939年2月，八路军在收复车辋后，把办事处搬到了车辋，改称临郯费峄四县联合办事处，推举爱国人士万春圃担任主任。这个办事处既是统一战线组织，又是一个共产党领导的半政权性质的机构。临郯费峄四县联合办事处是沂蒙根据地建立的第一个县级政权，也是沂蒙地区党组织建立政权工作的一次尝试。

日军于1939年6月，展开了对鲁中山区的大“扫荡”。由于日军的沉重打击，国民党的地方政权纷纷垮台。沂蒙各级党组织遵照山东分局的指示，抓住这一时机，加紧了各地的政权建立工作。7月1日，山东分局颁布《关于恢复县区乡政权之指示》，明确指示在原政权机构被破坏的地区，都要设立共产党领导的政权机构；县界的划分应当根据地形以及战争的需要做出调整，不必受以往行政县界的制约。沂蒙地区各级党组织在八路军的配合下，根据这一要求，派出大批干部开展政权建立工作，很快就有一大批区乡政权及少数县级政权成功组建。到年底的时候，已经成立了费县联合办事处、北沂蒙联防办事处、南沂蒙联防办事处。从这些机构的名称上看，规范性明显不足，但它们都属于当时县级政权的初级形式。

沂蒙根据地的建政工作在1940年全面铺开。2月份，山东分局内部设立了统一领导山东抗日民主政权建设工作的政府工作部，要求地方上要尽一切可能，广泛发动人民群众参加选举，成立各级政权。在这个规定下，沂蒙根据地的郯城县、费县、临沂县（今兰山区）、日照县（今日照市）、莒县、沂水县、蒙阴县、费南县的抗日民主政府先后成立。另外，还相继成立了郯东北第一办事处（后改称苍马办事处）、沂南县政府行署（由南沂蒙联防办事处改称），以及临（沂）费（县）

沂（南）边联办事处和费北行署，它们都属于县级政权。县级政权的成立，基本上都履行了民主选举程序，先通过各界人士代表会议选出参议员组成参议会，再由参议会选举产生县长。

1940 年 6 月，山东分局颁布《关于政权问题的新决定》，要求地方各级党委必须高度重视政权工作，各级政权在建立过程中必须严格执行“三三制”原则。对各级党委下达明确指令，高度重视抗日民主政权的创建工作，要把争取战争胜利以及新民主主义国家的成立作为当下最重要的政治任务。山东分局《新决定》的颁发，表明山东党组织对政权建设工作已经有了清醒认识，发生了重大转变。

在中共鲁南区委的领导下，1940 年 6 月 11 日，鲁南各界抗日人民代表大会在费（县）滕（县）峄（县）边区的七里河南山的臼子峪（今属枣庄市山亭区）召开，选举产生了鲁南区参议会和鲁南专员公署。这是沂蒙抗日根据地产生的第一个战略区级的抗日民主政权，它的成立标志着根据地的政权建设工作进入了更高的一个层级。

随着抗日战争进入相持阶段，日军逐渐意识到敌后战场的重要性，不断增兵华北，巩固后方。在日军掀起的大“扫荡”攻势之下，很多消极抗战的国民党顽固部队望风而逃，沈鸿烈的部队也是接连失利，损兵折将，各级政府官员四处逃散，原国民党控制区的政权大都陷入了无政府状态。面对这种情况，根据地的党组织按照中央指示，在八路军的支持下，迅速动员组织人民群众和社会团体，通过民主方式开展抗日村长和县区参议员的选举，产生抗日民主县区政府。面对日军的疯狂“扫荡”，到 1940 年夏，山东的原国民党各级政权纷纷垮台，中国共产党领导的人民武装不仅在军事上取得接连胜利，而且在八路军和群众组织控制的很多地方，建立了 66 个县政权，使得这一个时期成为“山东抗日民主政权大刀阔斧的建立发展阶段”。

由于日本帝国主义的进攻更加疯狂，敌后斗争更加激烈复杂，形势的发展迫切需要完成山东各级民主政权的统一工作。山东分局顺应形势需要，于 1940 年 7、8 月间举行山东省各界代表联合大会，会议地点是在蒙山脚下的沂临边县的青驼寺镇。这是抗战时期召开的具有人民代表大会性质的一次重大会议。出席本次大会的有山东初选的部分国大代表，以及各地区的工、农、青、妇、文抗日团体代表，会场设在青驼寺古庙院内的两棵大银杏树下，到会代表排列有序，共计300多人。大会历时1个月，与会人员情绪高昂，会场气氛十分热烈。大会在《救亡进行曲》和《大会会歌》的欢快歌声中庄严开幕。范明枢致开幕词。朱瑞作了《从国际到山东》的政治报告，李澄之作了《宪法与民主》的报告，黎玉作了《论山东目前投降与反投降》的报告，还有关于职工、农民、青年、妇女、文化、锄奸、日伪军、政权工作和宪政促进会筹备经过等报告。大会经讨论否决了国民党圈定的所谓山东出席国大的代表，于学忠、徐向前、朱瑞等61人当选为能够真正代表山东民意的国大代表。

联合大会通过了《山东省临时参议会组织条例》，颁布《山东省战时施政纲领》，成立了全省统一的民意机关——山东省临时参议会，范明枢、亓养斋等81人被选举为山东省临时参议会参议员，参议长由范明枢担任，马保三、刘民生担任副参议长。大会颁发《山东省战时工作推行委员会组织大纲》，山东省战时工作推行委员会（简称战工会）作为全省统一的行政权力机关，选举张经武、李澄之、黎玉、罗舜初等23人为委员。下设政治、军事等5个组，首席组长由黎玉担任。联合大会的召开实现了全省抗日群众组织的统一领导，大会于8月26日隆重闭幕。

山东省各界代表联合大会对抗战三年来的群众工作做了全面系统的梳理总结，对存在的问题进行分析，进而提出了今后的工作任务，对人民群众的组织教育工作作出特别强调，要求各地健全领导群众的机关，进一步组织协调好群众组织间的关系，对群众参战、参政、生产等项工作作出重要指示。本次大会对全省群众工作的开展起了重要的推动作用。省战工会作为初期的山东省级政权组织，具有统一战线的性质。之所以没用省政府的名称，是因为当时还处在第二次国共合作时期，国民党山东省政府还依然存在，所以，它的成立不可能获得国民政府的委任。

山东党组织在联合大会后，严格按照中共中央指示精神，在三角斗争中采取有理有节的灵活策略，不断发展壮大建立的各级抗日民主政权。在山东党组织强有力的领导下，掀起了民主建设热潮，山东的政权建设工作取得了很大发展，形成了自上而下、系统完整的抗日民主政权。省战工会首席组长黎玉把从 1939 年夏天到 1941 年冬天这两年多的时间称为山东抗日民主政权建立的“黄金时代”。

抗日民主根据地严格遵循民主政权颁布的各项选举文件，组织自下而上的民主选举。但也存在一些缺点：第一，由于战争环境，政权成立相对较为仓促，人民群众的动员不够广泛深入；第二，由于缺乏干部，组织不够健全，政权不够巩固和深入；第三，山东抗日民主政权数量不少，但是控制区域面积相对有限，没有连接成片。

及至 1943 年秋，随着国民党在山东敌后战场的全面溃败，国民党山东省政府已经无法在山东立足，被迫和鲁苏战区总部一起撤逃至安徽的阜阳。省战工会结合形势的变化，于 9 月 10 日改称省战时行政委员会（以下简称省政委会），政府职能得到进一步完善。等到 1945 年 8 月抗战胜利前夕，山东抗日根据地的各级行政系统已经基本完备。为了适应新形势的发展需要，8 月 13 日，省政委会改称省政府，它无论是从机构设置的形式上，还是从职能以及实质上，都已经完全具备了省级政府的职能。

3. 山东抗日民主政权的巩固和发展

本阶段的起止时间是从 1941 年冬天到 1945 年 8 月。

日本帝国主义在这一阶段，通过在占领区发展大量伪军，采取蚕食、封锁、分割等手段，加紧了对山东根据地的“扫荡”，再辅之以政治上的治安手段，导致山东根据地从 1941 年冬天起进入了最艰难的时期。各地的民主政权由于面临不同的斗争形势，呈现出发展、停顿，或者被破坏等不同状况，根据地有的被敌人分割封锁，有的地方变成了敌占区、游击区，对山东抗日根据地建设的民主政权带来了极大影响。

1942 年春天，中共中央派刘少奇前往山东，他抵达山东后随即展开了深入细致全面的研究，后来他在山东干部会议上作了《改造政权问题》的工作报告，首先阐述了抗日民主政权的性质、任务和组织原则，然后对建设政权的工作作出重要指示。在刘少奇的指示下，山东建设抗日民主政权的工作很快就走上了恢复发展的道路。根据地的各级党组织，一边大力推进减租减息的斗争，一边开展改造村级政权的工作。在党组织的宣传教育引导下，人民群众当家作主的意识普遍提高，村政委员会在各县区普遍成立，通过村长改选实现了基层政权组织的巩固发展。各级民主政权通过开办训练班，对新选的村干部围绕工作能力的培养和提升进行培训，各级党组织的众多举措有力地推进了根据地县以上政权的建设。

山东根据地抗日民主政权在形势异常严峻的情况下，经过了最艰难时期的恢复发展，当时间行进到 1943 年 8 月的时候，全省行政机构中有行政公署 4 个（另有相当于行政公署的专署 2 个），行政督察专员公署 12 个，县政府 90 个，区公所 663 个，根据地村政权 10128 个，游击区村政权 12443 个，解放区面积达到 184697 平方华里。另外，参议会也已经在很多地方县、区建立。据不完全统计，到 1943 年 8 月，根据地共有 42 个县参议会，7 个专署参议会，2 个主署参议会。

从 1943 年下半年开始，山东抗日根据地的形势已经明显向好。根据地实现了党的一元化领导，世界反法西斯战争已经进入战略反攻阶段。由于国民党军队从山东撤离，共产党领导下的八路军独立面对进入山东的顽军李仙洲部取得重大胜利，山东抗战大局呈现的是共产党八路军独立支撑的局面。在这种有利形势下，我们的山东分局加快推进政权建设。

伴随着抗日战争进行到 1944 年，战场上的敌我力量对比发生重大变化，山东根据地已经度过最艰难时期，转入了战略反攻阶段，政权建设更加稳固。截至 1944 年底，山东的抗日民主政权取得重大发展，共有 5 个行政主任公署，22 个专员公署，127 个县政府，区政府则达到 850 多个，根据地人口增加到 2 千万。山东省临参会、省政委会考虑到山东境内的敌伪政权和国民党顽固派政权即将垮台，就在 1945 年 8 月，在莒南大店镇召开第 20 次联席会议，把“山东省战时行政委员会”更名为“山东省政府”，管辖地区人口达到 2400 多万。

省战工会是当时中国共产党领导的全国各抗日根据地中唯一一个以省为建制

的权力机关，这是党在政权建设工作方面的一大创举，在中国革命史上具有重要意义。山东省统一的抗日民主政权的成立和各级抗日民主政权的建立，是以沂蒙山区为中心的山东抗日根据地形成的标志，推动了沂蒙根据地建设的迅速发展。

（二）山东抗日民主政权的施政理念及实践

抗日根据地建立的都是带有抗日民族统一战线性质的政权。其施政纲领，一般都是政府颁布的带有根本法性质的立法文献，明确规定了抗日民主政权的基本任务、奋斗目标和方针政策，充分体现了抗日民主政权的执政理念。

1. 山东抗日民主政权的施政纲领

山东省临时参议会于 1940 年 9 月 2 日，在沂南青驼寺召开全体会议，审议并通过了省战工会制订的《山东省战时施政纲领》，具体内容有 12 项。经过了近三年的初步实践，山东分局为适应形势发展的需要，对经验和教训进行了总结，在此基础上，在 1943 年 8 月制定并通过了新的《山东省战时施政纲领》，对原纲领的内容进行了修改和补充，得到山东省临时参议会一届二次会议的审议通过。综合新旧两份施政纲领，主要有以下内容。

政治方面：坚持抗日民族统一战线，团结各阶层人民、各界人士共同抗日；坚持山东抗战，反对分裂与投降；按照新民主主义的原则，加强民主政治建设；贯彻法治精神，实行司法公正，保障人权。

经济方面：加强财政经济建设，大力发展生产，改善军民生活；废除苛捐杂税，整理税收，实行合理负担；实行减租减息，提高雇工生活待遇；优待抗属，救济贫民、难民、灾民。

军事方面：拥戴抗日军队，大力加强主力军和地方军建设；发展县区武装和民兵，加强对敌斗争，广泛开展群众性的游击战争，保卫根据地。

文化教育方面：发展新民主主义的文化教育事业，普遍开办抗日小学，设立中等学校及各种专门学校；发展社会教育，广设民校、识字班、冬学，厉行扫除文盲；设立农村俱乐部，提倡正当娱乐；举办地方性报纸。

社会生活方面：实行男女平等，提高妇女社会地位；实行婚姻自由，禁止买卖婚姻；禁止缠足；严格禁烟、禁毒、禁赌、禁酿；严惩贪污，反对浪费；加强健康教育，加强平民医院的建设，免费为抗日军人的家属及贫民伤残治疗；优待产妇，保育婴儿，建立托儿所。

《山东省战时施政纲领》是中国共产党执政为民理念的实践体现，是中国共产党统一战线政策的具体体现，是建设新民主主义山东的具体方案，是指导根据地建设的重要文件，充分体现了广大人民群众的愿望和要求。在团结全省各阶层民众，动员集中全省力量，战胜困难，准备反攻，迎接胜利的过程中，发挥了重要作用。

2.“三三制”政权的提出及确立

中国共产党政权建设的实践有三个阶段，分别是工农民主专政政权、抗日民主政权、人民民主专政政权。抗日战争期间进行了“三三制”抗日民主政权的实践尝试，它的推行为中国抗战胜利提供了制度保障，同时也为人民民主专政政权的建立积累了经验。“三三制”政权作为统一战线政权的建设范式在中国共产党的政权建设史上发挥了承上启下的作用。

全面抗战爆发，中日矛盾上升成为中国社会的主要矛盾，抗日民族统一战线为“三三制”政权的建设提供了坚实基础，这一时期毛泽东先后发表了《中国革命和中国共产党》《〈共产党人〉发刊词》，对新民主主义理论作了系统解释，进而指出：“在今天的中国，这种新民主主义的国家形式，就是抗日民族统一战线的形式。它是抗日的，反对帝国主义的；又是几个革命阶级联合的，统一战线的。”提出的新民主主义理论为其建立提供了理论支撑。“三三制”原则作为抗战时期中国共产党指导建设民主政权的基本政策，充分体现了人民民主的广泛性。要求民主政权在保证共产党领导地位的前提下，能够代表国内各阶级、各阶层的利益，真正成为抗日民族统一战线政权。中共中央于1940年3月6日发出了《抗日根据地的政权问题》的指示，指出在政权人员的组成上，共产党员占1/3，非党的左派进步分子占1/3，不左不右的中间派占1/3，同时强调必须保证共产党在政权中的领导地位。这一指示是中共中央围绕如何建设抗日根据地政权发布的第一个政策意见。山东分局按照中共中央和毛泽东的指示，制定并实施《关于政权问题的新决定》,要求各级政府和参议会的成立都要严格贯彻中央政权建设的“三三制”原则。同时，各级政府中都要建立党团组织，以保证党的路线、方针、政策得到切实的贯彻执行。也强调党委不能直接干涉、包办和替代政府工作。

在中央及省委政策的指导下，按照“三三制”原则，山东省临时参议会和省战工会都是遵循人员比例成立的。范明枢，社会名流，在教育战线工作40多年，威望极高,正义感强烈,斗争精神顽强。抗战爆发后,坚决拥护共产党的抗日主张，76岁高龄仍当选为临参会议长。副议长马保三，年近半百，老共产党员、职业革命家、山东八路军的创始人之一。刘民生，老省议员、德高望重的士绅、守正不阿的律师。李澄之，老国民党员、山东国民党抗敌协会会长，省战工会副首席组长，始终坚持抗日民族统一战线。省战工会下设政治、军事、财政经济、教育、民众动员等5个组，组长或副组长、成员都是民主人士担任。孙鸣岗，韩复榘旧部、民众动员组成员，主张抗战。省战工会23名成员，进步人士占比1/3，黎玉担任首席组长，充分体现了党的领导。沂蒙根据地的各级政府和参议会中，领导职务都是由社会名流、开明士绅和民主进步人士担任。王贽，温河县（今属费县）副参议长，虽是晚清秀才，但为人忠诚正直，追求革命。他的长子王宗一在他的影响下，未满18岁加入共产党，后来担任了中共费县工委的第一任书记。这都充分证明了抗日民族统一战线的巨大感召力和共产党团结民主人士共事的伟大胸襟。

当然，各地贯彻执行“三三制”工作还存在很大的不平衡性，很多地方存在着许多问题，比如，对“三三制”的民主原则，持怀疑态度，或者不能严肃地认识它的政治意义，不能有计划有步骤地实施这一政策；许多乡村政权，没有及时进行改造，仍被一些地主劣绅把持;有些改造过的区县政权，不是清一色的党员，就是名义上的“三三制”，党外人士没有实际权力。为了解决这种情况，1940年11月，山东分局发布《关于山东党领导民主政权工作的总结与今后任务》，对存在问题加以总结,教育如何正确地实行“三三制”。重申:必须坚决贯彻执行“三三制”原则，这是党的真实政策。今后再检查各地党领导政权工作是否正确，把是否正确地实现“三三制”政策作为主要尺度。伴随着减租减息运动的开展，广大农民首先实现了经济翻身，然后在政治上也翻了身，他们参政议政的热情空前高涨，“三三制”政权建设工作普遍开展起来。截至 1942 年底，鲁中区改造了 608 个村政权，滨海区改造了 772 个政权。省临时参议会一届二次会议于 1943 年 8 月召开，参议员 121 人，共产党员占比 37.2%，多达 45 人，因此，山东分局代表向大会提出，根据三三制原则，8 位超过规定的共产党议员、候补议员辞去参议员，补选党外议员，参会人员对此非常敬佩。到抗战胜利的时候，山东省 5 个行政公署、22 个专署、127 个县、850 多个区政府基本上都实现了“三三制”。抗日民族统一战线能够实现的保证就是“三三制”的贯彻执行。这项政策为共产党与其他民主党派、各界人士合作共事开创了先例，为人民民主专政政权的建立奠定了基础，是中国共产党领导的多党合作的雏形。

3. 人民群众物质生活的改善

人民群众的获得感、幸福感和安全感，是检验我们党工作成败的评判尺度。人民利益是我们党制定和实施政策时必须维护的核心利益，只有符合人民利益的政策才是向人民负责。要取得老百姓的拥护，不仅只是取之于民，更要造福于民。我们党的性质和宗旨决定了抗日民主政府如果不能解决广大贫苦农民吃不饱、穿不暖的问题，还要因为战争增加人民群众的人力和物力负担，那就不可能得到这一最广大群体的拥护和支持。就如同毛泽东于 1942 年 12 月在《经济问题与财政问题》一文中所说的：“一切空话都是无用的，必须给人民以看得见的物质利益。”

沂蒙根据地各级政府给予民生问题高度关注，采取多种措施改善人民群众的物质文化生活。

第一，减租减息。沂蒙根据地从 1942 年开始广泛发动群众减租减息和增加雇工工资的运动。减租减息实际就是一种变相的土改措施，对一些保证不当汉奸地主，在允许他们保留一定收入的基础上，一定程度上减轻贫雇农的负担，从而在达成广大贫苦农民生活改善的同时赢得他们的支持。

第二，精兵简政。通过裁减沂蒙党政军领导机关和主力部队的人员，实现了机关工作效率和部队战斗力的显著提高，政府的执政成本降低，民众负担减轻。

第三，军民大生产运动。人民群众物质生活的改善，归根到底要靠扩大生产和发展经济实现。为了度过根据地的严重困难时期，从 1942 年开始，沂蒙根据地军民展开了轰轰烈烈的大生产运动。根据地各级政府都把恢复发展生产作为中心环节来进行，通过开垦荒地和兴修水利来增加粮食生产。同时，采取各种措施发展纺织业、运输业以及军工产业。各地在通过互助合作形式把群众组织起来的过程中，严格遵循人民群众自愿参加和等价交换的原则，实现了劳动生产率的提高。与此同时，机关部队充分利用空闲时间，通过开荒种地、养羊养猪，使得多数部队基本实现了大部分能够蔬菜自给，少部分能够粮食自给。沂蒙根据地的军民大生产运动使得日伪的经济封锁被彻底打破，困难被克服，军民生活得到了改善，为抗战的最后胜利奠定了坚实的物质基础。

减租减息和精兵简政是做“减法”，大生产运动则是做“加法”，一减一加经济效益更明显，老百姓得到了看得见、摸得着的实惠。大部分的根据地农民普遍认为，他们的生活水平比抗战前还要好。民主政府的上述政策给老百姓带来了物质层面的实惠，极大地调动了根据地人民抗日的积极性，他们全身心地以源源不断的人力和物力资源支持抗战，这是中国抗日战争胜利的根本原因。

4. 山东抗日根据地的党风廉政建设

（1）提出创立新民主主义作风、打造廉洁政府的目标

①党内新的工作作风的树立

党的建设与党的作风密不可分，只有明晰党的建设的任务，党的正确作风才能树立；而党只有树立正确作风，才能顺利达成党的建设任务。山东分局紧紧围绕党中央的指示，围绕组织内确实存在的脆弱、虚浮、灌输等工作作风问题，针对性地提出了艰苦、实际、经常、系统的工作作风。为树立这些工作作风，山东分局提出了“凡事商量做，商量了一定做，做了要有检查，做了要有结果，结果要有结论”的方针。根据这一指导方针，提出了五项具体要求，指出制定、组织、

检查缺一不可。

山东分局针对山东根据地抗日民主政权在工作中表现出的官僚主义，提出转变政权工作作风，要求坚决彻底地把旧的腐朽的封建以及半殖民地半封建的小资产阶级的官僚作风从中国共产党领导下的抗日民主政权中清除出去，努力创造新的抗日民主政权作风，建立廉洁政府。

山东省战时工作推行委员会在成立之初就提出了树立“抗日、民主、廉洁、奉公”的政权工作作风，也就是新民主主义作风：大众化的、民主化的、克己奉公的、自奉俭朴的、自我牺牲的、与民同甘共苦的作风，紧张灵活的战斗作风，深入、具体、耐心、细致的工作作风，顽强坚定、艰苦团结的工作作风。

② 党员干部思想政治教育的加强

第一，对党员干部加强思想政治教育工作。

杜绝并清除剥削阶级的腐朽思想对他们的侵蚀，从思想上筑起一道党风廉政建设的坚固防线，是党风廉政建设的重要内容。山东分局遵循中共中央《关于巩固党的决定》的指示，在根据地建立健全各项教育制度，自上而下、普遍深入地开展马列教育以及党的建设与斗争的历史传统教育，加强党内的思想教育，积极开展自我批评和反倾向的斗争，通过系统、深入、频繁的教育，达到提高党员干部政治素质的目的。

在职干部的教育。县以上机关成立学习委员会，组织上接受党总支的领导，行政上接受宣传部领导和干部教育科指导。学习委员会的主要任务是计划、布置、推动和总结。结合干部职务的高低和文化程度的不同进行学习小组的划分。同时，还制定并实行了两小时学习制度、写作制度、研究制度和定期测验制度等，督促提醒干部积极学习，有力地促进了他们学习水平的提高。另外，山东分局还发出了自我学习、自我教育、相互学习的号召。

普通党员的教育。山东抗日根据地的党员，很多都是抗战爆发后发展的，大都没有参加过频繁、系统的党的思想教育和锻炼，认知水平普遍比较低。山东党组织清醒地面对这种现实，根据实际情况，创建了系统、完善的党员教育制度：（1）对没受过党的教育的党员，组织开展党的基本训练。（2）分区宣传委员与教育干事应定期参加妇女小组会，讲授党课。（3）加强教课准备制，充实教学内容。教员上课时讲解与讨论并重，每三个月由分区举行测验等。同时，为了推动加强群众教育，建立党员参加群众大课制度，一些政治课、时事报告和文化课，党员必须和群众一起上。

党员教育和群众教育的有效结合，既提高了党员干部的政治素养，也有助于他们政治立场的坚定，同时，这种党员参加群众的大课制度进一步密切了党员与人民群众的联系，密切了党群关系。

第二，党内思想意识锻炼的加强。

党员干部思想政治水平的提高，党风廉政建设防线的构筑，不仅需要党员素质在政治知识上的提高，更需要全体党员干部的思想和行动在思想意识上的统一。“政治知识的提高与思想意识的进步，是密切关联而且相互促进的。政治知识的进步，会推动思想意识的进步，反过来，思想意识的进步，会使政治上更加开展。”山东的党组织因为特殊的历史原因，党与政治工作的传统相对欠缺，再加上知识分子在干部成分上占有相当比重，因此，思想意识方面保留了一些原来的弱点。必须要从思想意识上，对这些干部加强教育和培养，加强锻炼，以达到克服其老旧、幼稚、脆弱等缺陷的目的。

人格修养和锻炼的加强。在山东根据地，党组织把我党我军的优秀传统、奋斗精神、民族气节进行了高度发扬，作为党员干部开展政治教育的中心内容之一。山东分局提出继续发扬共产党员“坚决、顽强、艰苦”以及“自我牺牲”的斗争精神和中华民族“富贵不能淫”“贫贱不能移”“威武不能屈”的优秀传统。把十年内战期间共产党员和红军军人的革命斗争故事编成读物，用于对全体党员进行教育，教育共产党员养成坚决奋斗、临危不惧、勇于牺牲和宁死不屈的精神。

思想斗争的开展。山东抗日根据地组织开展了以“斗争”和“自我批评”为主要方式的思想斗争。主要内容是自我批评和反“左”倾、右倾倾向，帮助党员干部在理论上、实际生活中、工作斗争中都能正确把握马克思主义的基本原理。

山东分局实现了开展自我批评和思想斗争中把教育的斗争精神与斗争的教育作用的充分结合，目的就是以“斗争的原则”和“教育的方式”对党员干部进行启发，“教育是思想斗争的目的，自我批评则是思想斗争的方式，政治原则与正确的思想方法是教育、斗争、自我批评的基准”。山东抗日根据地进行的思想政治教育，形式和途径非常丰富，学习内容注重马克思主义理论教育，以及党的性质、宗旨及党风教育。党员干部更容易理解掌握马克思主义的先进理论，并内化成他们的政治立场和政治行为。

第三，整风运动的开展。

山东分局为适应抗战形势日益艰难和革命根据地巩固的战略需要，在思想上、作风上开展了党的整风运动。这次整风运动分为三个阶段：第一阶段，从 1942 年至 1945 年 6 月，学习内容是中宣部规定的 22 个文件以及华北、华中根据地领导人关于整风的讲话。为了加强对整风的领导，改组了原有的学习委员会，新的学习委员会由单位领导和干部教育负责人组成。第二阶段，从 1943 年春到 1944 年秋，山东分局作出了《关于重振整风学习的指示》，把整风、对敌斗争、经济建设和群众工作一起列为山东根据地的四大任务，并强调指出整风是保证其他任务得以顺利完成的决定性任务。山东分局据此制定了细致的整风计划，并对各级党员干部的学习方法和学习方式作了具体规定，掀起了整风学习的高潮。第三阶段是从 1944 年秋到 1945 年春，本阶段开始时，有人在山东整风审干中实行了所谓的民主、暴露的方针。他否定了原来山东分局以罗荣桓等主要负责人的观点，提倡放任态度，通过采取暴露方针，搞所谓的大民主来达到审干之目的。这种做法在试行中出现了严重的极端民主化倾向，随后，山东抗日根据地停止执行这种通过极大发扬民主来暴露内奸的错误办法，山东根据地的整风运动得以健康地向前发展。至 1945 年 6 月，山东党组织的整风运动基本结束。

山东抗日根据地通过本次整风运动，提高了党员干部的思想水平，优良作风得以树立，党内团结得到增强，异己分子被清除，党的战斗力在思想上、组织上、作风上得到提高，为打败日本侵略者，夺取抗日战争的最终胜利和解放全中国奠定了坚实的基础。

③ 从制度上保廉，加强规章制度建设。

第一，颁布施政纲领，建立廉洁政府。

山东党组织在根据地创建初期就旗帜鲜明地提出了建立廉洁抗日政府的目标，并且把建立廉洁政府真切地体现在抗日根据地民主政治的建设中。1940 年 8 月 7 日，山东分局在颁布的《山东战时施政纲领》中明确提出："根据三民主义与抗战建国纲领，实施民主政治"，"实行民生主义，改善人民生活"，"各级政府实行预决算制度、金库制度、审计制度，财政公开，提倡开源节流，严惩贪污，反对浪费。"《纲领》内容包含了政府的施政方针及目标，尤其是其中对实行民主政治、保障人民的民主权利的规定，并围绕这一目的制定了各种防范官员贪污腐败的财经制度，这些都有力地保证了政府的廉洁。黎玉于 1941 年 5 月在《山东抗日根据地的建设问题》中，指出为了巩固和发展山东抗日根据地必须加强的十个方面的建设，其中第九项建设的内容就是"建设廉洁政府，保障人权自由。（一）看哪个队肃清贪污浪费做的最好；（二）看哪个县区做的最廉洁，没有一个人贪污"。

随着山东抗日根据地的迅速发展，为适应新形势的需要，山东省临时参议会又于 1943 年 8 月，制定并通过了新的《山东省战时施政纲领》。在新的《纲领》中，强调指出"实行三三制，共产党员应与党外人士实行民主合作""发扬民主精神，健全各级参议会和各级行政机关""保障人权""健全司法机关和公安机关，贯彻法治精神""力戒浪费，严惩贪污分子"。新《纲领》对政府的民主性质做了着重强调，对保证人民的民主权利和人权更加注重，对政府人员的要求更加严格，从而保证了抗日民主政权的廉洁性。

第二，廉政制度更加健全。

规章制度是党风廉政建设的重要保障。建立健全的规章制度是党风廉政建设的重要一环。要规范党政干部的行为，保证他们的廉洁，必须建立一套系统完整的规章制度来对他们加以约束。山东抗日根据地在各地逐渐建立抗日民主政权后，对制度在党风廉政建设中的作用更加重视。制定和实施惩贪条例，对贪官污吏予以严惩；建立和完善财经制度，有效地防范制止了浪费和贪污腐化现象的出现；出台及完善党政干部管理制度，达成了对行政行为的规范和约束，有效实现了对党政干部廉洁奉公的督促。

山东抗日根据地通过制定创建廉洁政府的纲领，以及出台各种廉政的规章制度，对制度在党风廉政建设中的保障作用高度重视。山东抗日根据地通过建立健全党风廉政制度建设，在保证党政干部的作风纯洁和廉洁从政，以及对违纪违法、腐败现象打击中发挥了重要作用。

④ 构筑民主监督体系，实现监督促廉

历史证明，只有将权力的运行置于民主监督之下，才可以有效地防止腐败发生，而民主监督则是保持党政干部廉洁的重要手段。民主监督对党风廉政建设的重要意义已经得到山东抗日根据地的充分认识，并为此建立了系统全面的民主监督体系，形成了整套完善的民主监督机制。

第一，人民群众监督。

党的群众路线要求我们的党员干部在工作中要充分相信群众和依靠群众，人民群众的监督作为党风廉政建设的重要监督方式得到了山东党组织的高度认可。在根据地创建和发展过程中，山东党组织就特别注重提高人民群众的政治觉悟，为人民群众的民主权利提供制度保障，以便充分发挥人民群众的监督作用。为了提高群众的政治觉悟，山东党组织积极宣传和教育群众，开展丰富多彩的群众教育活动，来提高群众的文化素养和政治觉悟，激发群众的参与意识和民主作风，启发群众的民主要求，并激发人民群众反贪污、反腐败的斗争热情。

同时，山东抗日根据地在制度上保障人民群众的民主权利，通过法律保障人民群众的监督权利。1940 年 8 月，山东分局颁布《山东省战时施政纲领》，明确规定人民群众享有参加民主政治，参加选举、罢免、创制、复决的权利；享有言论、出版、集会、结社的自由。1941 年 11 月《人权保障条例》颁布，强调指出必须保障人民群众的民主权利，不分男女、职业、种族、宗教和阶级，人民在法律上、政治上一律平等。人民群众的民主权利必须得到保障，人民群众与党政机关工作人员在法律上、政治上一律平等，这是实现人民群众监督作用的基础。

第二，政权机关监督。

政权机关的监督是指各级参议会的监督、司法机关和检察机关对行政机关的监督，以及行政机关的内部监督。

根据地的民意机关是参议会，代表人民实行对政府及其工作人员的监督。共产党领导下的山东抗日根据地的最高权力机关是山东省临时参议会，通过参议会实现各级政府职能部门的主要负责人的任命。政府的施政方针只有提交参议会通过才可以颁布实施，各级参议会对各级政府对参议会决议的执行进行监督，对财政的重大事项予以审查批准，质询和建议政府工作，对干部的奖惩条例进行审议，监督党员干部。政权机关的监督还包括司法、检察机关对行政机关的监督。司法检举制度是对不良现象进行监督的强有力武器，主要用于保障人权、保障法令执行，以及杜绝贪污浪费。山东抗日根据地的各县政府都设有司法处，司法处是县政府的司法机关，受县政府委员会和县长的领导，除对民刑诉讼案件的第一审等事项进行负责外，还负责“积极检举一切贪污、腐化、浪费、渎职、枉法、违犯法令、扰乱治安之事项”。山东省临时参议会于 1941 年 4 月 23 日通过《改进司法工作纲要》，对司法工作实施改革，在全省设立最高司法行政机关，负责制定改进司法制度，以及解释全省法令。同时还颁布了《各级检察委员会组织条例》，为了“加强检察制度、保障人权、保证政令之进行及检举违法失职人员，特成立各级检查委员会”。各级检查委员会的主要职责是对各机关团体、公营企业的账目进行查阅，对危害国家利益、政府法令及人民权利的行为等进行查处。

内部的各级行政机关实行民主集中制原则，各项政令工作只有提交各行政机关所设的委员会通过方可执行；行政机关的行政首长负责对下属各行政机关政务的执行进行监督。

得益于参议会的统一监督，行政、司法、检察之间相互监督、相互促进的格局形成。这种严格监督体系的建立，有力地保证了山东抗日根据地政权机关工作人员的廉洁。

第三，民主人士监督。

山东抗日根据地在党中央抗日民族统一战线的政策指导下，在抗日民主政权中施行“三三制”原则。根据“三三制”原则，抗日民主政权中的民主党派人士占据了很多重要岗位的重要职务，比如，山东省临时参议会的议长就是由民主人士范明枢担任，副议长由刘民生担任；山东省战时工作推行委员会委员由民主党派人士李澄之担任。我们党的民主原则使得民主人士在抗日政权内与共产党人积极合作、互相监督，共同为山东抗日根据地的发展作出贡献。山东分局对在政权中工作的党员提出明确要求，就是发扬民主作风，遇到事情必须首先同党外人士积极协商，取得大多数人员的同意后才可以实行。

共产党员在“三三制”的民主政权中，在无党派人士和民主党派的监督之下，对自己的言行格外注意，自身素质不断提高，山东分局对各级民主政权中的党员制定明确要求，必须模范遵守参议会和政府的法令，并对民主作风和廉洁奉公精神的发扬作出特别强调。在“三三制”民主政权中，共产党与各民主党派、民主人士同心协力，积极协作，各尽所能，既有利于抗日民主政权的发展，同时还有效防止了腐败现象的出现。“三三制”原则下建立的民主政权，更好地发扬了党的民主作风，成功地吸引了广大人民群众、民主党派和各阶层的优秀人士参加政权建设，完成了对各级政权机关日常工作的监督，有力地推动了山东根据地的党风廉政建设。

另外，报纸杂志等新闻媒体在山东抗日根据地开展的党风廉政建设中，发挥了非常重要的监督作用。当时在共产党的领导下，山东根据地出现了大量宣传抗日救国的报纸杂志，比如，《大众日报》《群力报》《鲁南时报》《鲁中大众》《滨海农村》《湖西时报》以及《战士报》等。这些报纸杂志大力宣传抗日救国，启发民众的抗战热情，同时，还对当时党政机关内部存在的腐败现象进行了揭露批评。新闻媒体监督与其他监督形式共同构筑了一道严密的监督网，发挥了为山东根据地的党风廉政建设保驾护航的重要作用。

党风廉政建设是党的建设的重要内容，关乎党的生死存亡。中共山东党组织领导山东抗日根据地开展的党风廉政建设，在思想教育、制度建设、监督体系等方面都采取了许多卓有成效的措施，使党群关系得到密切，军队战斗力提高，保证了抗战的胜利。山东党在抗战结束时已经发展到十万党员，掌握了政权，基层党组织遍布全省，且党员素质得到提高，党的战斗力加强，培养了一大批治党、治国、治军的优秀干部，党在人民群众中的威望空前，为全国的解放事业奠定了坚实基础。

山东抗日根据地在党风廉政建设方面的伟大实践，对我们当下开展的党风廉政建设和反腐败斗争而言，具有非常重要的借鉴意义。

人民政权立足人民，服务人民，清廉为民，用服务与清廉赢得民心。老百姓在长期的接触中深深地意识到，只有共产党领导的抗日民主政权才是自己解放的希望，他们自发地响应政府号召，为抗战胜利无私奉献，不惜牺牲自己的生命。正是这种生死相依、水乳交融的鱼水深情，有力地保证了抗日民主政权的生存与发展，永葆生机与活力。

二、沂蒙根据地武装建设的价值取向——人民军队保人民

1927 年 8 月 1 日，南昌城头一声枪响，中国共产党独立领导的武装斗争揭开了序幕，从此刻开始，与古今中外其他武装有着本质区别的一支全新军队诞生了。之所以称她为全新的军队，不是因为她的兵源有什么不同，而是因为她还为这片土地上的普通百姓服务，这支武装被称为“人民子弟兵”“人民军队”。人民军队具有深厚的人民性，人民性则集中体现了无产阶级政党及其军队的性质和宗旨，子弟兵本身就体现了血脉的融合，是老百姓亲情的寄托，这个称谓把人民军队担负的使命责任与人民群众的切身利益紧紧地结合在一起，再现了军民之间的鱼水深情。

抗日战争和解放战争期间，在沂蒙山区战斗的八路军、新四军和解放军，始终坚持党的领导，遵循党的群众路线，保持人民子弟兵的本色，充分发挥人民军队在政治上的优势，与人民群众同生共死，同仇敌忾。军民团结一心、顽强斗争、不怕牺牲，与丧心病狂、穷凶极恶的日本侵略军以及国民党反动派进行殊死搏斗，

共同谱写了波澜壮阔、气势恢宏的战争史诗。人民军队在血与火的淬炼中不断成长为一支威武之师、钢铁之师和文明之师，他们听党指挥、能打胜仗，为推翻中国人民头上的三座大山、为新中国的诞生立下了赫赫战功。

（一）沂蒙根据地武装部队的成长之路

1. 土生土长的山东纵队

如果没有悍然侵华的日本军队，八路军山东纵队就不可能那么迅速地成立，可以说她就是为抗战而生的，当然她的使命和任务绝不仅仅是抗日那么简单。

1937 年 10 月，当日军第十师团对山东发起大举进攻的时候，当时担任国民党山东省政府主席兼第三集团军总司令的韩复榘竟然不顾百姓死活，不顾礼义廉耻，命令黄河以北的部队和地方官员大踏步撤退，鲁北地区很快丧于敌手。侵华日军烧杀抢掠，无恶不作，国民党的散兵游勇四处骚扰百姓，汉奸土匪蜂拥而起。解民倒悬的历史重任落到了中国共产党人的身上。根据党中央的指示精神，山东大地的抗日武装起义如同燎原大火一样燃烧起来，北起沧州以南，南至陇海铁路，东临黄海，西到津浦铁路，起义的范围之广、人数之多、影响之大，举国震惊。各地起义部队进行了大小百余次战斗，攻克 15 座县城，部队的规模迅速扩大，到 1939 年底，山东的武装起义部队作战 2000 多次，伤敌 4.1 万多名，组建山东纵队有了人员的基础和保障。

1938 年 6 月 6 日，毛泽东、刘少奇致电山东领导人，指出山东的基本武装应该组成 4 至 5 个支队，恢复和启用八路军游击支队的番号。在中央指示下，山东统一后的部队番号如下：八路军山东人民抗日游击队第二、三、四、五、八支队；山东西区人民抗敌自卫团；人民抗日义勇队第一、二总队；沂蒙山区回民连；中共山东分局党校警卫连和八路军沂蒙支队。在番号统一、武装扩大的同时，山东根据地高度重视部队的军事素养，一方面从部队中抽派骨干进入山东抗日军政干部学校进行学习；另一方面注重部队作战能力的增强，推行短期训练。伴随着沂蒙地区武装部队数量和质量的空前提高，八路军山东纵队的成立条件成熟了。

山东省委书记黎玉鉴于当时山东有能力的军政干部极度缺乏，欠缺战斗经验，为了山东根据地的长远发展，他前往延安，汇报工作的同时请求党中央增派干部和主力部队来山东。毛泽东等中央领导人同意其请求，答应先派时任中共陕甘宁边区书记的郭洪涛率领 50 余名干部及电台两部到山东，同时派张经武去山东工作。一切准备停当，八路军山东纵队在沂蒙山区的沂水王庄正式宣告成立。所属部队为 10 个支队又 3 个团，共计 25 个团，2.45 万人，另外还有所属的地方武装计 1 万余人。

山东纵队的成立，把各地分散的游击队统一整编为游击兵团，标志着中国共产党领导下的山东根据地的武装部队建设发展到一个新阶段。她是一支新型军队，她的新体现在她时时刻刻都把老百姓的安危幸福记挂在自己心上，与人民群众甘苦与共，他们无论生活多么艰难，从不向百姓强取豪夺。人民群众被共产党和八路军敌后抗战的英雄壮举以及他们的严明纪律所感动，纷纷主动捐款捐物。群众的自发行为，充分反映了沂蒙地区人民群众的抗日爱国的热情，彰显了中国共产党抗日民族统一战线的强大威力和坚实的群众基础，也表现出了人民群众与人民军队的鱼水深情。

山东纵队成立以后，在战斗中壮大，在战斗中发展，军队素质不断提升，武器装备不断改善。伴随着 1939 年 3 月八路军一一五师主力进入山东，按照党中央的指示，他们开始帮助加强对“土八路”山东纵队的正规化建设，山东纵队正规的供给制度开始建立，政治机关工作得到加强，党支部和党员的作用不断提高。随着抗战形势的不断发展，党中央认为，对山东根据地不仅要从认识程度上提高，还要在具体的战略部署上加强，随后，北方局在 1939 年 5 月 4 日发出通知，作出了组建八路军第一纵队的指示，司令员和政治委员分别由徐向前和朱瑞担任，统一指挥新黄河以北山东境内以及萧华区的各正规部队和游击部队。

从 1939 年 2 月到 1942 年 2 月，山东纵队根据指示进行了五次整军，达成了对部队建设的加强任务，完成了中央军委和八路军总部下达的扩军整训计划。五期整军促使山东纵队迅速走上了正规化道路。山东纵队迅速发展，对军政干部的需求也越来越大，一方面向中央提出加派干部的请求；另一方面在山东开办军政大学，加强干部的培养和训练。

2. 中央派驻的八路军一一五师

中共中央于 1937 年 7 月 8 日通电全国，号召全中国的军民团结起来抵抗日本帝国主义的侵略。在中国共产党的不懈努力下，国共双方实现了第二次合作，红军改编为国民革命军第八路军，简称八路军，下辖三个师：第一一五师、第一二〇师、第一二九师。

中共山东省委在黎玉等人的领导下，发动了武装起义，建立了抗日武装，截至 1938 年 6、7 月间，山东抗日武装总人数发展到 4 万余人。此时，山东其他势力的武装多达 15 万人，相比之下，我们的力量还比较弱小，为了能够在山东独立担负抗战任务，建立巩固的革命根据地，迫切需要党中央派遣一支主力骨干部队来山东。毛泽东在听完黎玉对山东发展情况的汇报以及请求后，电告彭德怀，调派陈光和罗荣桓率师部以及陈旅的主力两个团全部去山东、淮北。随后，一一五师开始东进山东，掀开了山东历史的精彩篇章。抗战初期红军改编成的八路军只有三个师，党中央在当时的情况下竟然抽调这么多的主力部队进驻山东，充分说明了中共中央对山东战场的重视，充分体现了山东敌后根据地在敌后抗战中的重大战略地位。

八路军初到山东，如何站稳脚跟，打开局面？罗荣桓面对错综复杂、盘根错节的沂蒙局势，采取了六字方针：插、争、挤、打、统、反。

一一五师在进驻山东后的战斗中严格贯彻罗荣桓的六字方针，在沂蒙山区，乃至整个山东站稳了脚跟，打出了一片天地。一一五师在中共中央和罗荣桓的正确领导下，在沂蒙人民群众的全力支持和配合下，先后取得了进军郯马平原、三打白彦镇、粉碎日伪军“扫荡”、反“铁壁合围”、反“拉网合围”、反“蚕食”、反“分割封锁”等战斗的胜利，不断巩固并扩大鲁南根据地，人民军队与人民群众的血肉深情在战争中不断得到加深。

3. 山东军区的成立

抗战时期，共产党在沂蒙山区的武装力量主要包括三个方面：正规军、地方武装和民兵自卫队。当然，他们并不是互不统属各自为战的封闭系统，他们之间是相互交融的关系。前面我们之所以把山东纵队称为“土八路”，是因为她就是由山东地方的游击队演变发展而来的，游击队壮大成为山东纵队，山东纵队壮大发展成为山东军区。这里需要讲清楚的一点是，在我军发展史上记载过四个名为山东军区的建制单位，它们之间既有联系又有区别，它们的组建与存续时间、管辖范围及规模、领导人等有所不同。

第一个山东军区成立时间是 1942 年 1 月。山东纵队是其前身，建立的基础是山东地区八路军游击队。8 月份正式启用山东军区的番号，司令员空缺，黎玉担任政委，副司令员和参谋长都由王建安担任，政治部主任由江华担任，下辖 4 个二级军区——鲁南、鲁中、胶东、清河，以及第五旅和滨海独立军分区。尽管山东军区在建制上与第一一五师是并列的大单位关系，互不统属，但是在军事作战方面需要接受第一一五师的指挥。

第二个山东军区成立时间是 1943 年 3 月。其成立的渊源是第一一五师和山东军区领导机关。司令员和政委都由罗荣桓担任，副政委由黎玉担任，政治部主任萧华。此时的山东军区下设鲁南、鲁中、胶东、清河、冀鲁边和滨海等 6 个二级军区。第一一五师与原山东军区下辖的旅及支队被统一整编为 13 个主力团。从此，山东地区的八路军实现了真正的集中统一领导，达成了中共中央关于主力军地方化的战略意图。

第三个山东军区与第二个山东军区是递补关系。由于国内战略形势的发展，罗荣桓于 1945 年 10 月下旬至 11 月上旬率领原山东军区的机关大部及主力部队开赴东北，陈毅则率领新四军从江苏抵达临沂，新四军军部开始正式兼领山东军区，司令员陈毅，政委饶漱石，副司令员分别由张云逸、罗炳辉担任，副政委由黎玉担任，参谋长由陈士榘担任，政治部主任由舒同担任，管辖单位有滨海、胶东、渤海（清河与冀鲁边合编）、鲁中、鲁南军区等，及至 1947 年 1 月下旬，华东部队按照中央军委关于统一整编的命令，撤销新四军、山东军区、华中军区番号，合编为华东军区，成为全国六大战略区之一。至此，由新四军兼领的第三个山东军区结束了其历史使命。

1949 年 2 月中旬，第四个山东军区成立，根据中央军委的指示精神，华东军区重建山东军区（兵团级），司令员先后由张云逸和许世友担任，政治委员则先后由康生、舒同兼任，管辖单位有胶东、渤海、鲁中南军区和济南警备司令部、徐州警备司令部、昌潍特区等。国务院在 1955 年 2 月，将原来的华东等 6 个大军区改划为包括济南在内的 12 个大军区。山东军区于 5 月从华东军区正式划出，改编为济南军区，原华东军区改称南京军区，这两个军区都直属中央军委领导。最后一个山东军区就成为济南军区的前身。

总之，伴随新的山东军区的成立，实现了根据地在战略方针和军队建设上的完全统一，彻底改变了过去在军事指挥方面出现的主力部队与地方武装协调力度不够的情况，山东党政军民力量在政策强化中实现统一，使得对敌力量进一步加强。山东军区的成立成为山东抗日武装力量发展到一个崭新阶段的标志。

4. 根据地武装相互交融、互为依托

毛泽东在 1938 年 5 月的延安抗日战争研究会上发表《论持久战》，再次指出“战争的伟力之最深厚的根源，存在于民众之中”。毛泽东再次高度评价人民群众蕴含的伟力，使得人民群众已经超出了抗日军队主体的概念，从更深的层面肯定人民群众在抗日战争中发挥着决定胜负的关键作用。

没有对人民的广泛动员，就不会有抗日的军队。抗日战争是全民参与的一场人民战争。八路军总司令朱德曾经指出：“人民战争就是群众战。”敌后抗战的坚持，单纯依靠正规部队取得胜利是不可能的，必须需要大量的地方部队和人数众多的民众武装参与才可以。

地方武装指的是那些游击性比较大，局限在一定区域内活动的部队，他们的编制规模比主力部队要小。抗战初期各地组建的抗日起义武装都划归地方武装的行列。抗日根据地建立后，地方武装指的就是军分区的团、营，以及县独立营、县大队，还有区分队、乡分队等。

对地方武装的建设问题，中共一直非常重视。山东分局和山东纵队于 1939

年5月5日，在沂水县的王庄召开联席会议，提出对县区地方武装和组织乡村自卫队进行加强。八路军山东第一军区于同年10月成立，当时组建了5个军分区，而沂蒙地区的一部或者大部就划归第二、四、五军分区管辖的范围。这时，军分区的基本任务是组织发动群众，壮大地方武装，以便更好地解决主力部队的兵源问题，根据战争形势的需要配合主力部队开展分散性、群众性和地方性的游击战争，达到分散和牵制敌人兵力的目的。1942年8月1日，山东军区颁布《八一训令》，强调发展县区和人民的武装。县区地方武装在政治上归属各地、由县委实施直接领导，在军事上划归军区、军分区领导和指挥。军分区、县大队、区中队的政治委员或指导员由地、县、区委书记兼任，同时选派有军事工作能力的县长担任独立营或者县大队的领导职务。军区和军分区有计划地对地、县的独立团、营和游击队展开集中训练和整顿，充实干部、建立健全地方武装的各种组织制度，对内部的党组织进行整顿，内部成员加强审查，组织纪律性教育也予以加强，促使同人民群众保持密切联系。

各军区、军分区的基干部队从各个方面加强对县区地方武装的支援，比如，从自身现有装备调剂部分武器给县区武装；抽调连、排、班级别的干部加强和充实县区武装的领导；选派军事素质过硬的人员对县大队和区中队进行射击、投弹、刺杀、爆破、利用地形等的单兵训练，加强常用战术，比如麻雀战、地雷战、伏击战、袭击战等游击战中战术的掌握，以达到提高县区武装作战能力的目的。

沂蒙根据地的县区地方武装在党中央的政策重视以及军区、军分区的直接关怀下，得到整顿和充实，数量以及质量都有了很大程度的提高。截至1943年春天，大多数县都建立了县大队或独立营，同时也普遍建立起区中队。所有的县大队也都按照要求成立了基层党支部，区中队成立了党小组，构筑起以党组织为核心的坚强战斗堡垒。充实和加强县区地方武装，有利于协同主力部队、基干部队作战。

山东分局、山东军区鉴于地方民众抗日武装名称的不统一，比如，有的叫自卫团、自卫队和青抗先，有的则叫游击基干队、游击小组和联防队等，都是不脱离生产的群众抗日武装。于是在1942年9月1日，颁布了《人民抗日自卫委员会暂行组织条例》，把这些名称杂乱的群众武装统称为民兵。

对民兵的管理，实行了地方党委和军事系统的双重领导体制。各级人民武装委员会（以下简称武委会）既是军事系统，又是同级党委负责民众武装的工作机构。与民兵建设有关的方针和原则问题，地方党委讨论决定后，报武委会贯彻执行；与民兵的作战指挥，训练教育有关的事项则由武委会按照军事系统的部署进行具体实施。各级党委、武委会高度重视民兵建设工作，通过多种途径和渠道，对民兵开展组织整顿、纪律整顿和军事训练，使得民兵队伍数量和质量都得到了显著提高。1942 年，滨海区自卫团已有 5 万多人，占总人口的 2.6%，1943 年则达到 3%。1943 年，鲁中区民兵已达 2 万多人，其中沂蒙区的民兵就有 13903 人，占全县总人口的 5%。

这些民兵的主要任务，首先是参军参战。得到初步军事训练的民兵积极报名参军，为主力部队和地方武装提供兵员。他们既能单独对敌作战，又能配合地方武装和主力部队作战，完成敌情侦察、情报传送、道路破坏，暗中袭扰，消灭小股敌人。其次是支援前线。当主力部队和地方武装对敌作战的时候，民兵承担起弹药和给养的运送、抬担架救伤员，以及其他的战勤任务。再次是维持社会治安。放哨站岗，防匪防奸防特，对反动会道门进行打击。

沂蒙根据地的武装部队之间形成了相互支援、相互配合的密切关系，他们目标一致，协同作战，在实际战斗过程中构成了由主力部队、地方武装、民兵组成的三位一体的军事体系，在抗击日本侵略军的过程中，充分彰显了人民战争的磅礴伟力。

（二）人民军队的鲜明特征及建设成长之路

1. 人民军队的鲜明特征

人民军队具有深厚的人民性。首先，人民军队是中国共产党领导的军队，自三湾改编开始，就从组织上牢固确立了党的领导，党的人民性充分体现在军队的思想管理中，人民军队和党组织一样严格贯彻实施群众路线。人民军队是人民的子弟兵，人民群众就是子弟兵的衣食父母，因此，战争胜利的本源是人民群众，推动人民军队发展的决定性因素也是人民群众。人民军队秉承中国共产党全心全意为人民服务的宗旨和理念，肩负着全人类解放的伟大使命。其人民性，取决于党的阶级性，取决于我们党所领导的革命战争具有的正义性。以毛泽东为代表的老一辈革命家成功地实现了马克思主义人民观的中国化，建立了代表人民群众利益的新型军队，呈现出鲜明的人民性和阶级性，子弟兵与人民群众成为一个有机整体，民众武装与人民军队相互扶持、相互配合、互为延续、互相融合，人民群众成就了人民军队，人民军队有效地为人民而战、服务人民。

（1）人民群众是人民军队的力量源泉

“战争的伟力之最深厚的根源，存在于民众之中。”人民群众是历史的创造者，也是战争的主体，但是即使同为正义战争，由不同阶级领导，民众的作用发挥程度也会呈现出很大区别。无产阶级代表广大劳苦大众的利益，这决定了由他们出任领导的革命战争必然能够真正反映广大人民群众的利益，也就能够最大限度地把人民群众的积极性调动起来，解放人民群众的任务还是要由他们自己来完成。无产阶级领导的革命战争，才是一场真正意义的人民战争，人民是决定胜负之关键。毛泽东通过“兵民是胜利之本”的高度凝练，深刻形象地表述了人民群众的决定性作用。毛泽东也正是基于自身的认识高度，提出了人民战争思想。

中国共产党在长期的革命实践中意识到军队的重要性，从南昌起义就开始了创建人民军队，独立领导武装斗争的工作。在敌人已经武装到牙齿的旧社会，武装斗争是实现中国革命成功的唯一路径，人民军队是中国解放斗争的工具。中国共产党同人民群众利益一致、目标一致，人民群众是中国革命斗争的本源，也是人民军队的本源，所以，革命不能缺失人民群众的支持。革命和军队的发展都属高度机密，这就从政治觉悟和军事素养上对干部、士兵、群众都提出了极高的要求。但是由于劳苦大众处在社会底层，其阶级局限性决定了他们的行为认识基本都处于自发状态，这就需要对他们进行宣传鼓动和严密组织，从而将人民群众的意识和行为转化为自觉。

无产阶级军队承担着民族独立和人类解放的伟大历史使命，人民军队是一支新型军队，是中国人民自我解放的重要手段，是一支拥有崇高理想信念、为初心使命奋斗终身、不达目的誓不罢休，坚定地忠诚于党、国家、人民的钢铁部队。鉴于中国人民的实际，必须开展广泛的宣传教育工作，让人民群众对人民军队的宗旨原则立场充分了解，进而让民众意识到自己的利益和价值，培养他们的革命意识，迸发强大的精神力量，引导他们自觉战斗，自愿战斗，为自己而战、为中国而战，积极投身中国自由、民主、平等的新民主主义革命。宣传教育的力度、广度和效度，在真正意义的人民战争形成过程中发挥着重要作用。

人民军队来源于真心拥护中国革命的人民群众，他们具有极高的革命自觉，对中国革命有着清醒且深刻的认识。促使他们觉悟的不断提高和革命自觉性的养成，需要借助于我们党的宣传教育工作。这项工作既是联合民众的基础，也是组织民众、武装民众的前提条件。

（2）人民军队的唯一宗旨是全心全意为人民服务

军队的阶级属性决定着军队的使命、目的和发展前途，也左右着军队与人民群众的关系。剥削阶级的军队代表剥削阶级利益，必然与受剥削受压迫的人民群众势不两立。列宁强调说，无产阶级军队是为劳动者的利益而斗争的。无产阶级军队的本源是人民，其独有的人民性，决定了他的斗争目标和利益追求与以往旧式军队都有本质区别。人民军队的唯一宗旨就是全心全意为人民服务，这一宗旨是我们党领导的军队与一切旧式军队的根本区别，这是人民军队的立身之本，充分彰显了党性与人民性的统一。

在中国人民军队的建设中，以人民为中心、全心全意为人民服务的宗旨始终传承,军队的战斗力和战略战术受到以人民为中心宗旨的深刻影响。毛泽东在《论联合政府》报告中详细地阐述了人民军队的建军宗旨及其作用：第一，人民宗旨指导了我们党所有政治工作的组织原则和实施方法的制定，明确指出红军的三大任务。第二，战争的目的决定着军队的士气。人民军队产生于人民群众，战争也是为了人民群众。正是由于他们所进行的革命战争都是代表着正义和进步，所以，我们的战士才能持有大无畏的革命精神，战无不胜，攻无不克，所向披靡。第三，人民军队之所以能够形成内外团结的局面完全得益于为人民服务的宗旨。部队内部，因为民主制度的推行，确保了官兵平等，目标一致，团结一心，协同奋斗；部队外部，人民宗旨既是党的宗旨，也是军队的宗旨，党军、军政之间拥有共同的利益、同一个目标。党和军队的人民宗旨同样感动并吸引着广大人民群众，以及同情革命的人，他们纷纷踊跃参加革命队伍，从而实现了军民的步调一致。第四，人民宗旨既推动了工农群众及中间阶级的联合，还有力地瓦解了敌军。很多国民党官兵同样来自劳苦大众，这部分武装力量成为我们潜在的可以转化利用的武装力量。以人民为中心的宗旨有利于我们从政治、理论、精神层面团结一切被剥削阶级，对于广泛的革命统一战线建立是极有帮助的，也为党领导的军队发展以及大力推进中国革命注入了源源不断的动力。第五，人民宗旨激发了人民群众的革命热情。我军实施的人民战争拥有广泛而雄厚的群众基础。人民群众的支持状况直接影响制约人民军队在中国革命过程中采取的系统、完整、灵活的作战方略，以及我军攻防体系的转换。

以人民为中心、全心全意为人民服务的宗旨最大限度地达成了对人民群众的发动，有效实现了党、军、民的统一。

3. 人民军队的建设成长之路

（1）加强思想政治建设

人民军队自诞生那刻开始，旗帜上就已经烙上了“因党而生”的字样，背负着党的政治使命。军队的作用就是通过武装斗争实现党的政治抱负，不管什么时候什么条件，人民军队都必须坚决彻底地听从党的领导。中国共产党的人民军队从三湾改编和古田会议起，就贯彻政治建军的原则。政治性是人民军队有别于其他军队的本质属性。人民军队政治性集中且具体的表现就是党对军队的绝对领导，具体做法将支部建在连上，充分发挥党支部的基层堡垒作用，实现军队思想政治教育的常态化和长期化，实现并不断强化党对军队工作的全面领导。

中共中央于 1937 年 10 月发出了《恢复军队中的政治委员及政治机关制度的指示》，一一五师和山东纵队对中央这一指示都进行认真的贯彻执行，部队政工队伍建设得到加强。政治委员和指导员选派优秀干部担任，负责本部的思想政治工作，党的会议、汇报和党课制度得到建立。为进一步发挥军队中党的优势，各部队吸收大量的先进分子加入党组织，党员数量部队占比达 1/3 以上。战斗中，充分发扬党员的先锋模范作用，冲锋在前、退却在后；工作生活中，吃苦在前、享受在后。真正把党组织变成了部队巩固团结的核心，党支部充分发挥了连队中战斗堡垒的作用。

驻扎沂蒙根据地的八路军一一五师根据八路军总部于 1940 年 6 月发出的建设铁的党军的号召，坚决贯彻把八路军建成在中国共产党绝对领导之下、无坚不摧的铁的党军的指令。于 1940 年 9—10 月间，在天宝山区桃峪村召开的师部高级干部会议，对八路军总部关于“建设铁的党军”的号召进行讨论。罗荣桓根据当时沂蒙根据地的实际情况，制定了在八路军入鲁部队建设铁的模范党军的五项条件，随后建设活动在部队中普遍深入地开展起来，山东纵队也紧接着结合自身实际，学习一一五师的做法，开展建设青年模范党军的活动。

模范铁军建设，最重要的就是部队的思想政治建设，牢固确立党对军队的绝对领导。及时地建立健全了一一五师新老部队的各级政治制度和组织制度。1940 年 10 月 10 日，罗荣桓和萧华联合签发《关于营连党组织的规定》，统一规定了部队基层党组织的领导关系和党支部建设等。同月 28 日，他们又指示一一五师各部《建立模范党军的支部工作》，提出必须加强对党支部的领导，充分发挥支部堡垒作用；强调党内民主，加强思想斗争；强调党的经常工作制度必须加强。同时广泛组织模范党支部建设的竞赛活动。各级党组织在部队中普遍建立。团以上单位成立党务委员会、团设党总支部、营设党分支部、连设党支部、排设党小组。抗大一分校于 1940 年 7 月 1 日，召开了第一次党代表会议，第一届党务委员会经选举产生。山东纵队也于同月，在沂南县吉拉子村举行党员代表大会，强调加强军队的政治工作，号召建立模范党、军，选举产生了山东纵队党务委员会。一一五师于 8 月 12 日，在费县巩家山村（今属平邑县）召开党员代表大会。

军队思想政治工作和党组织作用的不断加强，以及结合实际开展的铁的模范党军建设活动，确保了中国共产党从政治上、思想上、组织上对军队的绝对领导。广大官兵对党信任、依赖、拥护，一切行动听指挥，实现了政令统一、军令统一，使命在肩，作风优良，从而坚决贯彻落实党制定的政治路线、军事战略和其他各项方针政策。

（2）加强军队战斗力建设

军队的战斗力建设是军队建设的根本，人与物是构成战斗力的两个基本方面。

山东纵队按照八路军总部的部署从 1940 年 2 月 1 日到 5 月 30 日，开展第三期整军。第三期整军是山东纵队迈向正规化的关键阶段。徐向前对这次整军提出了部队建设“九化”的口号，即主力兵团正规化，地方武装基干化，游击队组织化，自卫团普遍化，党的领导绝对化，战斗力顽强化，行动积极化，生活艰苦化和纪律严肃化。正规化建设是“九化”的中心思想。“九化”之外，还采取了六项措施：

① 调整部队编制。山东纵队于 1940 年 9 月，把所属部队整编成 4 个旅、4 个支队以及 2 个直属特务团，全军 5.4 万人。一一五师则于 10 月把所属部队整编成 6 个教导旅、18 个主力团，全军 7 万人。通过整编，部队编制被理顺，部队的指挥得到加强，强化了主力部队作战的机动性。

② 编制得到充实。部队实施“三三制”编制，每个单位、每个连队的缺额人员及空额单位都要按编制进行补充，充实按规定应配属的单位，比如工兵、侦察、通讯、骑兵等，干部缺少的也要配齐。

③ 加强优秀干部的培养选拔。特别是通过战斗和实际工作加强干部考察，坚强、勇敢、忠实、优秀的工农干部要重点提拔。各旅、支队要通过教导队加大干部的培养训练，并举办短期训练班。提醒各单位对干部的培养选拔，加强后备干部的培养，招收大批青年学生作为人选并送抗大一分校学习。

④ 加强战略战术的理论学习。认真组织各级指挥员对游击战战略思想的学习，加强营连排干部战略眼光及才能的培养，培养他们独当一面的能力。对他们战术素养与管理水平的培养则是结合实战经验来实现。

⑤ 司令部建设的健全加强。司令部的编制得到了完善，各项工作制度也得

到了建立健全；围绕充实各级司令部机关，通过选拔一批有战斗经验的基层指挥人员实现。同时，加强政治审查，以实现对司令部机关干部队伍的纯洁；加强机关干部的在职培养和短期培训，比如，一一五师经常组织参谋人员对部队情况和任务进行研究，熟悉军情和地形，举办战斗文书编写、总结战斗经验等业务培训班。山东纵队则是举办训练班，组织参谋人员相关专业和技能学习。这些措施促使各级参谋人员的业务水平得到提高。

⑥ 军事训练常态化。各部队都把军事工作作为经常性工作的中心，利用战斗间隙进行军事训练。战士主要是进行像射击、刺杀、投弹、爆破等基本战斗技能的技术训练，并结合进行各种战斗动作和知识教育的学习，组织近战、夜战，以及白刃格斗和班排连的攻防战斗演习。对排连干部则是增加步兵战术概则的学习，重点学习破路、伏击等游击战术。对营以上干部安排毛泽东军事著作学习，以及兄弟部队作战经验的学习，加强游击战的战略战术的熟悉，同时结合军事技术和特种兵器常识进行学习。

通过以上措施，推进了部队的正规化建设，提高了部队指战员和士兵的政治和军事素养，部队的战斗力大大增强，部队英勇顽强、敢打硬仗、能打胜仗的战斗作风得到有效培育。

（3）加强军纪作风建设

我们党始终高度重视部队的军纪军规教育。红军初创时期，我们党在革命根据地就提出并推广“三大纪律，八项注意”，古田会议又通过决议明确提出了“编制红军法规”，由此系统全面地拉开了人民军队从严治军的序幕。

人民军队区别于一切旧军队的显著标志之一就是以严明的纪律作为治军行军的规范。黎玉曾经对山东抗战的历史进行回忆，强调指出部队的发展靠的就是严明的纪律以及与人民群众同甘共苦的作风；八路军山东人民抗日游击队第四支队刚成立的时候就是一支纪律严明的人民武装，关键就在于其成立之初就宣布实行“三大纪律、八项注意”。徐向前在部队建设的“九化”中，“纪律严肃化”就是其中的一化。罗荣桓关于铁的模范党军建设的五项条件，其中第二项就是要求

"普遍深入地建立和群众血肉相连的关系，要成为爱护根据地与民主政权的模范"，第三项则是提到"要自觉遵守纪律"。

人民军队只有用铁的纪律约束自己的行为，自觉模范地遵守群众纪律，与百姓真正做到秋毫无犯，才能得到老百姓的真心拥护和长久支持。在这方面，我们沂蒙山区的共产党和军队的高级干部都是以身作则，率先垂范。1940 年的夏天，鲁南区的党委书记兼军区政委赵镈，带队检查工作时，由于天黑路滑，他的军马不慎滑下田埂，踩坏了两个西瓜。赵镈随即掏出两枚铜钱置于西瓜之上。并于第二天专程找到瓜田的主人赔礼道歉。他的举动给官兵树立了榜样，也给当地百姓留下了非常深刻且美好的印象，有效地拉近了党群关系和军民关系。

部队的纪律问题常抓不懈，不仅包括各部队经常对指战员进行遵纪教育，还包括经常深入部队进行纪律检查。山东军区经常派出专项人员深入部队驻地和活动过的地方，到每个村每个家庭进行纪律回访，广泛地征求群众意见，对发现的旧案进行认真清理，并向相关人员进行赔礼道歉。山东军区司令部、政治部和一一五师于 1943 年 3 月联合发出《关于拥政爱民的决定》，命令部队必须对地方政府高度尊重，政府的法令要认真研究和坚决执行，遵守群众纪律，促进军民关系的和谐，注意民力和财力的节省。这个《决定》得到了各部队的认真贯彻，军政、军民关系更加密切，沂蒙老区迅速掀起了拥政爱民的热潮。

面对日伪军对根据地开展的大"扫荡"，每当群众面临危难的时候，部队总是奋不顾身救护百姓；麦收、秋收的时候，部队就会保护农民抢收庄稼；当灾荒发生的时候，部队就节衣缩食，为灾民捐款捐粮，并组织干部和战士参与人民群众的生产救灾活动；部队医院还为驻地群众免费治病疗伤；在战斗间隙，指战员帮助老乡进行像挑水、扫院子、垫猪圈、牛栏等生产劳动。当 1941 年和 1942 年根据地处于困难时期的时候，部队总是把群众的困难视为自己的困难，与老百姓甘苦与共。有的部队打下敌伪据点搞到一些粮食，他们宁愿自己饿肚子，也要把粮食让给群众吃。战士们，经常忍着劳累跑到远处的山上去挖野菜，而把近处的野菜留给人民群众。

八路军用他们的实际行动证明自己是人民的子弟兵，时时处处都以人民为中心，人民的利益至高无上，把老百姓视为父母。军队和人民甘苦共尝，患难与共，军民形成了亲密无间、鱼水情深、生死相依的关系。人民军队以其纪律严明、艰苦奋斗、视百姓为父母的优良作风，赢得了人民群众的无私支援和衷心爱戴，这也成为人民军队赖以生存和不断壮大的根本原因。

（4）解放战争时期的山东军区

① 沂蒙解放区的武装力量及指挥机关

1945 年 8 月，山东军区为适应形势的发展变化进行了一番新的调整。根据时任中国解放区抗日军总司令朱德关于组织对日军大反攻的命令，中共中央山东分局和山东军区根据中共中央的指示精神对所属部队编制调整为 8 个师、12 个警备旅、4 个独立旅和 1 个海军支队，总兵力达到 21 万余人，为配合主力作战，还动员了 10 万民兵。

根据中共中央“向北发展、向南防御”的战略方针，从 1945 年 10 月初到 11 月底，罗荣桓率领山东军区 7 万余人开赴东北战场，这些部队成了东北民主联军的中坚力量，新四军军部和大部分主力北移进入山东。中央军委于 1946 年 1 月 7 日，决定由新四军军部兼领山东军区，陈毅担任新四军军长兼山东军区司令员，饶漱石担任政委。华东军区、华东野战军于 1947 年 1 月 23 日，在临沂近郊的前河湾村成立。根据中央军委的命令，山东军区和华中军区合并成立华东军区，陈毅担任司令员，政委由饶漱石兼任，总兵力 30 万人。

地方武装方面，沂蒙解放区的一部或大部归属鲁中军区、鲁南军区和滨海军区（1946 年 7 月改为直属军分区）。鲁中南军区于 1948 年 7 月 31 日，在沂北县的武家洼村（今属沂水县）正式成立。由鲁中军区和鲁南军区合并建立鲁中南军区，把滨海军分区划归其领导。军区司令员由傅秋涛担任，政委由康生兼任。包含 7 个军分区，沂蒙解放区的一部或大部分分别归属第二、三、四、五、六军分区。

其间，县区的地方武装也得到不同程度的加强。各县建立的武装部，成为本县的军事领导机关，不仅建有县大队和独立营，许多县还有独立团。地方武装的任务是开展游击战争，牵制敌军。民兵的发展非常迅猛，根据鲁南区的不完全统计，1946 年 3—9 月，民兵从 4 万人发展到 10 万人。各县武装部对民兵的政治教育、组织整顿和军事训练高度重视，大大提高了民兵的政治、军事素质，具备了相当的作战能力。鲁南区民兵在 1946 年，参加大小战斗 370 多次，毙伤俘敌 1500 多人，缴获轻重机枪和步枪 1500 多支。沂蒙解放区民兵在对敌斗争中涌现出一大批英模人物和群体，比如 124 名民兵组成的由高运成、金维三领导的“飞行爆炸神枪游击大队”，以及高广珍、马邦才领导的爆炸大队及十字路爆炸队等。

② 百日大练兵运动

沂蒙解放区军民在抗战胜利后，和党中央一起尽力争取和平民主，但也丝毫没有放松警惕国民党可能发动的内战，加紧准备自卫战争。整编精减鲁中、鲁南、滨海 3 个军区的主力部队和基干武装，加强了对主力部队和各军区的干部和技术人员的培训，举办干部集训队，组织学习毛泽东《中国革命的战略问题》等军事著作，高度集中与统一的意识得以树立，干部的战术思想水平和组织指挥能力得到了很大程度的提高。

为应对时局的变化，中共中央于 1945 年 12 月颁布《1946 年解放区的工作方针》，对各部队明确指示，“站在自卫立场上，尽一切努力粉碎国民党的进攻，仍是各解放区的中心任务”。强调要加强减租、练兵和生产等各项工作，指出“决定胜负的关键之一”是练兵。中共华东局于 1946 年 2 月 15 日发出《百日练兵工作的指示》，要求从 2 月 25 日起至 5 月底，山东、华中各部队组织开展练兵运动，为期 3 个月。各部队在山东军区和各二级军区的领导下，迅速进行了百日练兵运动。

政治练兵是本次百日练兵运动的主要内容。各部队结合当前的战争与和平问题对广大官兵开展了形势与任务教育。针对部分干部和战士不甚理解新的形势下党关于争取和平民主团结的方针及中国革命斗争的长期性和曲折性等问题，通过学习党的文件，结合当时的国内国际实际展开大讨论。广大干部和战士积极发表意见，对国民党反动派的反动本质保持清醒的认识，认为国民党发动内战的可能性很大，并自觉自发地指出，必须要保持高度警惕，杜绝麻痹思想；必须克服贪图安逸的思想，增强战胜敌人的斗志，增强保卫解放区的信心和决心。同时，进一步发挥部队中党组织的基层堡垒作用，加强基层党组织建设，积极吸纳优秀分子入党，对连队党支部予以整顿，加强英雄模范事迹的宣传。

加强思想政治教育的同时，驻扎沂蒙的部队还掀起了军事练兵的热潮。主要解决指挥员三个方面的战略思想和作战形式的转变：敌后抗战转变为对付国民党发动的内战；游击战到运动战；小规模作战到大兵团作战。通过对毛泽东军事思想的学习和实战经验的总结，实现了各级指挥员的战略思想水平及组织指挥能力的不断提高。对广大战士，突出四大军事技术训练：投弹、射击、刺杀和爆破，还有野外攻防战、城寨攻坚战，以及守城、夜战和巷战等技术训练。各部队在练兵中总结出了很多好的学习推广的方式方法，比如，鲁南军区在练兵运动中，军区、军分区和野战军分别举办不同类型的训练班，发挥骨干示范作用，让学员在掌握相关的军事技能和战术后，回到所在单位言传身教。各部队建立练兵小组，官教兵、兵教官、兵教兵，取得了很好的实际效果。不少首长也经常深入实操训练场地，讲解传授军事知识和军事技术。

百日练兵运动，使部分指战员的混乱思想得到澄清，思想认识得到统一；阶级觉悟提高了，革命斗志增强了；整体观念和大局意识得到增强，组织纪律性得到提高；军事技术和战术水平提高了，精神面貌焕然一新。

③ 新式整军运动

全面内战爆发后，解放区很多翻身农民为捍卫自己的切身利益，保卫土改胜利果实，踊跃参军，人民解放军的数量很快增加。人员的急剧膨胀致使部队中出现了比较严重的思想、作风和组织不纯的现象。表现为：翻身农民穿上军装，但是他们的小农意识还很浓厚，他们的观念和习俗给部队带来不良影响；很多非无产阶级出身的人，在无产阶级思想并未完全确立起来的情况下入了党，提了干；大量的国民党俘虏兵加入到我们的部队中，他们原来的思想和作风还未得到彻底改造；还有阶级异己分子及其他坏分子，趁机混入军内。另外，不少指战员存在单纯军事观点等错误认识，不能正确认识土地改革和人民战争的关系；党内、军内的民主集中制还不健全，存在一定的官兵关系不正常现象，命令执行不坚决和违犯军纪的现象时有发生；不同程度地存在军阀主义倾向；军政、军民关系出现了问题。由于紧张的战争环境，上述问题没有从根本上得到解决。然而，这些问题的存在，严重影响解放军完成历史赋予的重任。

1947 年 10 月，解放军挫败了国民党军队对山东的重点进攻，敌军大多龟缩于重要城镇和交通沿线，短期内无力发动新的进攻。华东军区抓住这一时机，统一部署沂蒙山区的主力部队和基干武装自 12 月开始进行新式整军运动。本次运动大体包括 3 个阶段：第一阶段以诉苦为主。先让部队中一些苦大仇深的人带头诉苦，然后以班、排为单位组织群众性诉苦。指战员和战士们纷纷结合自身实际，对旧社会和反动派的罪恶进行控诉，大诉苦活动激发了指战员的阶级仇恨，促使大家深刻认识到，只有打倒国民党统治，才能实行土地改革，也才能实现广大劳苦大众的解放。第二阶段是以查找问题为主的“三查”。首先把全国土地会议精神传达给广大指战员，组织关于《目前形势和我们的任务》《中国土地法大纲》的学习，在领会文件后组织开展查阶级、查工作、查斗志。对每个人的阶级成分进行讨论和明确，对入伍动机和战斗、工作表现进行检查，对土地改革的立场和态度等组织检查，找出部队中存在的问题。第三阶段是以巩固提高为主的“三整”。围绕“三查”阶段发现的问题进行摸排整顿，有针对性地对相关人员进行教育，帮助他们提高认识，划清界限。随后以党员干部为重点，开展深刻的批评和自我批评，找原因，定措施。全面整顿组织、思想和作风，完成对部队管理和训练工作的改进。

山东根据地围绕革命形势的变化及时开展的全面系统深刻的新式整军运动，极大地推动了广大指战员政治觉悟和阶级觉悟的提高，激发了革命斗志；纪律观念和政策观念得到增强；成功地完成了对国民党俘虏官兵的教育和改造工作；人民军队的民主氛围更加浓厚，官兵关系进一步密切，部队的战斗能力大大提高。完成了人民军队夺取全国战争胜利的政治、思想和组织准备工作。当然，在新式整军运动中也有一些偏差出现，比如，有时会不恰当地搬用土改经验，工作中极端民主化和唯成分论等偏差出现。但一经发现这些问题，就会立即进行纠正，没有酿成过多的负面影响。新式整军运动总体上来说是健康的，基本达到了预期。

沂蒙解放区在解放战争时期成为全国主要战场之一，鲁南战役、莱芜战役和孟良崮战役等都是在这里进行的。华东野战军司令员陈毅提出了“一面打仗，一面建设”的指示，华东人民解放军在粉碎国民党军全面进攻和重点进攻的同时，充分利用战役和战斗的间隙，完成整军运动，大大提高了华东解放军的军政素质，锻造成为一支作风优良、信念坚定、英勇善战的威武之师，为夺取解放战争的胜利建立了不朽功勋。

三、沂蒙精神价值取向的本质特征——生死与共、水乳交融

习近平总书记 2013 年 11 月在山东视察时对沂蒙精神给予高度评价，肯定其是党和国家宝贵的精神财富，并作出了新时代大力弘扬沂蒙精神的指示。习近平总书记的重要论述，深刻揭示了沂蒙精神的本质内涵，从更深的层面、更高的角度对其时代价值做了精辟的概括，诠释了共产党人的成功秘诀，注解了永葆政治本色的生命基因，为新时代党群关系的构建、沂蒙精神的发扬光大提供了根本遵循。

沂蒙精神在抗日战争时期形成、解放战争时期升华，扎根于沂蒙大地，是共产党人与沂蒙人民群众血汗的结晶，彰显了共产党人矢志为民的崇高品质，体现了人民群众爱党爱军的博大胸怀。沂蒙精神是鱼水情深、血肉相连的党群关系的鲜活体现，映射着群众路线是党的生命线，映射着以人民为中心始终是中国共产党人的信仰和宗旨。

（一）生死与共、鱼水情深的党群关系

以人民为中心，秉持人民立场，是中国共产党和人民军队一直以来的宗旨和原则，为人民服务是所有工作的出发点和落脚点。群众路线是我们党的重要生命线和根本的工作路线，以人民群众为中心是我们党最大的政治优势。山东根据地的发展经历了从小到大、由弱到强的艰难过程，在这一历程中，党政军民舍生忘死，前赴后继，在血与火的淬炼中结下了相扶相守、不离不弃的生死之约。党和

军队以舍生忘死的革命行动赢得了人民的信任和支持，为保护人民群众筑起了一道用生命铸就的铜墙铁壁；人民群众被党的人民宗旨和军队的生命坚守深深地感染，坚定了与党领导的伟大事业和人民军队誓死守卫的立场和原则，形成了唇齿相依、生死与共的血肉关系。正是在一次又一次的生死考验中，共同的利益，共同的理想，共同的命运，把山东的党政军民紧密地联系在了一起，他们想在一起，战斗在一起，众志成城，汇聚成一股不可抗拒的夺取革命胜利的强大伟力，伟大的沂蒙精神在山东党政军民团结奋进的凯歌声中共同铸就。

人民群众是我们党的力量源泉和胜利之本。毛泽东同志曾经在1919年的《湘江评论》上发表《民众的大联合》的文章，围绕当时国家的败落、政府的贪腐、社会的黑暗，旗帜鲜明地指出解决当前中国问题的唯一根本途径就是进行民众的大联合。我们党在沂蒙根据地的群众实践就是依托毛泽东同志民众大联合的思想主张开展的，取得了卓有成效的结果，我们的党组织在沂蒙地区，在整个的山东不断地成长壮大。沂蒙根据地建设党群关系的成效与经验主要包括两个方面。

1. 从理论上解决党群关系的立场问题

毛泽东同志在领导中国革命的实践中，在传承马克思列宁主义关于人民群众创造历史观点的同时，创造性地与中国革命实际相结合，建立了人民中心的思想，并进而发出了“为人民服务”的号召，要求全党践行，形成了中国共产党鲜明的群众立场。山东根据地党群关系的建设就是严格遵循党中央的群众路线，坚定正确的群众立场。朱瑞时任山东分局书记，根据中央群众工作的指示精神，结合山东根据地的实际情况，作出《山东党的建设问题》的重要指示，指出党群关系建设的工作方针：发现群众问题，讨论群众问题，并设法解决群众问题，倾听群众意见，生活在群众中间，斗争在群众前面。当然，我们也要清醒地看到沂蒙革命根据地的群众工作在抗战期间存在的问题，比如，第一，抗战初期对群众工作的重视程度不够，特别是减租减息和改善雇工待遇等重要工作并未实际开展，群众生活水平改善不大，群众发动面不够广泛，群众基础比较薄弱；第二，根据地的领导机关内部还存在着官僚主义、宗派主义和主观主义的作风，部分同志脱离群众，党的基层工作不扎实不深入，领导方式存在简单粗暴现象，基层党支部作用发挥不好；第三，吸纳党员时过分注重数量的增加，质量把握不够，导致党内出现了自由散漫主义、小农意识和宗法观念等非马克思主义的思潮。

山东分局勇敢面对存在问题，进行大胆剖析，采取了针对性极强的措施对干部的群众观念和群众路线进行纠正，牢固确立了“一切为了群众、一切依靠群众”的思想路线和政策措施。特别是1942年刘少奇于抵达山东后，先是实现了山东党政军领导机关的统一，把群众工作置于核心位置，党的政策路线策略方针作出相应调整，针对问题解决问题。山东分局遵循中央和刘少奇的指示，勇敢地纠正自我错误，大胆革除机关内部存在的主观主义、宗派主义、官僚主义和形式主义等不正作风。

毛泽东同志对党群关系的建设问题有着深刻的思考和精准的描述，他把群众比作母亲，视为中国革命事业的依靠，明确强调所有斗争的胜利都不可能离开人民群众的支持，必须通过长期细致的思想教育工作，不断提高人民群众的思想觉悟，培养他们革命的自觉性和主动性，我们的党和军队才有力量，中国的革命事业才能取得成功。山东分局认真学习领悟中央关于群众路线的指示精神，真正从思想上认识到要实现众志成城、无往不胜的奋斗目标，必须确立并坚持依靠群众、服务群众的原则，并在1943年8月制定了《五年工作总结及今后任务》，为山东根据地党群关系的建设指明了方向，党和人民的紧密联系已经达成。

2. 从实践上践行党群关系的立场问题

沂蒙山抗日根据地创建期间，山东党组织遵循中央的群众路线，开展了细致全面的群众教育引导工作，深扎根、细调研、办实事，一切工作都紧紧依靠群众，以人民为中心，用实实在在的暖心行动感化人民群众。

第一，真心实意为人民服务。经济上采取诸如减租减息、大生产运动、精兵简政等行之有效的措施对付日本帝国主义的坚壁清野和侵华政策，实现生产的发展，农民负担的减轻，从而保障人民群众的经济利益。“实行减租减息，改善人民生活”的政策是在《山东省战时施政纲领》中确定的。1942年，刘少奇同志到达山东后，山东分局在他的指导下颁发《关于减租减息改善雇工待遇开展群众运动的决定》，把减租减息发动群众作为山东根据地建设最重要的任务去推进，经过这次针对性的工作改进，山东根据地的双减政策成效巨大，民众参与革命的积极性也大大提高。

抗战中期，面对日本帝国主义更趋严重的经济封锁，国民党顽固派反共摩擦的不断加剧，再加上严重的自然灾害，山东根据地处在极端困难的境地。按照中央指示，根据地内开展了大规模的生产运动，以解决军需民用的问题。广大领导干部充分发挥模范带头作用，与人民群众并肩同心，自力更生，既帮助人民群众摆脱了生活的窘迫，又成功地打破了敌人的封锁。与此同时，山东党政军机关先后进行了三次机构精简，工作效率提高的同时，也减轻了财政负担，更好地减轻民众压力。

政治方面，各级抗日民主政权遵循“三三制”原则，推动人民群众当家作主权利的实现。根据地通过召集社会各界代表选举成立了山东省临时参议会和山东战时工作推行委员会（后改为山东省政府），作为全省统一的权力机关。山东分局在后来制定颁布的《山东省战时施政纲领》中，又通过法律形式再次强化“实行三三制”，实现社会各阶层在民主集中制原则上的参政议政。全省各地的民主运动普遍开展，成果辉煌。

文化教育方面，山东根据地的党组织秉承为民服务的宗旨，创办各类教育组织，保障人民群众的受教育权利。民众的受教育形式包括冬学（夜校）、识字班（午校）和常年民校，为了加强教育的宣传，省战工会颁布《山东省战时国民教育实施方案》，《大众日报》发表《普遍开展冬学运动》的社论。据不完全统计，到1944年底，沂蒙专区参加学习的人数达到254495人，1798处冬学被转为常年民校，拥有124910名学员。山东根据地通过多种多样的形式，推动了革命老区教育事业的发展，在山东教育史上留下了光辉的一页。

第二，高度重视作风建设。山东各级党政军领导干部高度关注作风建设，党员干部发挥榜样示范作用，吃苦在前，享乐在后，感动了亿万沂蒙人民。近500

名在沂蒙山根据地转战的开国将军，他们与百姓一起吃住，一起奋斗，以身作则，清正廉洁，从不搞特殊，他们用行动赢得了民心。人民军队严格遵守军区颁布的《关于拥政爱民的决定》，严格遵守政府法令，贯彻三大纪律八项注意。八路军凭借铁的纪律、严明的作风，赢得了人民群众的热烈欢迎和真挚拥护。

第三，开展各具特色的群众工作。沂蒙革命根据地在丰富多彩的群众工作中，既坚持原则，又有创新灵活，对群众工作中卓有成效的一些方法加以提炼升华推广，成为我党普遍采纳的群众工作经验。比如，在工作中要使用群众语言。黎玉在 1943 年 10 月召开的群众工作会议上，强调工作语言群众化，山东党组织创新性地发明出很多富有群众色彩的口号，因为贴近群众，易懂易学易宣传，被广大群众接受。还有利用剧团演出等形式加大抗战宣传的力度，利用沂蒙民俗，与群众打成一片。通过各种形式提高入伍军人以及军属的身份，凸显人民子弟兵的地位和价值，进一步激发了沂蒙根据地人民的参军热情。党领导下的人民政府通过工作传递对广大人民群众的关爱。党为人民谋幸福的革命实践，唤醒并激发了沂蒙人民崇高的政治觉悟，人民群众在具体的事例面前，深刻感受到只有中国共产党领导的军队才是人民的军队，只有共产党领导的政府才是真正为人民服务的政府，只有共产党才能带领他们过上幸福的生活。人民群众将共产党领导的人民军队与国民党反动军队反复对比，对共产党人的政治主张认识越来越深刻，对共产党人的宗旨信仰越来越认同，这种深刻和认同激发出了沂蒙人民的大爱精神，他们为了中国革命在党领导下无私奉献、踊跃支前，积极参战。群众省吃俭用、吃糠咽菜，把粮食支援前线，有的甚至扒下房屋上的屋草来喂人民军队的战马；多少妇女在油灯和月光下制作军鞋，加工军粮；多少伟大的沂蒙父母把自己的子女一个接一个地送到部队。在沂蒙这片热土，还涌现出许多伟大的女性，她们宁愿舍弃生命，甚至自己的亲生骨肉被饿死，依然要保护好军人和烈士的后代；有冲破封建世俗用乳汁救伤员、彰显大爱精神的沂蒙红嫂；还有拥军支前、不怕牺牲、排除万难、一切为了前线的支前模范“沂蒙六姐妹”，慷慨无私的沂蒙女性，她们的宽广胸襟和崇高情怀在革命战争中表现得淋漓尽致。

（二）众志成城、甘苦与共的干群关系

中国共产党在革命建设过程中，认识到农村在中国革命中的重要地位，高度重视农村干群关系的建设工作，要求全党同志共同努力达成共识，致力于把农村干群关系的养成维护转化为生活工作的自主自觉，在达成中国农村干群关系和谐的同时，也实现了党自身建设的目的。

沂蒙地区的革命党人在长期的工作过程中，始终保持着对人民群众重要地位与作用的认识清醒，紧密地把根据地红色政权建设和沂蒙人民的命运连在一起，并制定了政治、经济、文化以及党自身建设相关方面的严格措施。首先是根据地党员干部必须与人民群众打成一片，同吃同住同劳动，牢固树立与民众并肩奋斗的优良作风,面对这一号召,广大党员干部积极响应,努力在日常工作中开展践行，创造了“只见公仆不见官”大好局面。其次是开展自给自足的大生产运动，目的是减轻人民负担，更好地支援前线作战。山东根据地的军队机关的领导干部从上到下纷纷开展生产自救运动，就是根据地的主要领导人也必须带头参加。

这种亲密的干群关系到了和平年代,也依然保持并发扬。党员干部吃苦在前、享受在后，时时处处发挥先锋模范作用。在沂蒙老区千库万塘、“导沭整沂”等大型水利工程的建设过程中，党员干部的身影总是出现在最艰苦、最危险的地方，他们身先士卒，带领几百万沂蒙儿女开展了大规模的水利工程建设，与天地抗争，冬战严寒，夏战酷暑，凭借愚公移山的精神，凭借敢教日月换新天的壮志豪情，同穷山恶水奋力拼搏。在这些亘古未有的建设工程中，涌现出数以万计的功臣和劳模，其中相当一部分都是党的优秀干部。沂蒙地区的党员干部秉持初心，矢志为民，与群众心连心、手牵手，凭借这种艰苦创业的精神，度过了国家初建时期的艰难岁月，他们的艰苦奋斗，他们催人泪下、感人至深的壮举，谱写了一曲曲吃苦耐劳的社会主义建设赞歌，进一步促进了以水乳交融、生死与共为特质的沂蒙精神的发展。

厉家寨与山西大寨共同创造了中国的“两寨现象”，毛泽东主席曾批示：“愚公移山，改造中国，厉家寨是一个好例。”厉家寨成为 20 世纪五六十年代中国农业战线上的一面旗帜。旗帜的背后是厉家寨的党员干部，是模范，是标兵，他们几乎每天都是送走星光迎接朝阳，每天工作长达十几个小时。干部用自己的一身正气、带头拼搏，激发起人民群众与天地战斗的积极性。厉家寨村民们有一个共识，那就是厉家寨的几任主要带头人，比如厉月坤、厉月举、厉日耐等都是他们敬佩的好支部书记，他们的心里始终装着群众。正是基于他们一不怕难、二不怕苦的优秀品格，正是在这批党员干部的带动下，人民群众奋勇向前，厉家寨才成为了全国的先进典型。厉家寨精神以“艰苦创业、敢为人先、团结实干、无私奉献”为内涵，正是在党员干部的榜样示范下，在人民群众的积极响应中，共同造就了厉家寨大山农业社的辉煌。

中国改革开放的新征程从十一届三中全会拉开帷幕，中国走上了一条独具特色的社会主义道路。改革开放的新时期，沂蒙地区的党员干部承继光荣传统，解放思想更新观念、积极践行群众路线，把发展经济、改善民生作为自己的首要责任，因地制宜，结合实际，制定方针政策，带领沂蒙人民投身改革开放的大潮，谋求发展富裕，把对市场经济规律的尊重与无私奉献精神的弘扬紧密融合在一起，敢于冲破固有的观念束缚，锐意改革，敢于挑战，在改革开放和社会主义现代化建设道路上，不断创造奇迹，实现新跨越，书写了艰苦创业、快速发展、后来居上的华彩篇章。

人民群众被党员干部的勤奋务实、身正垂范所感染和鼓舞，沂蒙老区的干群同心，有力地保证了沂蒙地区社会主义建设事业的顺利发展，在党员干部的带领下，沂蒙大地上下齐心，形成了奉献光荣、索取可耻的道德风尚，养成了克己奉公、公而忘私的高尚品德，沂蒙精神无私奉献的内涵品格得到发扬光大。刘嘉坤、王廷江、梁兆利等一大批优秀的党员干部成为践行沂蒙精神的先进典型，成为沂蒙人民致富路上的领头雁。

领导干部为了带领沂蒙人民摆脱贫穷，为了实现沂蒙的振兴，废寝忘食地奋斗在各条战线。“党的历史是最生动、最有说服力的教科书。”[①] 他们的先进事迹，既承载着矢志不渝的革命传统，又兼具改革创新的时代精神，把我们党以人民为中心、全心全意为人民服务的奉献精神推向新高度。沂蒙精神是由重大局、讲奉献的爱国主义和相互依存、共同奋斗的集体主义融汇而成的，在社会主义建设时期和改革开放时期得到了继续发展，沂蒙人民在新的历史时期呈现出新的思想境界，体现了党同人民群众水乳交融、协同发展的良好精神风貌。

中国当下已经进入全面建成小康社会的新时代，需要严格遵循中央“五位一体”的总布局以及“四个全面”的战略部署，用新发展理念引领社会的进步，推动社会主义现代化建设步入新阶段。临沂人民在中华民族伟大复兴的征程中，继续传承沂蒙精神，奋勇拼搏，创新发展，跨越前进，用自己的实干精神创造辉煌业绩。在党的正确带领下，沂蒙人民的生活在日新月异中飞速发展，社会的文明和谐程度越来越高，经济社会的健康发展彰显了党执政为民、以人民为中心的新时代党群和干群关系。在社会主义现代化建设的今天，沂蒙精神体现出党员干部的忠诚为民、勇于担当、公正无私、乐于奉献的道德品质。正是我们党员干部高尚的精神境界，激发出沂蒙人民的大爱无疆与无私奉献，发挥出沂蒙精神激励、导向和凝聚的社会功能。伴随着改革开放和市场经济的深化，沂蒙人民也逐渐形成了开拓创新、奋勇争先、与时俱进的时代精神，这成为当代中国人民创造财富的力量源泉和重要价值理念。

沂蒙精神始终保持与时代的同步发展，时代的发展不断赋予其新的时代内涵和价值，但是不管时空如何变化，沂蒙精神的本质内涵“水乳交融、生死与共”永远都不会改变，党同人民群众在革命战争年代结成的鱼水深情也永远不会改变！

① 丁瑞兆、措吉、周洪军：《全媒体时代高校思想政治教育研究》，新华出版社 2023 年版，第 127 页。

第四章

沂蒙精神人民性的体现（下）

1949年10月1日，中华人民共和国成立。中国共产党团结带领全国各族人民在完成民主革命遗留任务和恢复国民经济的基础上，开始了社会主义革命和建设事业，拉开了中华民族有史以来最广泛、最深刻的社会变革的序幕。中国共产党以人民为中心的工作思路在这一阶段进一步得到完善展现，继续坚持土地革命战争时期形成的群众路线，坚决发动并依靠人民群众，为提高人民的物质文化生活水平而继续努力。淳朴善良、勇敢智慧的沂蒙人民继续传承并进一步弘扬革命战争年代形成的不怕牺牲、艰苦奋斗的沂蒙精神。1978年12月，举行了十一届三中全会，中国开始进入改革开放和社会主义现代化建设的新时期。临沂市委、市政府以人民为中心的发展理念进一步增强，有效践行立党为公、执政为民的理念。沂蒙地区的党和人民群众在新的时代条件下共同谱写了建设中国特色社会主义的华美乐章。沂蒙精神从革命战争年代到社会主义建设时期，再到改革开放和社会主义现代化建设时期，完成了蜕变更替和传承创新，实现了沂蒙精神内涵的升华和质的飞跃。

第一节 社会主义革命和建设时期沂蒙精神的传承发展：服务人民、依靠人民

中国历史进入社会主义革命和建设时期后，社会的主要矛盾与之前相比发生了变化，人民群众的主要奋斗目标转移到了推动社会主义生产关系的建立和促进社会生产的发展上，沂蒙人民继续发扬在革命战争年代形成的不怕牺牲、艰苦奋斗的精神，以主人翁的姿态，开始了创造性地改造自然、改造社会的活动，开创社会主义新生活，先后涌现出厉家寨、王家坊前、高家柳沟等众多先进模范典型。在社会主义革命和建设的伟大实践中，以人民为中心的发展思想在实践中进一步展现并发展，沂蒙精神得到了进一步的发展。人们改造自然的生产活动，人改造自然取得的成就推动了社会的进步；人改造社会取得的胜利进一步推动了人对自然的改造，其中既有人与自然的关系，也有人与人之间的关系。

一、敢教日月换新天

面对新中国成立后种种困难和严峻考验，沂蒙地区的党和政府需要迅速医治地区经济的战争创伤，组织开展恢复和发展工作，改善沂蒙人民的民生福祉。新社会里人民群众翻身做主人，激发出他们建设新中国的极大热情，这种热情在党的领导下形成了推动社会主义革命和建设的磅礴伟力。沂蒙人民为了摆脱贫穷与落后，在党的发动依靠下，敢于探索，勇于创新，在农业生产和水利建设两个方面，创造了前无古人的伟大业绩，谱写了社会主义建设史上自力更生、艰苦奋斗、敢为人先的壮丽诗篇，极大地丰富了社会主义建设中沂蒙精神的内涵。

（一）南稻北移，南茶北引

沂蒙文化兼收并蓄、开放包容、与时俱进的品格，深深地影响着一代又一代的沂蒙人民。自古以来，他们就能够因地制宜地发展生产，能够主观能动地利用

区域客观条件以及自然规律，用来创新生产、改善生活。在社会主义革命和建设时期，沂蒙人民依托党的坚强领导，充分发挥自身的主观能动性，遵循规律、积极尝试、奋发进取，尝试改良种植品种和方式，成功实现了南稻北移和南茶北引，沂蒙人民的创新性探索成功地改善了人民生活。

1. 南稻北移

沂蒙大地上有很多低洼的湖地，容易发生涝灾的耕地有410多万亩，由于地势低洼，容易积水，粮食产量很低。沂蒙人民如今成了土地的主人，为摆脱地理条件的限制，增加土地粮食的产量，解决温饱问题，他们开始主动思索如何变不利为有利，如何把涝洼地变成丰产田，他们充分发扬探索实践创造的精神，尝试着把南方的水稻种植到沂蒙大地，成功地实现了农业种植方式和作物的伟大变革。

采莲湖变“米粮仓”。郯城县马头镇有数万亩的采莲湖，过去曾经是郯城的一大景观。明清时期，采莲湖一望无际：荷花绿叶随风摇曳，碧波荡漾美丽诱人。采莲湖有2.5万亩的低洼地，非常容易出现涝灾。采莲湖北面有个梁村，复员军人梁学勤当时担任村党支部书记，他根据江南的水稻种植经验，带领社员在本村的低洼地开始了种植水稻的尝试，春天种植了17亩，秋后稻谷的亩产量达到350斤，比其他作物的产量高了两倍。梁村水稻种植的巨大成功给予各级党员干部和人民群众深刻启发，临沂地委对此作了充分肯定，并进而制定了在采莲湖一带“学江南种水稻”的规划。围绕设想邀请了山东省水稻研究所技术专家实地开展技术指导，又从各县区抽调了一百多名知识青年前往江苏扬州和镇江等地学习水稻种植技术，同时聘请扬州的水利专家和50多名种植水稻的技术能手作为技术员负责指导沂蒙地区的水稻种植工作。马头人民公社彻底整治和改造采莲湖片区，挖掘幸福河，大战采莲湖。采莲湖水稻种植的巨大成功，表明低洼地带完全可以变成丰产田，沂蒙地区存有类似采莲湖的自然环境，适宜种植水稻的地方开始纷纷学习采莲湖，南稻北移的尝试收获成功。随着20世纪60年代沂蒙地区30座大中型水库和部分拦河大坝的落成使用，一些田间配套工程也在洼涝地建成，农田水利建设特别是修通了1.3万公里的渠道，再加上田地整修、治水整山、水土保持，这一切都为大面积种植水稻奠定了良好基础。

在沂蒙地区各级领导干部和人民群众的自力更生、实践摸索、大胆尝试下，沂蒙地区南稻北移工程试验成功。到1963年的时候，沂蒙地区种植水稻的面积达到120万亩，水稻亩产实现了超过800斤的产量。临沂也因此成为山东省治理涝灾的先进典型。《人民日报》在1965年1月15日刊登了《思想不断革命，生产不断发展》的长篇通讯，对临沂种植水稻的经验进行全面介绍和推广，同时发表了《从胜利跨向更大胜利》的社论，充分肯定和大力表扬了临沂地区“南稻北移”的工作。“其中蕴含的创新精神，为新时代乡村产业振兴的基本逻辑奠定了坚实基础。”[①]

2. 南茶北引

伴随着沂蒙地区低洼地水稻种植的成功，是否能够实现丘陵山地变成物产丰富的高产田和丰产田呢？带着这一设想，沂蒙人民凭借自己敢想敢干敢闯的精神，结合地方的自然环境开始在北方引种南方的茶树，南茶北引工作进入了具体的尝试阶段。

茶树自古以来就都生长在南方，因为那儿的气候湿润多雨，而北方也因为干旱少雨被认为不适合种植茶树；另外，在历史上北方就没有任何种茶的文字记载。茶树从生物学的角度喜欢温、湿、酸，怕冻、旱、碱、涝，还有嫌钙的特性，所以，茶树的种植不仅要选择品种，而且还要选择适宜的地区。从20世纪50年代末开始，临沂地区不断尝试种植茶树，不断地总结经验教训，在一次又一次地改进中探索出了适应临沂地域环境的茶树栽培技术，解决了种植茶树的技术难题。

伴随着1966年临沂南茶北引尝试成功，1967年，种茶领导小组在6个县试种了385亩茶树，成活了308亩，成活率达到80%，正式拉开了沂蒙地区“南茶北引”的序幕。在这期间，临沂地区多次派人前往江南学习相关茶树种植技术，并邀请相关专家学者和技术人员亲临临沂传经送宝，并对技术人员进行培训。“南茶北引”是临沂、山东乃至全国茶业发展史上的一个重大突破，是一个里程碑式

① 卢中华：《乡村产业振兴的基本逻辑研究》，山东人民出版社2023年版，第26页。

的创举，极大地激发了沂蒙地区领导干部群众种植茶树的积极性，各级领导给予高度重视，茶叶行业也是高度关注。

1972 年 9 月 16 日，《人民日报》报道了沂蒙老区“南茶北引”的事迹。国家农业部和中国农科院茶叶研究所围绕“南茶北引西迁”的主题在第二年的 10 月，在临沂地区的日照县（今日照市）举行了 6 省区（山东、西藏、新疆、陕西、河北、辽宁）经验交流会，与会专家一致认为山东省的“南茶北引”是成功案例，这一结论推翻了理论界长期持有的认为北纬 30 度以北不能种茶的观点，特别是沂蒙人民针对沂蒙绿茶的特点创造的“区田栽培法”，被《中国茶树栽培学》（高等学校教科书）肯定为适合北方茶区的栽培方法。到 1976 年的时候，沂蒙全区的茶园种植总面积达到 4 万多亩。

从蛮荒山岭到粮食盛产，从南稻北移到南茶北引，这些创新尝试都是沂蒙历史上从未发生过的。尝试的成功，不仅成功地改变了几千年来沂蒙地区的生产面貌，也使沂蒙人民的生活方式发生了重大改变。这些壮举、变化、成就，是沂蒙人民自力更生、大胆思索、勇敢尝试的结果，也是他们勤劳智慧、开拓创新、勇于挑战的结果。

（二）整山治水，兴修水利

中华人民共和国成立后，党和政府积极发动人民群众，紧密依靠人民群众，充分调动并发挥他们的聪明才智和实践精神，众志成城，要一起努力实现沂蒙人民的生活富足。沂蒙地区山地多、平原少，历史上就存在着严重的水患，自然条件恶劣，生存环境艰辛，这些原因堆砌在一起导致沂蒙人民长期生活困苦不堪。党和政府在对地方自然环境充分研究后，因地制宜地制定了整山治水的切实可行的方案。在党和政府以及沂蒙人民的同心奋斗之下，从根本上改变了沂蒙地区农业生产较为恶劣的自然条件，经济效益和生态效益发生明显改变，极大地推动了农业的发展。沂蒙人民与党和政府勠力同心、共谋发展、干事创业的精神构成沂蒙精神新的特质。

1. 导沭整沂工程

流经鲁东南大地古淮河的沂河和沭河，分别发源于鲁山和沂山南麓。这两条河流的上游大部分是丘陵山区，流域的降水集中，导致水来得快急，洪峰高，流量大。每次山洪暴发，下游都面临泄洪不及的问题，很容易出现冲毁堤坝的危险。史料记载，从清初到1949年的300余年，沂蒙地区的水、旱灾难就有94次之多。每到重灾之年，沂蒙地区的“百姓离乡背井，逃荒要饭”，甚至出现“饿殍遍野”“人相食”的惨状。水灾给沂蒙人民带来的灾难，人民是苦不堪言。

鲁东南解放后，党和政府就十分关切这一地区的洪涝灾害。为了解决长期形成的水患，1948年冬季，淮海战役正在激烈进行、支前任务异常艰巨的时候，华东水利部门就派出了大批的工程技术人员，顶着风雪、冒着严寒，开始进行河道的勘察测量工作。1949年的春天，淮海战役硝烟尚未散去，大规模治理沂、沭河水系的导沭整沂工程就迅速展开了。党和政府从1949年4月到1953年11月，一共组织了l0期导沭和3期整沂工程。在整个的导沭整沂工程中，由于缺少挖掘机械，全部是凭借人民群众使用简单的劳动工具进行施工，沂蒙民工付出了巨大的艰辛和沉重的代价，临沂地区涌现出了1.5万多名的功臣和劳动模范，前后有44名热血男儿献出了宝贵的生命，还有370人因伤致残，因公失明的人达到几十人，有的人还因此完全丧失了劳动能力。

沂蒙人民凭借自己的顽强拼搏和不懈努力，迎来了导沭整沂工程的辉煌胜利。该工程完成了沭河2800立方米 / 秒的洪水经过沙河由临洪口排入大海，路线缩短130公里，承受沂河分洪1000立方米 / 秒的压力，减少了1450万亩鲁南、苏北土地的洪涝灾害，在沂沭地区摆脱贫困、经济发展、人民生活水平提高工作中，发挥了重要作用，并对苏、鲁两省进一步全面治理沂、沭河和南四湖流域创造了条件，在新中国治水实践的探索中具有重要地位。

2.“千库万塘”建设

沂蒙人民在党的带领下通过导沭整沂工程，对沂沭河下游河道进行了初步治理，在一定程度上使得沂河、沭河两岸的洪涝灾害有所减轻，但是并没有从根本上解决沂蒙山区的水旱灾害问题。沂蒙地区沟壑纵横，群山绵延，遇到旱灾没有水，雨水不易存储。山洪暴发，洪水如蛟龙从山上一泻千里，奔流而下，又会形成洪涝灾害。1957 年沂河出现了 1949 年以来最大洪水，洪峰流量为 1.54 万立方米 / 秒，导致堤坝多处决口，受灾面积达到 400 多万亩，人民生命财产安全损失严重。现实教训异常惨痛，促使人们清醒地认识到，单纯地依靠河下游的被动排水泄洪，想实现根本上的消除洪涝灾害是不可能的。

沂蒙大地上的治水历史由来已久。据传，远古时期的大禹就曾经在沂蒙地区治理水患，并在沭河西岸的郯城境内建台镇水。后来的一些有识之士也曾多次组织群众建筑堤坝进行拦水，或者开挖河道达到泄水目的，高公堤、李公河等名称流传至今，但是由于受到社会制度和生产力等因素的制约，沂蒙地区长期以来的洪涝灾害并未得到有效控制。面对依旧猖狂、困扰生活的沂蒙水患，沂蒙人民再次启动智慧的大脑，挥舞勤劳的双手，在对前人治水经验进行总结归纳借鉴的基础上，探索出“蓄泄兼筹”这样一条更为科学、更加切合沂蒙山区实际的治水道路。沂蒙人民根据沂蒙的山脉走势以及沂河、沭河的地理环境，在下游地区采取了加高堤防、疏浚河道的方式，建设了以“泄”为主的导沭整沂工程；上游则采取建水库塘坝拦水达到削减洪峰的目的，实行以“蓄”为主的库塘蓄存措施，既解决了下游的洪水灾害，又解决了山区、丘陵干旱缺水的问题。围绕这两个目的，从 1956 年开始，沂蒙人民热火朝天掀起了沂蒙大地上“千库万塘”锁蛟龙的大办水利的热潮。“千库万塘”建设工程基本不用国家投资，主要靠地方资金自筹，人力自筹，自力更生，用勤劳的双手来完成。

沂蒙人民严格落实“以蓄为主、蓄泄兼顾、开发灌区”的治水方针，大兴“千库万塘”工程建设，这一过程历时 10 年，沂蒙老区共建成大型水库 11 座、中型水库 29 座、小型水库 1000 多座、塘坝 3 万多座，总库容量高达 34 亿多立方米，流域控制面积 7549 平方公里。这些星罗棋布、大大小小的人工湖泊，就如同镶嵌在崇山峻岭中灿烂夺目的明珠。它们不仅强有力地锁住了昔日奔涌呼啸、威胁人民生命财产安全的“蛟龙”，也有效地减轻了沂河、沭河下游兄弟省份的洪涝灾害，同时还为沂蒙大地工农业生产和人民生活提供了充足的水源，带动了林果业、养殖业的发展，世世代代为人民群众造福。当地群众用淳朴的语言，描绘了一幅美丽的图画：“站在山上往下看，好像珍珠连成串。站在山下往上看，各种树木连成片。远看鱼鳞满山间，好似荷花开满山。双手改造大自然，穷山恶水永不返。”

3. 厉家寨治理水土流失

厉家寨位于山东省临沂市莒南县坪上镇，位于三山五岭两河之间，自然条件十分恶劣。根据《厉氏支谱》记载，厉家寨因三面环山，恰似一座山寨而得名。解放前，厉家寨全村人家300多户，薄地6500亩，这些土地被山岭沟壑分割得七零八落，大都土层非常薄，不适合种植庄稼，还既怕旱又怕涝，很多地方荒山野岭，水土流失非常严重，导致这里十年九不收，村里人缺衣少穿，常年生活在死亡边缘，过着饥寒交迫的生活，全村很多人家常年靠讨饭为生。

中华人民共和国成立后，厉家寨人民发扬沂蒙精神，继续探索水土保持、土壤改良的好路子。这些方法主要是叠土、深翻地、整“二合一”梯田和“三合一”梯田，从而实现粮食丰收。厉家寨人从1944年建立党支部至1956年长达13年时间里，掀起了整山治水、战天斗地的新热潮，成功地控制了水土流失，农业生产连年大丰收。由于逐渐改善了耕地条件，厉家寨的粮食产量实现了持续攀升。小麦产量，从最初的五六十斤增长到了后来的200斤、300斤、500斤、800斤。再到后来，山上都满足了种植水稻的条件。到1973年的时候，厉家寨亩产粮食达到1000多斤，向国家贡献粮油40多万斤，群众的生活水平有了明显改善。

在厉家寨整山治水的过程中，党员干部充分发挥了模范标兵的带头作用。他们几乎每天都是送走星光迎接太阳，工作长达十几个小时。他们一身正气、带头实干，大大激发了人民群众与天地战斗的积极性。厉家寨人刚开始整山治水的时候，没有任何机械辅助，所有的工作只能靠一双手和两个肩、一把镐头，还有一张锨，车推人挑拼命干。厉家寨的老百姓都说：没有这批党员干部不怕难、敢吃苦的带动作用，厉家寨就不可能成为先进典型。正是党、政府的领导干部和厉家寨人民群众的共同努力，才一起造就了厉家寨大山农业社的辉煌。

沂蒙地区厉家寨整水治山的事迹成为中国农业战线上最早涌现出的一个自力更生、艰苦创业的先进典型，成为全国农业战线上的一面旗帜。仅从1957年至1965年，全国各地前来参观学习的就达50多万人。不少单位还邀请厉家寨干部群众去传授经验。当时的全国劳模、后来担任国务院副总理的陈永贵，以及担任大寨大队党支部书记的郭凤莲先后两次率领大寨人到厉家寨参观学习。陈永贵1964年在济宁作报告的时候说："厉家寨治水治山整地是我的老师。""愚公移山，改造中国"，成为全国人民战天斗地、改造自然的座右铭。

沂蒙地区的人民群众深受厉家寨人民艰苦创业精神的激励和鼓舞，在20世纪60年代，大规模整山治水运动的浪潮再次掀起。各地各县相继成立水土保持委员会，全区开展以"小型为主，配套为主，群众自办为主"的水土保持工作，每年上阵上百万人，不怕严寒，不惧酷暑，治山、治坡、修库、建塘、闸沟、整地、植树、种草。到1964年的时候，临沂地区先后治理3310多座山头，改造300多万亩沙丘薄田，造林200多万亩，兴建30多座大中型水库和2433座小型水库，修筑15603座塘坝，修建9000多处引水工程和排灌建筑物，建成3135公里水渠，有效灌溉235万亩土地，控制7646.7平方公里水土流失面积，种植水稻90多万亩。在沂蒙人民和党员领导干部的共同努力下，沂蒙老区"平原水利化，洼地稻田化，岭地梯田化，荒山荒滩四旁绿化"的规划设想得到了初步实现，使地方的自然面貌，人民的生产、生活条件得到了极大改善，为以后沂蒙地区经济的快速发展打下了比较坚实的基础。

二、众志成城谱新篇

人民群众是历史的创造者，是实践的主体力量，人民群众改造自然和改造社会是辩证统一的。沂蒙人民在党的领导下改造自然的同时，也在主动改造自身，他们在实践中总结经验教训，不断进行创新创造，积极推动社会生产的发展，先后涌现出王家坊前、高家柳沟等先进典型，人民群众在实践改造中进一步丰富着沂蒙精神的内涵。

（一）王家坊前农业合作社的新经验

沂蒙地区在革命根据地时期就实行了土地改革，沂蒙人民基本实现了祖祖辈辈盼望的“耕者有其田”的梦想。在发展生产的过程中，党为了解决一家一户无法克服的生产困难，普遍成立了互助组，1944 年就发展到了 2 万多个。20 世纪 50 年代，中共中央和毛泽东又不失时机地向全国人民发出了“团结起来，走互助合作化道路，掀起建设农村社会主义新高潮”的号召。为了推动农业合作化的发展，沂蒙人民立即响应号召积极行动，发挥人民群众社会实践的主体作用，用实干创造出许多新经验，特别是王家坊前村发动社员投资建立农业合作社，并成功地解决了合作社资金不足的经验，得到了毛泽东的褒奖后在全国迅速推广。

农业社会主义改造从 1953 年开始。共产党员王同昌带领莒南县王家坊前村村民，积极响应，兴办初级农业合作社，由 15 户农民组建。在党的政策引导下，全体社员团结一致、发扬集体主义精神，新建的农业生产合作社成立第一年就获得了粮食大丰收，每户的粮食产量比单干时提高了 1~2 倍，充分体现了合作社的优越性。没有入社的村民看到这个情景，纷纷表示加入，农户数量很快达到 33 户。但是，当时农业合作社发展面临的最大困难是集体经济基础十分薄弱，因为社员的家底比较贫穷，用于生产的资金、种子、农具等生产资料都严重不足。

面对这个困难，王家坊前农业生产合作社遵循党的群众路线，充分发扬民主，征求社员意见，经过群策群力，达成一致意见，决定自力更生，依靠集体力量、发挥合作优势，自愿出资来解决问题。共产党员和社长王同昌再次挺身而出，以身作则，带头把自己平日里省吃俭用攒下来的 100 元投入合作社，复员军人史明松也把自己的退伍安家费共计 50 元投入合作社。在党员和先进分子的领导带动下，社员们纷纷行动起来，向合作社或投资，或投物，10 户社员投资 270 余元，18 户社员投花生种 600 多公斤，投资的物品还有一些农具、种子等其他生产资料。制约农业合作社发展的困难解决了，当年的农业生产再获大丰收，同时也为合作社的持续发展提供了成功经验。

群众创造成为科学决策，需要过程。王家坊前农业生产合作社的这一成功做法，引起了上级领导的高度重视。沂蒙区委领导在实地调研的基础上，形成《新建农业合作社发动社员投资的情况报告》上报给莒南县委和大众日报社，很快，《大众日报》在头版头条发表了这篇报告。山东省委结合王家坊前农业生产合作社的情况派省委农村工作部负责人进行实地的调查研究，并作为典型案例上报党中央。

毛泽东于 1955 年 9 月在《莒南县委关于新建农业生产合作社发动群众投资的情况报告》上作出重要批示，并将题目改为《山东省莒南县坊前乡新建农业生产合作社发动社员投资，解决生产资金不足的困难》，收入《中国农村的社会主义高潮》一书。毛泽东还亲笔为该文写下按语："这个合作社的经验也证明，适当地，不是过多地，并且是在启发社员有了充分的觉悟以后，对于贫苦社员又加以照顾等项条件之下，发动社员投资，解决合作社生产资金不足的困难，是完全可能的。"毛泽东把这篇文章编入了《中国农村的社会主义高潮》一书中，在全国范围内大力推广这个经验，教育引导群众，推动了农业合作化的迅速发展。现在来看，王家坊前农业生产合作社的投资方式就是农村股份合作制的雏形，沂蒙人民确实是在做一件创造性的工作。

（二）高家柳沟青年学习的新做法

中华人民共和国刚刚成立的时候，绝大多数的农民都没有接受过文化教育，他们的识字率极低，致使合作社的记账员非常缺乏，甚至到了影响农业合作化发展的程度。记账员没有文化，记工时只能画杠、画圈，结果到了年底成了一笔糊涂账，导致合作社难以为继，严重影响了人们组织起来办合作社的信心。莒南县高家柳沟青年团支部为了解决这一问题，组织 26 名团员青年充分利用晚上的时间成立记工学习班，地点设在社员的厨房里。尽管条件简陋艰苦，但是学员们以苦为乐，主动创造学习条件，把饭桌和锅台做课桌，利用瓦盆片、水罐底当作写字的石板，用白色的滑石块当作粉笔，他们始终保持学习的积极性和自觉性。经过艰苦紧张的两个半月的学习，115 名的青壮年中，能胜任记账员的有 19 人，能记自己的工账 92 人。这不仅解决了合作社记账员缺少的困难，提高了干部群众办好合作社的信心，而且实现了农民群众文化素质的提高，为农业生产更好地发展奠定了重要基础。

县区领导高度重视，并大力赞扬了高家柳沟的创新做法。共青团山东省委于1954年，先后两次派人到高家柳沟进行调研，随后，《山东青年报》对高家柳沟青年团支部创办记工学习班的情况进行了报道。《山东互助合作通讯》和《人民日报》又于1955年先后刊发了报道文章，对高家柳沟青年团支部创办记工学习班的情况做了详细介绍。中共山东省委批转了共青团山东省委的《高家柳沟青年团支部创办记工学习班做法的报告》，号召全省学习高家柳沟。毛泽东于1955年9月对《莒南县高家柳沟村青年团支部创办记工学习班的经验》作了重要批示："这个经验应当普遍推行。……记工学习班这个名称也很好，这种学习班，各地应当普遍仿办。各级青年团应当领导这一工作，一切党政机关应当予以支持。"后来，全国各省、自治区、直辖市纷纷派人前往高家柳沟学习考察，学习借鉴高家柳沟的成功做法，采取多种形式，灵活组织农民群众开展文化学习。

高家柳沟记工学习班的成功经验，有力地提高了农民的文化素质，推动了全国农村扫盲工作的进展，促进了全国农业合作化的进度，有力地提升了人民群众阔步走向社会主义的信心和决心。高家柳沟的创新做法，后来还得到了联合国教科文组织的充分肯定，联合国教科文组织多次派人实地考察，并把这一创新经验向全世界推广。

三、全心全意为人民服务

沂蒙人民在社会主义革命和建设时期，为改善自身的生存和生活条件，充分发挥历史主人翁的地位与作用，在党的领导下，开展了战天斗地的伟大实践，创造了一个又一个自力更生、艰苦奋斗的典型事迹，书写了一篇又一篇自强不息、开拓创新的宏伟诗作。沂蒙人民创造的历史奇迹，再次用事实证明人民，也只有人民才是历史的主人，他们在创新创造中持续推动着人类社会的进步与发展。

人民群众用自己的智慧和双手创造了生机勃勃的社会主义事业。沂蒙人民发挥自己的主观能动性，创造出了导沭整沂、千库万塘，以及南茶北引和南稻北移等人间建设的奇迹。人民群众成功地利用自己的聪明才智解决了厉家寨、王家坊前和高家柳沟在社会主义建设过程中遇到的难题，充分彰显人民群众的主体地位和首创精神。人民群众是历史的见证者和创造者，他们才是真正的英雄。离开了他们的支持和参与，任何事业都不会取得成功。

毛泽东说过："凡属正确的任务，政策和工作作风，都是和当时当地的群众要求相适合，都是联系群众的；凡属错误的任务，政策和工作作风，都是和当时当地的群众要求不相适合，都是脱离群众的。"人民群众富有创造性地改造自然、改造社会的具体活动和实践成果就是人民的社会实践。党和政府要获得正确认识和科学决策，就必须向人民群众学习，必须认真参加到人民群众的社会实践中，虚心学习，虚心请教，仔细倾听百姓的呼声，认真思考群众的民心所向、民意所指，总结人民群众的实践经验，听取他们的合理化建议，找寻规律性的东西，进而形成科学的方针政策，更好地服务于人民，指引人民群众为自己的幸福而奋斗。

中国共产党领导的对农业的社会主义改造是根据时代要求，通过引导农民走互助合作化的道路得以实现的。当时生产比较落后，给农业合作化道路带来了很多实际困难，沂蒙人民一边实践一边探索，发挥自己的智慧，求新求变，克服困难，成功地解决了王家坊前新建农业生产合作社发展过程中生产资金不足的困难和高家柳沟青年团支部遇到的农民文盲过多的问题，创造了通过实行社员投资和创办记工学习班的途径解决问题的经验，从群众中诞生的经验经过党的提炼完善和推广，形成正确的决策，有力地推动了农业合作社的发展，反过来，再把成功经验推广到人民群众中，实现更广阔范围的人民群众的生活得到改善。同理，沂蒙地区的南稻北移和南茶北引的实现也都是得益于普通人民群众的智慧和实践，再经过党的引导、提炼、组织、推广，才成为群众生活改善的正确方针。

社会主义革命和建设时期，沂蒙人民在社会实践中展现出的沂蒙精神呈现出党群关系的融洽和谐，党深入群众，与人民共忧患，共思考，充分相信群众，依靠群众，党的领导充分体现了其人民立场的执政理念，我们党以人民为中心的发展思想观念也在沂蒙地区的社会主义建设中得到了进一步的丰富和发展。

第二节

改革开放时期沂蒙精神的创新升华：立党为公，执政为民

改革开放后，勤劳智慧的沂蒙人民在中国共产党领导下锐意进取、改革创新，顺利摘掉了贫困地区的帽子，率先在全国18个连片的贫困地区中实现了整体脱贫。沂蒙人民在党确立的改革开放的基本国策的正确指引下，牢牢把握改革开放和社会主义市场经济发展的机遇，进一步解放思想、更新观念、实事求是、敢闯敢干，成功开创了沂蒙大地上社会主义现代化建设的崭新局面。在这一阶段，临沂地区的党组织和人民政府在坚持以人民为中心的基础上，坚决践行以人为本、执政为民的管理理念，不断引领沂蒙人民在建设中国特色社会主义的伟大征程中再创佳绩。沂蒙人民也在新时期，抓住新机遇，响应号召奋勇争先，继续发扬伟大实践精神，不断创造人间奇迹。沂蒙地区的党和人民群众在改革开放、创新实践的推动下，不断取得新成就，共同书写了建设中国特色社会主义的华美乐章，伟大的沂蒙精神也完成了从革命战争年代到社会主义建设和改革开放新时期的演进，实现了升华和飞跃。

一、立党为公、执政为民是党在新时期执政的基本要求

2002年，党的十六大报告中郑重指出："我们党历经革命、建设和改革，已经从领导人民为夺取全国政权而奋斗的党，成为领导人民掌握全国政权并长期执政的党；已经从受到外部封锁和实行计划经济条件下领导国家建设的党，成为对外开放和发展社会主义市场经济条件下领导国家建设的党。"新时期新方位，中国共产党应该如何执政？从人民为中心的角度看，中国共产党要保持长期执政的合法性，就必须继续和革命战争年代一样，坚定执行群众路线，信守"全心全意为人民服务"的核心价值观，以人民为中心，树立"立党为公、执政为民"的核

心价值理念。

“立党为公”是指中国共产党没有任何的私利私求，就是为了最广大人民群众的根本利益，是马克思主义政党的根本要求。“公”字是核心，是指国家和民族的公共利益，全体人民的共同理想和全社会的公共事务等。当前中国共产党带领全国各族人民全面建成小康社会就是最大的“公”。立党为公，就是要求党的路线方针政策以及所有工作都要反映中国先进生产力的要求和中国先进文化的方向，体现国家、民族的共同利益和全体人民的共同理想。“执政为民”是共产党执政的本质和要求，是指中华人民共和国是人民的政权，权力是人民赋予的，中国共产党是受人民委托，为人民掌权用权。“民”字是其核心，当代中国的“民”就是最广大人民，包括全体社会主义劳动者、社会主义事业的建设者、拥护社会主义的爱国者和拥护祖国统一的爱国者。中国共产党来自人民，植根于人民，服务于人民。执政为民，就是党的路线方针政策以及全部工作，都必须把最广大人民的利益作为出发点和落脚点，真正贯彻落实权为民所用、情为民所系、利为民所谋。衡量我们的一切决策的标准就是人民拥护不拥护、赞成不赞成、高兴不高兴、答应不答应。领导干部必须紧紧围绕标准，做到时时刻刻心里有着人民，凡事想着人民，工作依靠群众，一切为了群众。党和政府的一切工作要以人民为中心，把人民群众最关切的事情当作最重要的工作去抓，落实人民群众最现实、最关心、最直接的利益，始终牢记群众利益无小事，凡是与群众切身利益和实际困难有关的事情，再小都要尽力去办。

“立党为公、执政为民”不仅为党员干部提供了工作的方向和指针，也是广大人民群众判断党性，支持拥护共产党的根本依据。习近平在党的十九大报告中强调：“全党同志一定要永远与人民同呼吸、共命运、心连心，永远把人民对美好生活的向往作为奋斗目标，以永不懈怠的精神状态和一往无前的奋斗姿态，继续朝着实现中华民族伟大复兴的宏伟目标奋勇前进。”这是新时代里党群关系的再次定位，是党员领导干部所有工作开展的基本遵循。

沂蒙革命根据地的党组织在战火纷飞的战争年代，坚定地发挥领导核心作用，他们凭借铁的纪律和担当，心中有家国，胸中有理想，坚定人民立场，为了国家和人民的利益，置个人生死于不顾，深深地扎根于人民，耐心细致地讲解马克思主义和共产党的纲领主张，引导宣传发动群众，实现和维护人民群众的各项利益，用真心真情真行动赢得了广大人民群众的拥护和支持，换回了人民群众舍己为公、忠诚爱党的无私奉献，在人民的支持下取得了中国革命的胜利。在改革开放和社会主义现代化建设的新时期，党依然要不忘初心和使命，坚持以人民为中心，坚决贯彻党中央关于权为民所用、情为民所系、利为民所谋的主张要求，只有这样才能始终得到人民群众的拥护和支持。唯有党群同心，齐心协力，中华民族伟大复兴的历史任务才能早日实现。改革开放使沂蒙大地发生了翻天覆地的伟大变化，一个贫穷落后的革命老区取得了世人瞩目的巨大成就。沂蒙地区经济社会的有序发展，人民生活水平的显著提高，都与临沂市委、市政府大力践行党中央立党为公、执政为民的核心价值理念有着直接的关系。沂蒙的新辉煌是党和政府积极作为带领沂蒙人民在新的时代背景下共同创造的，赋予了革命战争年代沂蒙党政军民共同铸就的沂蒙精神新的时代特征，推动了沂蒙精神的时代性转换和创新性发展。

二、改革开放新实践，党群同心铸辉煌

2013 年，习近平总书记在山东考察时强调：“沂蒙精神与延安精神、井冈山精神、西柏坡精神一样，是党和国家的宝贵精神财富，要不断结合新的时代条件发扬光大。”沂蒙精神和其他红色精神一样，是在党的引领培育下，沂蒙党政军民共同铸就的革命精神。新的时代锤炼新的精神，新的时代赋予新的使命。在革命战争时期，党领导人民群众翻身解放，中华民族从此站起来了。在社会主义建设和改革开放时期，党致力于领导人民群众富起来。进入新时代，党要领导人民群众实现中华民族要强起来的伟大梦想。革命战争年代，党政军民水乳交融、生死与共，取得了中国革命的胜利。进入建设中国特色社会主义的伟大历史阶段后，中国共产党继续坚持群众路线，秉承立党为公、执政为民的核心理念，顺应时代发展，牢记为人民谋幸福的初衷和宗旨，清除一切阻碍国家和民族发展的思想和体制的障碍，开拓进取，踔厉奋发，领导中国人民取得了社会主义现代化建设的

伟大成就。改革开放以来，党员干部以人民为中心，与沂蒙人民同心同德，继续奋斗，勇担大义，敢为人先，把在革命战争年代形成的沂蒙精神进一步发扬光大，创造了沂蒙地区新的辉煌，实现了沂蒙精神的升华。

（一）发挥红色资源优势，打造沂蒙精神品牌

沂蒙被称为“两战圣地，红色沃土”，是中国著名的革命老区。临沂最具优势的特色文化资源就是红色文化。在文化强市的建设过程中，临沂市委、市政府对沂蒙精神的研究与弘扬高度重视，规划打造沂蒙精神作为临沂城市文化的核心和灵魂，通过挖掘整理发挥沂蒙精神的价值功能，为沂蒙革命老区经济社会的发展注入强劲的精神动力。

1. 沂蒙精神概念的提出

九间棚是山东沂蒙山区平邑县一个不足 300 人的小山村，这里四面悬崖，山高涧陡，自然环境十分恶劣，村民生活十分艰苦。20 世纪 80 年代，九间棚村村民在九间棚党支部的带领下，通过架电、修路、治山、治水、整地、栽树，实现了高山水利化，在没向国家要一分钱的情况下，治理山滩 2100 亩，整治耕地 450 亩；栽植 8 万亩水土保持林，人均 120 余棵果树，摆脱贫困走向了富裕。他们立足自己的力量，克服重重困难，完成了前人没有完成的事业，诞生了全国闻名的“九间棚精神”。李锦是新华社山东分社原副社长，他在 1989 年对九间棚进行了为期 52 天的调研，概括提炼出“九间棚精神”，并把“九间棚精神”归纳为“开拓进取、艰苦奋斗、坚韧不拔、无私奉献”十六个字，并撰写了《九柱擎天》的调查报告，此文引起了时任中央政治局常委、中央组织部部长宋平的重视。“九间棚精神”为“沂蒙精神”的提出奠定了基础。邓小平同志 1989 年多次发表讲话，提出“两手抓、两手都要硬”，提出坚持四项基本原则，提出讲政治。随后，党中央召开了十三届四中、五中全会，号召全党同志必须充分发挥政治优势，党的建设和思想政治工作要重点加强。在这一历史背景下，中共临沂地委宣传部的领导和同志们反复讨论酝酿，于 1989 年 12 月 12 日在《临沂大众报》发表了题为《发挥老区优势，弘扬沂蒙精神》的文章，首次公开提出了“沂蒙精神”这一概念。从这

之后，研究沂蒙精神之风吹遍了沂蒙大地，很多专家学者纷纷投入到传承弘扬沂蒙精神的号召与实践当中，沂蒙精神作为沂蒙大地最靓丽的名片，助推了临沂经济社会的新发展。

2. 多渠道推动沂蒙精神的理论研究

沂蒙精神从提出就得到了社会各界人士的广泛关注，以沂蒙精神为主题的理论研究也一直持续到今天。这些理论研究从各个层面深入扎实地剖析和总结沂蒙精神，在推动沂蒙精神的发展和弘扬过程中发挥了重要作用。沂蒙精神提出后，临沂市委、市政府对沂蒙精神的研究非常重视，组织多种渠道推动沂蒙精神的研究走向深入。

第一，注重理论研究。陈建光于 1990 年 3 月发表了《弘扬“沂蒙精神”的历史必然性》一文，开启了研究沂蒙精神理论的征程。同年，山东省社会科学联合会为了拓展对沂蒙精神的理论研究，组织多名专家前往沂蒙山区展开实地考察研究。研究组专家发表了对沂蒙精神进行挖掘梳理的第一篇比较系统的研究文章《宝贵的财富、强大的支柱——沂蒙精神考察纪要》，自此，越来越多的人开始关注并研究沂蒙精神。山东省首届沂蒙精神理论研讨会于 1991 年 5 月 10 日至 14 日召开，本次研讨会的主要内容是：沂蒙精神产生的历史根源、社会基础和政治、文化条件，以及沂蒙精神的内涵、本质和特点，发展规律，现实价值，以及弘扬的途径和方法等问题，与会专家围绕这几点展开了广泛深入的讨论。这次研讨会基本确立了研究沂蒙精神的相关领域，成为沂蒙精神研究的良好发端。为纪念江泽民总书记题词“弘扬沂蒙精神，振兴临沂经济”五周年，第二届沂蒙精神理论研讨会于 1997 年 7 月 28 日召开，这次会议主要围绕如何大力弘扬沂蒙精神，使其成为改革开放和社会主义现代化建设的强大精神动力展开讨论。第三届沂蒙精神理论研讨会于 2002 年 7 月 26 日召开，本次研讨会的主题是“弘扬沂蒙精神，实践‘三个代表’”，将沂蒙精神的研究又向前推进了一大步，沂蒙精神的内涵和理论品格在实践中不断地得到丰富和深化。由山东省委宣传部、山东省委组织部和临沂市委主办，山东省社科联和临沂市委宣传部、临沂市委组织部承办的“弘扬沂蒙精神与践行群众路线”理论研讨会于2014年4月在临沂举行。来自中央、省、市的近200位领导、专家和社会各界人士欢聚一堂，本次会议的主题是“弘扬沂蒙精神与践行群众路线”，与会人员展开了热烈讨论和精彩交流。会议期间，专家学者们围绕研讨会主题，从“习近平总书记关于弘扬沂蒙精神重要指示的重大意义”“沂蒙精神与群众路线”“沂蒙精神的时代内涵与价值”“沂蒙精神与社会主义核心价值体系建设”“沂蒙精神与党的建设”“弘扬沂蒙精神的途径和方法”等多个方面和角度，对自己的观点作了深刻阐述，发表了很多宝贵意见，提出了一些重要的理论观点和对策建议。

第二，注重沂蒙精神的理论宣传。为了有效提升沂蒙精神的影响力，临沂市委、市政府重视通过多渠道媒体宣传沂蒙精神。时任临沂市委书记的李群于2004年10月，在《人民日报》“理论专页”发表了题为《促进经济社会全面发展的精神力量——论进一步弘扬和实践沂蒙精神》的论文，首次概括性地提出了“沂蒙精神”独具的三个特质：第一是与时俱进的鲜明品质；第二是开放兼容性很强；第三是实践功能强大。这篇论文有助于沂蒙精神研究的进一步提升。2005年8月16日，沂蒙精神晋京大型展览在国家博物馆隆重开幕，平均每天有1.8万人参观，获得巨大成功。这次展览充分展示了战争时期革命老区的奉献精神，全面展示了1949年后山东和临沂的新变化，每位参观者都被沂蒙精神的深刻内涵所感动，都为沂蒙人民为中国革命、为人民军队建设所作出的巨大牺牲和无私奉献所震撼，都被沂蒙老区的巨大变化所折服。媒体报道盛况空前，沂蒙精神震撼全国，受此影响，相关研究也得到极大推进。红旗出版社于2005年6月，出版了《沂蒙精神与全面建设小康社会》一书，对沂蒙精神与中华民族精神、老区精神，沂蒙精神与沂蒙文化，沂蒙精神与党的建设的本质联系进行探讨，对如何更好地发挥革命老区精神在全面建成小康社会中的作用进行探讨，将沂蒙精神的理论研究工作推向了深入。《人民日报》于2011年9月6日刊登了山东省委常委、宣传部部长孙守刚的文章《大力弘扬沂蒙精神，建设核心价值体系》。孙守刚在文中指出，沂蒙精神，是在长期实践过程中形成的宝贵精神财富，是山东人民在党的坚强领导下团结奋斗、开拓创新精神风貌的集中体现，是中华民族自强不息的强大精神力量。这篇文章把沂蒙精神升华为“山东精神”和“中华民族自强不息的强大精神力量”，把研究沂蒙精神的工作推向了一个新高峰。

3. 打造沂蒙精神品牌

在临沂市委、市政府的大力推动下，沂蒙精神概念提出研究逐渐深入，开始走出齐鲁大地，走向全国。特别是 2013 年习近平总书记视察临沂时发表的重要讲话，给予沂蒙精神高度评价。在习近平总书记论断的鼓舞之下，临沂市持续加大宣传弘扬沂蒙精神的力度，把沂蒙精神打造成了临沂市的政治品牌、文化品牌和旅游品牌，沂蒙精神成为“大美新临沂”建设中最亮丽的城市名片，强有力地推动了沂蒙大地经济社会的发展。

为进一步弘扬沂蒙精神，山东省多次组织重大活动。这些重大活动促使沂蒙精神家喻户晓、走向全国，沂蒙精神被成功地打造成了山东省重要的政治品牌。

沂蒙精神承载的红色文化，是中华文化的重要组成部分，是中华民族的瑰宝。临沂市委、市政府通过丰富的文化资源挖掘，充分发挥艺术的魅力，一系列思想性、艺术性和观赏性相统一、既叫好又叫座的红色文艺精品被搬上银幕、电视和舞台，形式的多样性有力地助推了沂蒙精神走向全国、走向世界。其中，优秀的代表作品《沂蒙山》《六姐妹》《红嫂》《厉家寨》《九间棚》等，更是成为红色文化内涵展示、沂蒙地区社会主义革命和建设实践见证的形象标识，逐步发展成为红色文化产业的知名品牌。从 2005 年开始，临沂市从推动教育和发展经济两个方面做文章，充分利用并发挥红色文化资源的经济功能，在全国率先发展红色文化产业，大力培育发展临沂的红色文化产业。临沂先后被列为全国 30 条红色旅游精品线路、100 个红色旅游经典景区和全国 8 大红色旅游重点城市。

（二）传承沂蒙精神，执政为民结硕果

沂蒙精神形成和发展的历史，就是沂蒙地区党政军民水乳交融、生死与共的历史，是他们同心同德，情深义重，共同铸就的历史。

在新民主主义革命和社会主义革命建设过程中，沂蒙党政军民共同奋斗，赢得了中国革命的胜利。进入改革开放的新时期，尽管党的历史地位和角色与革命战争年代相比发生了很大变化，但是作为执政党的共产党不管发生什么变化，“为人民服务”的宗旨永远没有变，“以人民为中心”的发展理念永远不能变；人民群众的支持和拥护是永葆执政合法性的执政规律不会变。党的根本性质只有在坚决贯彻“立党为公、执政为民”的理念中才能得以凸显，只有坚持这一理念才能体现我们党来自人民、植根人民，才有资格和能力承担起引领广大人民群众共筑中国梦的伟大历史使命。“检验我们一切工作的成效，最终都要看人民是否真正得到了实惠，人民生活是否真正得到了改善，这是坚持立党为公、执政为民的本质要求，是党和人民事业不断发展的重要保证。”改革开放以来，伟大的中国共产党带领沂蒙人民继往开来，奋勇争先，推动了临沂市社会经济获得巨大发展，在为人民谋利益的征途上作出了巨大贡献。

1. 基础设施大发展，执政为民谱新篇

经济社会的发展必然要求加快推进城市化建设以及城市基础设施建设的进程，这也是关系老区切身利益的重大事情。如何结合现有经济条件，因地制宜持续推进临沂的基础设施建设，改善人民群众的居住环境，提升人民群众的幸福指数，是沂蒙革命老区发展过程中必须解决的大问题。

临沂市委、市政府结合社会现实，在实践中勇于创新，不断采取新的举措，有效地推动了城市建设的健康发展。临沂市委、市政府打破传统的纯粹依靠政府财政搞建设的思维模式，转化思路，追求实效，通过拍卖冠名权、转让使用权和置换资产等方式，把单纯依靠政府的城市建设转变为社会多方力量的共同建设，把政府的一方包建发展为全社会的全民共建，成功地实现了城市资源的开发利用，达成了“政府不出钱，城市照样建”的目的，成功地摸索出一个城市开发建设的临沂模式。依据临沂市具有丰富的水资源这一优势，市委、市政府规划制定了“以河为轴、两岸开发”的城市建设思路，全力打造“城水相依、人水和谐”的城市名片，实行环城水网与滨河路网建设相结合的规划思路，掀开了大美临沂城市建设的新篇章。在遵循规划布局思路、展开临沂城区内部建设的同时，临沂市委、市政府还启动了与城郊连通、向县区辐射的河道治理改造工程，建设了累计长达330公里的滨河观光路。城市化建设的同时，还采取了美化绿化亮化与人性化相结合的建设思路，投资便民设施，开设了水上娱乐、便民服务、健身休闲等项目，满足人民群众休息、游玩、娱乐、健身的多种需求，打造生态宜居、文化丰富、娱乐休闲于一体的滨河观光带。

与此同时，临沂市委、市政府还开展了以“硬化、绿化、亮化、净化、美化”为主要内容的基础设施工程建设。2003年以来，临沂市启动实施了一大批城市重大建设项目，包括历史文化名城、鲁南苏北区域中心城市、商贸物流城和山水生态城，共计投入建设资金60多亿元。在临沂市委、市政府带领下，在沂蒙人民群众积极支持下，“天蓝、地绿、水清、路畅、灯明、人旺、商兴”的全新现代化滨河水城出现在人民群众的眼前，以30万亩环城森林绿化带为背景的“环城水景，江南风光”已经形成。

北城新区的建设是临沂市委、市政府结合临沂发展实际，推动城市化进程，提升临沂城区的城市功能，促进经济社会协调发展的重大战略举措。临沂特意聘请著名城市策划专家、两院院士吴良镛于2003年为临沂量身编制了“大水城”规划——《临沂市城市空间发展战略》。该城市规划，高起点、高标准、高质量，为新区的建设奠定了坚实的基础。新区建设从2005年开始，临沂市实施迁村并点，集中入住，一期工程建起8大社区、469座楼房，解决5.4万村民的居住问题。

拆迁工作涉及面广、牵扯利益多，对人民群众的利益必须给予最大限度的维护，使得拆迁安置工作成为北城新区建设的重点，也是难点。新区建设工作中，临沂市委、市政府始终把人民群众的利益置于首位，严格遵循“四个坚持”（依法拆迁、有情拆迁、平稳拆迁、和谐拆迁）和“六个保证”（党员干部带头拆迁、尽快还建让拆迁户尽早入住、适龄人员全部就业、拆迁户子女就近入学、弱势群体基本生活有保障、动迁中小企业得到妥善安置）的整体思路。临沂市委、市政府充分考虑到人民群众的利益，建设过程中严格落实方针政策，积极认真地听取群众意见，赢得了拆迁群众的配合与支持，调动了人民群众参与的积极性和主动性。

改革开放以来，人民群众积极参与临沂市建设和发展的谋划与实施，使临沂市容市貌发生了很大变化。人民群众在履行监督责任的同时，也在享受着建设的成果，幸福感和获得感持续提升；党群之间继续保持水乳交融、生死与共的鱼水深情。

2. 商贸物流齐心干，造福于民天下先

临沂商城于1981年诞生于临沂市的西郊地区。适值改革开放的春风吹拂临沂大地，素有经商传统的临沂城郊的部分群众自发地在临沂西郊汽车总站附近摆起地摊，形成了临沂的第一代集贸市场，是我国最早创办的专业批发市场集群之一，目前已经成为全国规模最大、物流覆盖面最广的市场集群，同时也已是北方地区面积和规模最大的物流基地。原来的县级临沂市委和市政府对于西郊地摊经济的出现，不但没有采取强令禁止或制约发展的措施，反而敢于做冲破计划经济体制束缚，在全国其他地方还没有大规模推行市场的情况下，顺应民心，抢抓机遇，活学活用国家经济政策，广泛发动社会力量，率先掀起了兴建市场的高潮，市场规模日益壮大。

临沂商城的发展经历了一个从无到有、从小到大、从自发开展到有序运营的过程，先后经历了“地摊式农贸市场—西郊大棚底—专业批发市场—临沂批发城—中国临沂商品城”等五个阶段，从市场初创到扩大规模，从商城兴盛到规划提升，40年的坚实步伐走出了一条现代化商贸物流城强盛之路。市场刚刚开始兴建的时候，由政府出资搭建大棚，用以规范引导市场的发展，为商城的快速发展奠定了基础。等到市场进入快车道，面对发展中出现的摊位不足，市场建设资金短缺的情况，临沂商城在全国率先打破了工商部门独家建市场的运转模式，提出了“人民市场人民建、公益事业大家办”“谁出资、谁受益”“政府领导、多方投资、联合建设、统一管理、共同受益”的发展意见，允许农村集体土地兴建市场，引导村居、单位投资兴办市场，出现了“全民办市场”的热闹局面，市场建设投资格局呈现多元化。

临沂商城的快速发展，与临沂历届党委、政府的政策引导和经济扶持是分不开的。历届临沂党委、政府都把临沂的重要发展战略定位为“商贸活市、以市兴市”，妥善处理了传承、创新之间的关系，一以贯之地坚持领导班子只是流水的兵，发展才是坚持不变的铁打营盘的理念，对在实践中形成的经得起时代考验的符合区域发展规划的战略部署，始终坚定支持，推动既定方针的开展，一年又一年，一届又一届，接续奋斗，持续努力，常抓不懈，形成了独具临沂商城特色的发展优势。

临沂商城的发展在临沂市的发展规划中一直占据非常重要的地位。临沂市“十二五”规划纲要中明确提出把临沂市打造成全国的商贸物流中心。把整合、扩容、提升作为商城发展的重点，围绕临沂专业批发市场的整体规划、布局建设和经营管理进行重点打造和大力提升，致力于在国内外市场上影响力的提高，把建设门类完整、设施齐全、管理一流、全国最大的现代专业市场集群和国际性商品集散中心作为终极目标。大力推动商贸业和物流业的融合发展，依托重点物流园区和龙头物流企业，把临沂打造成国内现代物流发展的重要枢纽城市。在临沂市的“十三五”规划中，以推进临沂商城国际贸易综合改革试点为契机，推进内贸与外贸、线上与线下、商贸与生产的“三项融合”为发展的重点，大力建设全国重要的商品交易批发中心、物流分拨中心、电商集聚中心和“一带一路”国际贸易新高地、国际会展经济新高地、打造临沂商城“升级版”。这些规划为临沂商城的健康有序发展指引了方向，提供了政策支持和保障。

临沂市委、市政府在新时代提出新的商城发展目标。比如，加快“国际商贸城”建设，进一步改善基础设施，加快电子商务产业园、贸易商总部基地和大数据服务中心等项目的建设。同时，不断加强“老城市场”的改造提升工作，实现资源配置优化，推动传统市场集约化发展。加强“网上商城”的打造。提升物流在公路领域的发展，着力发展铁路物流，加快航空物流发展，大力发展临港物流，对综合保税区的优势政策充分利用并大力发挥，构建跨境电子商务的公共服务平台，建设国际化商城的新窗口等。

临沂商城的崛起与发展，从根本上改变了沂蒙革命老区的发展传统，沂蒙大地焕发出蓬勃的生机，不仅开创出区域特色产业，而且带动区域经济迅猛发展，惠及人民群众，在改善民生、开拓创业以及就业渠道拓展等方面都发挥了重要作用。临沂商城的发展是改革开放以来沂蒙地区党群同心同向同行的典型范例，也是沂蒙精神在新的时代背景下内涵提升的具体体现。

3.“一创六建”加油干，利国利民新名片

2004年，临沂市委、市政府围绕富强美丽的“大临沂、新临沂”、鲁南苏北区域中心城市的建设规划目标，决定在全市组织开展“一创六建”活动，把创建全国文明城市作为契机，整体推进历史文化名城、双拥模范城、国家卫生城市、优秀旅游城市、环保模范城市和园林生态城市的建设工作。文明城市创建工作的深入持久开展，使得临沂市的城乡面貌发生了日新月异的变化，全市的政治、经济、文化和社会各项事业都获得了长足发展，城市竞争力明显增强，人民群众的幸福指数明显提升。各种荣誉称号纷至沓来：2005年“全省创建文明城市工作先进城市”，2008年“全国创建文明城市工作先进城市”，2010年“全国城乡建设范例城市”，2011年“全国文明城市”（临沂市以地级市第一名的成绩荣获该称号）。除此之外，临沂市还荣获全国双拥模范城市、中国优秀旅游城市、省级园林城市、省级无障碍设施建设示范城市、山东省适宜人居环境城市、国家环境保护模范城市等称号，并且是全国革命老区中第一个国家环保模范城市。

临沂市委、市政府统筹布局，“一创六建”和“七城”同创，充分发挥了整体优势，实现了综合效益，形成了资源共享、载体共用、工作互动的良好创建局面，也由此实现了临沂城的城市品位新提升。“一创六建”工作正确指引了临沂城的发展，促使临沂发生了巨大变化。如今，一个清新自信、充满生机活力的现代化都市正展现在世人面前，临沂已经成为山东和全国革命老区的一张重要名片。

4.建开发区责任担，物阜民丰尽开颜

沂蒙老区地处郯庐断裂带，是一条具有明显分段、活动程度不等的地震活动带，因此1949年后国家没有在沂蒙老区放任何一项重点建设项目，直接导致了沂蒙的经济基础发育比较薄弱。在计划经济时代，国家对沂蒙老区基本没有投资，建成的工业项目非常少，这种状况一直持续到改革开放前，全区的工业项目屈指可数，工业总产值占全区生产总值的比重不到20%。改革开放以来，临沂历届市委、市政府迅速适应改革开放和市场经济发展的新形势，明确提出了“工业强市”的战略发展思路，一手抓工业经济的发展，一手抓企业内部的改革，企业数量增加，企业规模扩大，同时完成了企业内部经营机制改革，为企业发展注入了新的活力，也实现了临沂工业经济的快速发展。

临沂地区工业经济的发展是由乡镇企业发展带动的。改革开放后，国家对乡镇企业的地位和发展政策逐渐明确，临沂人民牢牢抓住时代给予乡镇企业发展的有利时机，多措并举，大力发展乡镇企业，老区的乡镇企业异军突起，走上了快速发展的轨道。各县县委、县政府在市委、市政府的指导下，密切联系各地实际，扬长避短，实现优势最大化，开创了一条特色鲜明的乡镇企业发展之路。临沂地委、行署大胆接受新生事物，持续出台优惠政策，鼓励刺激乡镇企业的发展。1995年临沂撤地设市后，市委、市政府根据“农业稳市、工业富市、商贸活市”的指导方针，集中力量实施“工业强市”战略，把培植一批支柱产业、大型企业集团和知名品牌作为抓手，经过多年坚持不懈地努力与追求，临沂的工业发展终于迎来了质的变化。

临沂市委、市政府在促进工业发展的实践中，敢于创新，不断开拓，通过创建经济技术开发区等多种形式，持续探索经济发展的新路子和新模式，赋能沂蒙老区的经济发展。

临沂高新技术开发区。1994年经省政府批准设立，是临沂市建设的第一个经济特区。2000年，市委、市政府进一步解放思想，在高新区实施全封闭式的管理体制，高新技术开发区进入“特区特管、独立发展”阶段。严格遵循市委、市政府制定的“产业发展园区化、园区发展专业化”的原则，高新区根据前期规划先后建设了新兴产业园区、高新技术产业园区、低碳工业园区等6个功能园区。高新区科学规划并成功打造出“东科、西游、北工、中新”的发展格局，大力发展高端产业以及产业链条的高端环节，成功地构筑了布局集中、用地集约、产业集聚、配套完善和特色鲜明的产业发展体系，以先进制造、光电信息、新能源、新材料和生物工程等为主导的产业集群正在整体推进。国务院于 2011 年 6 月 25 日，批复同意将临沂高新区升级为国家级的高新技术产业开发区，这是全国革命老区中成立的第一家国家层面的高新区。

临沂经济技术开发区是 2003 年 6 月经山东省政府批准设立的省级开发区，规划控制面积 182 平方公里，管辖两个街道办事处、1 个镇、105 个村居，共计 20 万人口。2010 年 12 月，临沂经济技术开发区经国务院批准，升级成为国家级经济技术开发区，成为全国唯一的在革命老区设立的国家级经济技术开发区。开发区设立后快速发展，取得突出业绩，先后获得“全国知名品牌创建示范区”“国家生态工业示范园区”“全国十大效能开发区”“中国物流示范基地”“中国产学研合作创新示范基地”“山东省科学发展园区”“山东省最佳投资园区”“浙江企业家投资中国首选开发区”“山东省工程机械出口基地”“山东省节能环保示范基地”等荣誉称号。

临港经济开发区，2010 年 10 月经山东省政府批准设立。临沂市委、市政府充分利用开发区的区位优势，高屋建瓴，决定按照国际化经济开发区的建设标准对该区进行规划建设，坚持“高起点、高标准、高效益、大规模、全功能”的原则，实施“环境立区、产业强区、商贸兴区”战略，加大招商宣传，扩大引资渠道，承接产业转移，依靠商业发展工业，借港发展，逐步打造成鲁南地区最大的精品钢深加工基地、临港物流贸易基地、加工工业基地和重化工业基地，发展成整个鲁南经济带的临海桥头堡，成为发展临港经济的最佳平台。2014 年，临港区的财政收入 3 年增长了 9 倍；在临沂全市 15 个县区和开发区中，县域经济发展观摩评比从 2011 年的倒数第一，跃居 2014 年、2015 年的第五名；在全市科学发展群众满意度测评、全市城市管理群众满意度调查、全市群众安全感调查中都获得第二名的佳绩；城镇化率 3 年提高了 30%。临沂临港经济开发区于 2015 年 11 月 28 日获得第一届中国新型城镇化高峰论坛及中国新型城镇化项目招商会“中国宜居城镇”的荣誉称号，一座“宜居、宜业、宜游”的现代新城已然崛起。

临沂市委、市政府设立三大开发区，不断地给予政策加持，推动了开发区的快速发展，一方面体现了党在新形势下继续以人民为中心，顺应民意，开拓进取，在发展中造福于民的责任担当；另一方面也体现了沂蒙人民群众在党的指引下，响应号召，艰苦奋斗，在发展中追求个人价值实现的精神风貌。党政群齐心合力谋发展，人民城市人民建的实践及其成就，充分证实了沂蒙精神在革命老区艰苦创业，创新发展的新的历史时期迸发出的巨大能量。

（三）开拓创新，勇创佳绩

改革开放后，临沂市委市政府在党中央和省委、省政府的正确领导下，认真践行立党为公、执政为民的基本要求，围绕临沂的区位优势及特色，规划制定了临沂市正确的发展战略和方针，确保了临沂经济社会巨大成就的取得。开拓创新、奋发有为的沂蒙人民在党中央和临沂市委、市政府营造的健康有序的社会环境中，遵循党的英明领导，奉行党的方针政策，积极投身中国特色社会主义建设的伟大实践中，不断创造建设奇迹。革命战争年代，沂蒙党政军民同仇敌忾，生死与共，赢得了胜利；改革开放时期，沂蒙人民群众与临沂市委、市政府同心奋斗，目标一致，共创美好生活。

1. 自力更生，九间棚人创人间奇迹

平邑县的九间棚村自然条件异常恶劣，人民群众的生活很是艰难。1984 年，人均收入只有 180 元。同年年底，退伍军人刘嘉坤担任村党支部书记，时年 30 岁，年富力强，思想灵活，为了改变九间棚村的落后面貌，他带领全村走上幸福路。刘嘉坤率领全村的 9 名党员和所有群众，自力更生，与天地抗争，凭借一腔热血与顽强拼搏，修路、架电、引水、植树，他们用自己的勤劳与智慧，在这块不毛之地上创造了人间奇迹，彻底改变了九间棚村恶劣的生产条件，带领村民奔上幸福之路。

九间棚村民从贫困的最低谷出发，不向国家要一分钱，节衣缩食，勤俭节约，经过持续 6 年的奋斗，投资 24 万元，投工 10 万个，创造出人间奇迹，成为社会主义建设时期的典范。到 1989 年，全村人均收入已经从 1978 年的 78 元增加到

800元，人均口粮达到350公斤，从根本上解决了村民的温饱问题，80%以上的农户家里买了电视。1995年，全村仅果品总产量就达到30万公斤，人均纯收入以每年50%以上的速度递增。九间棚人用自己的努力缔造了“团结奋斗、顽强拼搏、坚韧不拔、艰苦创业”的九间棚精神，成为山东乃至全国的一面艰苦创业的鲜艳旗帜，九间棚成为全国新时期农业战线艰苦创业的典范。

九间棚村在艰苦创业过程中，形成了“山上农业加旅游、县城企业、农业科技园”的三大经济板块，打造了“三个九间棚”，分别是“北京九间棚农业科技园”“平邑县九间棚旅游有限公司”以及“九间棚金银花茶厂”。今天的九间棚村，已经发展成集优质金银花、园林设计与绿化、农林果苗木的培育与推广、生态旅游、建材和建筑工程装饰，以及系列金银花产品深加工于一体的综合性的农业集团公司。2010年，九间棚村工农业总产值实现2.6亿元，全村农民人均纯收入23000元。作为全国闻名的先进典型和富裕村的九间棚村，自食其力，艰苦创业，接续奋斗，克服困难，完成了前人未能完成的伟大事业。

2. 艰苦创业，沈泉庄人共同致富

沈泉庄在很长的时间内是罗庄镇有名的穷村，在罗庄的37个自然村中，生活条件倒数第二。1989年的时候，村里只有一座破砖窑和一辆开不动的拖拉机，账户上仅有13万元的贷款，村民的年人均收入不足300元。进入90年代，王廷江带领沈泉庄的人民群众大力开办集体企业，成功地走出了一条中国农民的发家致富之路和沈泉庄发展模式，带领全体村民走上了共同致富的道路。

经过几十年的发展变迁，沈泉庄从一个穷村发展成了全国知名的富村、强村、幸福村。改革开放后的沈泉庄，已经成为一座新兴城市，红砖红瓦的别墅式小洋楼、绿树成荫花草鲜艳的宽敞街道，椰子树安家落户屹立道路两旁；江泉世纪花苑，绿树掩映；华盛大厦，高耸入云；“欧洲街”，购物、休闲、娱乐于一体。

华灯初上，人流如潮，处处诗情画意。文化生活丰富多彩，欢声笑语此伏彼起。

沈泉庄被称为“沂蒙第一村”。村民的生活殷实富足，家人欢聚其乐融融，过上了让人艳羡的美好生活，真正实现了农村城市化、居住楼房化、生活电气化、农民工人化和企业现代化。娃娃们在村里就可从幼儿园一直就读到中学，60岁以上的老人可以免费住进老年公寓，安享晚年。碧水蓝天、绿树广场，村民脸上洋溢着幸福的笑容。

贫困村一跃成为“亿元村”，沈泉庄人用奋斗创造了人间奇迹。这个奇迹的背后是党和政府正确方针政策的指引，是人民群众对美好生活的向往和追求，是党群勠力同心、共同奋斗的结果。这是新的时代背景下，沂蒙精神的再度辉煌呈现。

3. 创新发展，金锣集团勇立潮头

金锣集团是从临沂市兰山区半程镇政府1986年投资90万元兴建的肉联厂发展来的。当时的肉联厂经营不善，导致入不敷出，濒临破产。1990年，曾任半程镇食品站会计的周连奎在危难时刻挺身而出，以非凡的气魄，摒弃老路，大胆创新，改革影响企业发展的机制和制度，对产品结构进行及时调整，对内抓企业管理，对外抓市场开拓，使肉联厂很快出现了转机。

周连奎作为金锣集团的创始人，身上具有沂蒙人特有的胆识和激情，凭借一己之力把昔日濒临破产的小厂改造发展成国家农业产业化重点企业、国家肉制品龙头企业，书写了“重新定义火腿肠”“开启中国冷鲜肉时代”到“全产业链发展模式”创新战役，成为叱咤山东乃至全国的新鲁商企业家，成为推动临沂经济发展的中坚力量。他先后获得“山东省劳动模范”“临沂市劳动模范”“省科技大王”等荣誉称号。

金锣集团在自身产业规模不断扩大和经济效益不断提高的情况下，关注参与社会公益事业，采取各种形式回报社会。1998年南方特大洪水，他捐款1000万元；2003年非典疫情期间，他捐款2000多万元；2008年低温雨雪灾害和5月12日的汶川大地震，他捐款捐物3000多万元。2010年4月玉树地震和8月东北洪水灾害发生后，金锣集团都在第一时间捐款捐物，支持灾区的救援和重建工作。

金锣集团的快速发展，及其显著的社会效益，得到了党和国家领导人的高度关注和充分肯定，胡锦涛、温家宝、吴官正等党和国家领导人都曾先后来到金锣集团，进行视察指导工作。金锣人用十多年一以贯之的创业态度、执着奋斗精神书写了一个沂蒙人自强不息、踔厉奋发的商业传奇。

4. 兰陵代村乡村振兴

20 世纪 90 年代，位于兰陵县卞庄街道城乡接合部的代村，治安乱、环境差，是全县有名的落后村。1999 年 3 月，王传喜临危受命，带领代村人民大胆提出了以“3531”为核心的改革发展新思路和建设村庄新目标，具体发展规划是：“五区一网”，种植区、养殖区、加工区、商贸区和生态庭院区，以及村庄整体绿化网；“五园一带”，蔬菜园、花卉园、良种示范园、果品园和农业观光园，以及全民健身带；“五场一站”，养猪场、奶牛场、养鱼场、水貂场和饲料厂，以及生活用沼气站。

代村人一贯追求“绿色发展，建设宜居宜业的美丽代村”。根据村庄的建设与规划，从 2006 年开始，代村启动分批实施旧村改造计划，到 2014 年全部完成了旧村改造工作，新建 65 幢多层居民楼，160 座单户小康楼，4 幢老年公寓，建成便民服务中心、村民公共浴池以及公共食堂等配套措施，村民居住区实现了“五化”“八通”，统一组织物业管理，集中处理污水和垃圾。

代村根据投资规划，建设了代村商城，占地 300 亩；建成了农展中心、农展广场、华夏菜园、农科蔬苑、湿地涵养区、沂蒙山农耕博物馆、大田风光区等十几处产业中心；吸引 10 家企业、6 家专业合作社、200 多个种养大户入园经营；创建了有机品牌 4 个、绿色食品 10 个；完成了 6 届中国兰陵（苍山）国际蔬菜产业博览会的连续承办工作，先后接待数百万人次的国内外游客；举办 500 多期新农民培训班，合计 30 余万人次，实现了经济效益、生态效益和社会效益的多花齐放。走进代村的“兰陵国家农业公园”，各种特色蔬菜水果映入眼帘，还有异域的热带雨林王国等。现代农业景观闻名遐迩，2017 年一年就接待近百万游客，仅门票收入就达 3000 多万元。

代村的发展及其取得的乡村建设成就，就如代村的领路人王传喜说的那样，是在掌握党的新思想指引下，在深刻领会党的新理念的基础上取得的。党的十八大以来，中国进入新时代，作出了一系列战略布局，为经济社会的顺利发展指明了方向；人民群众积极响应党的号召，主动作为，积极作为，发挥聪明才智，勇于实践，敢想敢干。在革命战争年代，党政军民之间的关系是水乳交融、生死与共，在新时代背景下党群关系尽管呈现出不同的特点，但二者的本质是一样的，不管时代如何变迁，我们党的人民立场永远不会改变，人民利益至高无上的原则不会动摇，人民群众紧跟党的步伐的立场不会改变。

三、沂蒙精神升华对构建和谐党群关系的启示

在沂蒙精神的鼓舞下，临沂人民奋勇争先，在实现科技进步、经济腾飞的同时，实现了社会的全面进步和跨越式发展，创造了一个个骄人战绩，人民生活的幸福感越来越强。在这一过程中，充分展现了人民主体的伟大作用，集中体现了我们党大公无私、执政为民的人民立场，赋予了沂蒙精神以科学精神、理性精神的深刻内涵。作为山东精神的核心和民族精神重要表现的沂蒙精神，再次升华，走向全国。伟大的时代孕育伟大的精神，沂蒙精神的升华对新时代和谐党群关系的构建具有重要启示。

（一）初心不改，信念坚守

中国共产党成立的初心使命就是为了最广大人民的根本利益，始终把人民的利益置于最高位置，一切工作以人民为中心。共产党与其他政党原则性区别的根本标志，也是我们党最根本的价值追求和价值观，就是“全心全意为人民服务”。中国共产党成立一百年来，共产党人代代坚守为人民服务的根本宗旨，始终把人民群众的利益作为自己的价值追求和奋斗目标，为了人民的幸福生活接续奋斗。革命战争年代，无数共产党人坚守自己的初心使命，坚持人民利益至上，为了中华民族的伟大复兴，为了劳苦大众的解放，前赴后继，抛头颅洒热血，勇于斗争，视死如归，用生命和鲜血换来了新中国的诞生。在和平建设时期，共产党人继续坚守自己的使命担当，秉承人民主体的核心理念，一切为了人民，一切服务于人民，涌现出焦裕禄、孔繁森、任长霞、郑培民等一大批为了人民的福祉奋勇向前、牺牲小我的优秀共产党员代表。实践证明，只要党员干部时刻牢记革命的宗旨信念，人民利益至上，并把其作为所有工作的起点和归宿，就可以赢得群众的信任和支持，党的工作也会顺利开展并取得成就；相反，一旦党的领导干部忘记了自

己的初心理想，就会脱离人民群众，进而导致失去人民群众，工作就会遇到挫折失败，失去执政的合法地位。新时代，党的领导干部是否坚守人民立场关乎党的执政地位以及党的生死存亡。党必须在充分尊重人民群众的主体地位和当家作主的权利基础上，通过各项工作更好地保护人民权益，改善人民生活，满足人民的物质文化生活需要。

习近平强调指出："始终坚持全心全意为人民服务的根本宗旨，是我们党始终得到人民拥护和爱戴的根本原因，对于充分发挥党密切联系群众的优势至关重要。"革命战争年代，在沂蒙革命根据地，党始终把为人民谋幸福置于最重要的位置，党政军民共同铸就了"水乳交融、生死与共"的沂蒙精神；在社会主义建设和改革开放的新时期，带领人民群众自力更生、艰苦创业，在推动沂蒙社会经济发展中赋予沂蒙精神新的时代内涵。新时代，面临新征程、新起点、新任务、新目标，依然需要广大党员干部坚守初心，尊重人民群众的主体地位，坚守人民立场，紧紧围绕为人民服务的核心价值观全心全意地推动中国特色社会主义伟大事业向前发展。

（二）责任担当，筑牢基础

中国共产党从成立的那一刻开始，就代表中国最广大人民的根本利益，是工人阶级的先锋队，也是中国人民和中华民族的先锋队，担负着争取民族独立和人民解放、实现国家富强和人民幸福的历史使命。习近平总书记强调，是否具有担当精神，是否虔诚履责、尽心尽责、勇于担责，是检验每位领导干部是否真正体现先进性和纯洁性的重要标准。中国共产党先进性的具体体现就是我们党勇于担当，敢于负责。勇于担当是中国共产党人的鲜明政治品格，是党永葆先进性的核心要义。回顾党的历史，不管是炮火连天、血雨腥风的战争年代，只争朝夕、燃烧激情的建设时期，还是春回大地、万象更新的改革年代，担责尽责的共产党人始终牢记自己的初心使命，国家利益重于泰山，念念不忘民族苍生，致力于国家富强、民族复兴，与人民群众心手相连，矢志不渝，顽强奋斗，勇担重任，贡献智慧和力量。

在改革开放新时期，临沂经济社会发展取得的巨大成就，就是无数党员干部与人民群众“勇于担当”的结果。九间棚的刘嘉坤、当代保尔朱彦夫、鲁南制药的带头人赵志全、群众的领路人王传喜，都是社会主义建设事业中责任担当的典型模范。构建新时期的党群关系需要广大领导干部在实践中传承弘扬沂蒙精神，敢于担当，增强自身的责任意识、使命意识和忧患意识，勇于担责、勇于负责。一切以人民为中心，真正做到从群众中来，到群众中去，自觉接受人民监督，服务人民、依靠人民、相信人民。

（三）与时俱进，守正创新

与时俱进要求人们要具有一种时不我待、不进则退、缓进则亡的时代紧迫感，一种深沉绵长的历史忧患意识，一种斗志昂扬、奋发作为的精神面貌。对党组织而言，与时俱进就是要求党的理论和路线方针政策以及实践工作要跟上时代步伐，不仅与时代共同进步，更要把握时代发展的大趋势，具有一定的前瞻性，进而勇立时代的潮头，跻身世界前列。守正创新的理论根基是马克思主义。马克思主义科学地揭示了自然界、人类社会和人类思维发展的规律，是我们立党立国、兴党兴国的根本指导思想，是守正创新的理论根基和源头活水。实践告诉我们，中国共产党为什么能，中国特色社会主义为什么好，归根到底是马克思主义行，是中国化时代化的马克思主义行。实现守正创新的前提就是要深入开展习近平新时代中国特色社会主义思想的世界观和方法论的学习，要认真贯彻、坚定执行其立场观点和方法。

改革开放 40 多年来，沂蒙大地发生了天翻地覆的变化，社会经济和人民生活的各个方面都取得了长足的进步，这一切成绩的取得都得益于各届临沂市委、市政府和人民群众与时俱进的思想面貌以及实践行动。进入新时代，机遇与挑战并存，中国共产党从事的伟大事业前无古人，唯有守正才能执着向前、不偏不倚；唯有创新才能紧跟时代，引领时代。与时俱进，确保各种体制及时地调整完善，更好地顺应市场经济发展的需求，制定出更好地推动生产力发展的路线方针和政策，达成解放发展生产力的目的；从群众中来、到群众中去是我们党的光荣传统和优良作风，是守正创新的实践根基和必由之路。把加强顶层设计和坚持问计于民统一起来，始终坚持对群众的尊重与敬爱，深入群众、依靠群众，从群众中来、到群众中去，紧密联系人民群众的创造性实践，尊重人民群众的主体地位和首创精神。坚持问题导向，坚持实事求是，从生动、鲜活的群众实践中汲取智慧，做出新概括、获得新认识、形成新成果，在增强群众获得感、幸福感、安全感中，不断开辟马克思主义中国化时代化发展新境界。坚持与时俱进和守正创新，要始终尊重人民群众历史创造者的地位，始终秉承全心全意为人民服务的立场观点，把实现、维护和发展最广大人民群众的利益真正作为一切工作的起点和归宿，切实作为衡量我们党一切工作的最高标准，确保党成为广大人民群众的真正代言人。

第五章

立足人民性，传承沂蒙精神

人民群众对美好生活的向往是中国共产党的奋斗目标，中国共产党自建党之日起就始终尊重人民的主体性地位，中国共产党的初心使命就是为中国人民谋幸福。沂蒙精神是伟大的中国共产党和沂蒙老区的人民群众在血与火的岁月里水乳交融、生死与共铸就的；以人民为中心是沂蒙精神形成的核心与基石。坚持人民立场和人民主体是新时代指导社会共同发展的核心思想。立足新时代，传承弘扬沂蒙精神，坚持用马克思主义的人民性观点去指导解决当前面临的问题与挑战，致力于满足人民群众对美好生活的追求，展现了党治国理政的理念和核心。继续弘扬沂蒙精神，必须继续坚持马克思主义政党的人民性，依靠民众保持党的先进性，实现中华民族伟大复兴的梦想。

脚下的力量来自心中的信仰。政治信仰是党员干部的政治灵魂和精神支柱，是共产党人对马克思主义的信仰，是对党和人民的绝对忠诚。固本清源，共产党人的政治信仰是共产党人凝心聚力、兴国强国的魂魄。政治信仰是一种坚守，是一种道德秩序。只有坚定的政治信仰，才能具有强大的免疫力和抵抗力，才能始终牢记并真正做到“权为民所用、情为民所系、利为民所谋”，才能做到以人民为中心，踏实做事、认真做事。

第一节

人民立场是中国革命和建设的胜利之源

中国革命和建设的历史已经无数次证明，共产党之所以能够领导中国人民从站起来、富起来到强起来，贯穿其中的一条最基本的经验就是坚持人民立场。

中国的社会主义革命和建设事业之所以能够取得辉煌成功，其动力的源泉来自人民群众。就如毛泽东同志说过的那样，一旦中国人民掌握了自己的命运，中国就如旭日东升，照亮世界。在时不我待的社会主义革命和建设时期，中国人民只争朝夕，奋发作为，不管发展的过程中经历多少曲折，人民群众红心向党永远不变。因为只有共产党是真正为人民服务的党，他们没有独立于人民利益之外的个人利益，始终以人民为中心是我国的新民主主义革命事业胜利的根本保证。中国历史证明，只有共产党和党领导的人民军队是全心全意为人民的，群众路线是引导我们的事业战胜挫折走向成功的光明大道。

推进中国特色社会主义事业前进的关键是人民。党的十一届三中全会的召开标志着我们的社会主义事业进入改革开放的新时期，我们党继续坚持人民利益高于一切。为了满足人民日益增长的物质文化需要，我们党指出评判我国改革开放成效的标尺就是人民幸福，人民生活水平的提高是判断政策得当与否的标准。中国共产党要一以贯之地传承延续以人民为中心的工作导向，坚守人民立场，秉承人民利益至上，实现人民群众共享发展成果，实现中国特色社会主义事业的更快发展。

坚持人民立场和人民群众的主体地位，习近平总书记始终如一。他在接受国外记者采访时就许下了“我将无我，不负人民”的奋斗誓言，他在工作中始终流露出亲近人民、关心人民的热烈情感，向全党发出了“人民对美好生活的向往，就是我们的奋斗目标”[1]的号召。以习近平同志为核心的党中央，贯彻落实“以人民为中心”的发展理念，致力于解决许多以前没有解决的人民群众急难愁盼的问题。实现精准扶贫精准脱贫、推进教育改革、推进社会公平，在推进成果共建的基础上实现惠政于民和成果共享，不断提升人民群众的幸福感。

① 《习近平谈治国理政》，外文出版社 2014 年版，第 424 页。

第二节

情为民所系，弘扬沂蒙精神

中国共产党之所以能够立于时代潮头，永葆青春与活力，归根到底是因为党始终心系天下苍生，以民众为念。中华民族的历史长河中有无数鲜活的事例，证明得民心者得天下。古往今来、古今中外，执政者一旦失去民心，其政权也必将被人民推翻。就如《贞观政要》中所指出的，国君必须体恤百姓，如果为了个人利益而损伤百姓，就如同割身上的肉给自己吃一样，肚子饱了而身体没了，意义何在呢？以习近平同志为核心的党中央领导集体继承了我们党的优良传统，坚守亲民、爱民、为民的理念宗旨，高度重视党员干部服务意识的培养，党群关系和干群关系更加融洽和谐。重视民众利益，体恤民众，通过服务来赢得民心，这才是执政者应该牢记并遵循的治国之道。

一、深感“情为民所系”

中国共产党是马克思主义政党，遵循的是辩证唯物主义和历史唯物主义，成为执政党后，继续秉持马克思主义的人民观，高度尊重人民群众的地位。回顾中国共产党建立和发展的历史，渗透着一个真理：人民群众创造历史，人民群众是政党的立党执政之基，人民群众的拥护和支持是我们国家革命和建设事业成功的根本原因。纵观中国近现代的革命历程，中国共产党与其他党派组织相比，具有的最大政治优势，或者说最丰富的政治资本就是与人民群众建立了密不可分的血肉联系。因此，中国共产党自从成立之初，就深刻而清醒地意识到唯有把自己的命运和人民群众的命运紧密相连，唯有为人民利益付出所有，才能赢得人民的拥护和爱戴，才能继续执掌政权继续为民谋利。为了达成为人类谋幸福的意愿，全党同志必须与人民群众紧密联系，深入了解人民群众的工作生活，了解他们的日常所想所感所盼，对党的各项事业进行评判的标准是人民群众的满意度。党的领导干部只有对人民群众持有赤子之心，建立发自内心的热爱与尊敬，才能真正实现与人民群众的心连心，根连根。才能听到百姓的真心话，建立真感情，人民群众才会真正参与到社会主义建设事业中，真正出谋划策，共促伟大复兴。

是否有爱民之情关乎执政者是否会真正俯下身子倾听民众声音，顺应民众意愿，为民众谋福祉。中国共产党的亲民、爱民、为民不仅仅是一种政治伦理上的要求，更是我们党实现治国兴邦的根本保障。爱民之情是我们党为民情怀的态度表现和境界体现，也关乎我们党是否能行稳致远。“情为民所系”是“权为民所用”和“利为民所谋”的前提和基础。如果领导干部内心没有根植对人民群众的真情实感，就不可能谨慎地将手中权力为民所用，也就不可能真正地全心为民谋利。党对人民群众只有饱含深情，才能做到无微不至的关怀，人民群众才会被感染对党热爱。只有真正得到了人民的支持和拥护，中华民族伟大复兴的梦想才可能实现。

二、深情对待人民群众

弘扬沂蒙精神，必须善于总结经验，继续传承沂蒙精神形成时期党与人民形成的血肉深情、建立的深情厚谊。

1. 心怀为民之情

情为民所系，就必须始终以人民为中心，坚守人民立场，与人民群众同呼吸共命运，始终牵挂着人民群众的安危冷暖，倾听民众呼声，关心民众疾苦。

第一，树立正确的群众观。领导干部对群众感情淡薄，从实质上而言表现的是党性不纯，出现的根本原因是我们党的部分领导干部并没有真正领会并树立马克思主义的人民观。“群众观点是马克思主义的基本观点。共产党员如何对待群众，是一个根本的立场问题，世界观问题，党性问题。”[①] 马克思、恩格斯对人民群众在历史发展中的巨大推动作用作了深刻详尽的阐述，从而创立了人民观点。共产

①《十三大以来重要文献选编》(中)，人民出版社2003年版，第937页。

党是马克思主义指导下建立的政党，广大党员必须领会并继承马克思主义的人民观，人民意志和人民利益是我们党所有工作的起点和归宿，深深扎根于人民群众是马克思主义执政党的产生和发展的全部基础，党推进事业的根本工作路线就是始终依靠人民群众的智慧和力量。

只有牢固树立群众观，领导干部才能形成对人民群众历史作用的正确认识，才能摆正自己的位置和身份，真正树立正确的权力观和利益观，发自内心地愿意去亲民、爱民、为民。牢固的群众观促使党员干部自觉树立“一切为了群众、一切依靠群众”的思想认识，真正做到与百姓同呼吸、共命运，想民所想、急民所急，养成依赖群众、信任群众的心理，具有尊重群众、热爱群众的情感。

第二，怀亲民之情，融入群众生活。与群众的感情是需要持续不断地接触交流才能建立的，不是喊出来的，而是做出来的。习近平总书记指出，要想实现民生的保障和改善，领导干部就必须思考人民群众的所想所思所盼，尤其必须关注人民群众的困难，想方设法地抓紧时间快速解决。要为群众办好事、办实事，不要做脱离实际、劳民伤财的事。为此，党员干部必须深入群众，倾听人民心声，体察民情，了解掌握人民群众急难愁盼的问题，融入百姓生活，体察百姓冷暖，放下架子，俯下身子，通过帮助人民群众解决与他们切身利益相关的小事急事，让他们感知到党的温暖情怀，真正牢固树立领导干部的亲民形象。

只有先实现生活上的“零距离”，才能拥有感情上的“零距离”。执政为民的基本要求就是深入基层，深入群众百姓生活。领导干部如果脱离群众，脱离实际，高高在上，端起老爷架子，必然不谙世事，必然会出现瞎指挥、乱指挥、胡作为，亲民、爱民不是摆架子、走过场，不能有霸气、傲气、娇气、怨气，要敢于发现问题、正视问题、解决问题，要站得直、行得正、坐得端。工作中不可以有“一人得道，鸡犬升天”的狭隘亲情观；不可以有当前市场经济条件下形成的不正当的物化倾向，更不能把“为人民币服务”作为自己的工作原则。领导干部要保持清醒的头脑，始终牢记自己是普通一兵，人民一员，要跟冰冷傲慢说“不”。党员干部是人民的公仆，职责是为人民服务。他们应该关注的是人民群众的困难疾苦；体恤、关怀、热情是每位领导干部与人民群众交往时的最基本素养。工作中，时时处处都以人民为中心，尊重人民、服务人民、关心人民，用炽热的情感、饱满的热情对待工作，帮助人民解决难题，以情感人、以理服人，工作机会是人民群众赋予的，必须心怀感恩对待工作，饱含深情对待人民。不要有特权思想，不要有贵贱之分，不要有非分之想，不能贪恋权位、追逐虚名、计较得失，有机会就为民服务，没机会就做本分百姓。要主动与群众接近，心态平和，沟通心灵，谋求与人民群众建立血肉亲情。领导干部必须怀着为民、爱民之情，深入群众，体察民意，感知民心。只有心怀亲情，才不会出现对群众疾苦麻木不仁、对困难群众避之唯恐不及的现象。

2. 常怀爱民之心

爱民者人恒爱之。党员干部如果想要获得人民群众的信任和支持，建立深厚感情，就必须事事想着群众，怀有一颗爱民之心。

第一，怀爱民之心，遇事想着群众。爱民之心在工作中表现为思考问题、处理事情的起点和归宿都是人民利益，只有这样才能得到人民群众的拥护。对群众需求漠不关心，对人民利益任意践踏，自然不会得到人民群众的支持。爱是态度，更是行动。想成为人民群众的知心人，必须先主动走近群众，知道他们的需求是什么，知道他们关注的是什么，党群关系是双向互动、是双向奔赴。领导干部要追求与人民群众心理上的和谐互动以及政策上的声息互通。所以，党员干部只有时刻牵挂着人民群众的冷暖安危以及民生疾苦，并制定合理的政策，付诸行动，竭尽全力为民解忧，切实帮助群众解决他们的实际困难。从思想上、行动上表现出为民办好事的诚意，才能在人民群众心里有一席之地，才能有好口碑，才能与群众打成一片。

第二，怀爱民之心，省虚情之危。信任是群众深厚感情建立的心理基础，信任是建立真实情谊的前提条件。诚如马克思所说：“只能用爱来交换爱，只能用信任来交换信任。”[①] 焦裕禄在真情实感的驱动下为兰考人民奔波努力，换来了广

① 马克思：《1844 年经济学—哲学手稿》，人民出版社 2000 年版，第 108 页。

大兰考人民的敬仰和爱戴；孔繁森用自己的一腔热血，赢得了阿里藏族同胞的真诚尊重；郑培民用他“万事民为先”的风范，赢得了三湘大地民众的衷心赞誉。他们把自己的情感融入广大人民群众的血液，用自己的生命诠释“情为民所系”的深刻内涵，昭示“人民立场是中国共产党的根本政治立场，是马克思主义政党区别于其他政党的显著标志。党同人民风雨同舟、生死与共，始终保持血肉联系，是党战胜一切困难和风险的根本保证，正所谓‘得众则得国，失众则失国’”[①]。这是颠扑不破的真理。历史已经无数次证明：得民心者天下，失民心者失天下。但是，当前还有极少数领导干部缺少对群众的深厚感情，不知道手中的权力是谁赋予的，面对权力赋予者——人民群众，他们是有愁他不解，他们有苦他不急，他们有求他不帮，他们有难他不排，对人民群众的疾苦漠不关心，对人民群众的需求虚情以对，应付工作，与人民群众的感情越来越淡薄，关系越来越疏远。长此以往带来的后果必然是人民群众逐渐失去对他的感情支持，党的所有工作都势必会在一些地方和部门遭到削弱。有鉴于此，习近平对广大党员干部再三告诫：“全党同志要把人民放在心中最高位置，坚持全心全意为人民服务的根本宗旨，实现好、维护好、发展好最广大人民根本利益，把人民群众拥护不拥护、赞成不赞成、高兴不高兴、答应不答应作为衡量一切工作得失的根本标准。”[②]党的成长历史毋庸置疑地证实：与群众联系密切是我们最大的政治优势，最大危险就是脱离群众，缺少了群众对党的感情认同基础，党的执政地位就成了无源之水、无本之木。

第三，怀爱民之心，为民办实事。为民办事须有激情，斗志昂扬。党永葆生机活力的精神源泉是接续奋斗的激情，这份激情也是党员干部造福于民的不竭动力。只有具备了为民拼搏的激情，才能具有办实事、做好事、解难事的动力。无产阶级政党的所有情感最终都必须落实到真心实意为民服务上，与剥削阶级空头承诺和虚情假意对民众实行的牧民行为是有本质区别的。习近平告诫领导干部：“必须心系群众、为民造福。大家心中要始终装着老百姓，先天下之忧而忧，后

① 习近平：《在庆祝中国共产党成立95周年大会上的讲话》，人民出版社2016年版，第18页。
② 同上。

天下之乐而乐，做到不谋私利、克己奉公。对个人的名誉、地位、利益，要想得透、看得淡，自觉打掉心里的小算盘。要着力解决好人民最关心最直接最现实的利益问题，特别是要下大气力解决好人民不满意的问题，多做雪中送炭的事情。”[①] 群众的事情无小事，都需要周全考虑、认真办理。就是必须从群众的衣食住行、婚丧嫁娶，以及灾害疫病等具体的事情着眼，从群众自身的点滴利益着手，细微之处见真情，造福为民，为党分忧。特别是要把人民群众最关心、最迫切的现实利益作为工作重心的基点，用求真务实的工作作风为群众解决生产生活中的或许不大，却很紧迫的事情，干群众急需之事，行打基础之事，做群众受益之事，为长远作用之事。只有实现了群众当下最紧要的利益和关乎他们长远的利益的统一，实现了人民生产生活利益和国家兴衰成败的根本利益的统一，实现了最广大的人民群众根本利益和兼顾不同方面的群众利益的统一，才能彰显共产党人为民执政的伟大的政治品格，才算得上真正领悟了“情为民所系”之真谛。

“必须始终做到心中有民”，体现了以习近平同志为核心的党中央坚持以人民为中心，一贯主张人民利益至上的观念。坚持“利为民所谋”，需要领导干部不断强化人民利益至上的思想，让维护人民利益成为自己思考问题、处理工作的本能反应，真正把群众利益置于心中的最高位置，切实增强“利为民所谋”的积极性和主动性。全力推进涉及人民群众切身利益的所有事情，不厌其烦地去做好有利于群众、有益于调动群众积极性的事，绝不能做有损于群众利益、可能会引起群众不满的事。只有解决了“相信谁、依靠谁、为了谁”的立场问题，才能始终做到心中有民。衡量事情是大还是小，需要领导干部站在不同的立场去作出判断。老百姓生活中的每件所谓的琐碎小事，都是我们党工作推进中实实在在的大事。因为这些事如果不能得到有效及时解决，就势必波及人民群众的情绪，会对他们的生产生活带来影响。“勿以善小而不为，勿以恶小而为之。”领导干部思考问题、处理事情，既要高屋建瓴、视野宏大，又要见微知著、一叶知秋。凡是人民群众关注的事，就是需要领导干部留心解决的事。

① 习近平：《做焦裕禄式的县委书记》，中央文献出版社 2015 年版，第 6 页。

人民群众是中国共产党存续发展的关键，党的百年发展史就是我们党的群众路线形成发展的历史。在长期的革命和建设实践中，党的群众路线日臻成熟，体现在经济、文化、教育、卫生等领域的路线方针政策中，成为推进社会主义事业发展的动力。新时代要继续把群众路线的贯彻落实作为一项系统工程常抓不懈。

总之，人民群众是自觉的历史活动家。伴随着历史的推移，人民群众必将在更广阔的政治舞台上展现出自身的更大价值。新时代，充分肯定人民群众的历史主体地位，相信人民、依靠人民、尽心尽力地服务于人民，是我们党坚定不移的政治价值取向，为人民服务已经成为每个党员干部的坚定信念。党只有始终牢固树立为民执政的核心价值观，才能成为名副其实的马克思主义政党。

第三节

权为民所用，弘扬沂蒙精神

“权为民所赋，权为民所用”是对马克思主义权力观的高度概括。新时代，党员干部必须清醒地知道，自己手中的权力从哪儿来，自己的权力为谁使用，以及自己的价值如何实现。工作中出现的权力滥用现象，固然与约束制度不够有力有关，但根源还是一些党员干部不能正确认识和使用手中权力。

一、明确服务理念，坚持践行以人民为中心

工作实践中，党员干部必须明确三个观念。

第一，明确为民服务的观念。“一切为民者，则民向往之。”回顾我们党的百年历史，之所以能够得到人民群众的拥护，其根源就在于党能与人民同呼吸，共命运。为民排忧解难，既是职责所在和岗位要求，也是我们党的执政之基和立党之要。领导干部对手中的权力必须持有正确的认识，它不是用于驱使群众的工具，而是给领导干部提供为民服务的机会。

第二，明确权力就是责任。对党的领导干部而言，忠诚、干净、担当是党对每位党员的纪律要求，重责任轻权力，重义务轻权利。只有思想认识纯洁，牢固树立“权力就是责任、责任就要担当”的观念，不断学习强化“四个意识”，才能主动自觉地扛起责任，用走在前列、干在实处的担当精神向党和人民交出合格答卷。

第三，明确权力就是奉献。马克思曾对在巴黎公社失败的经验教训进行全面系统的总结，他强调“干部是人民的公仆”。我们党继承了他的这一思想，要求全体党员立志做人民的勤务员，忠诚、干净、担当。公仆——公民的仆人，其职

责就是为民勤政、恪尽职守。当好人民公仆的前提就是对人民要有清醒的、全面的认识，牢固树立人民观和权力观，权为民所掌、权为民所用，慎重用权，对得起人民的信任，对得起党的重托。运用权力只有廉洁高效才能让广大人民群众满意放心。

二、牢记权力从哪里来

我国宪法明确规定，一切权力属于人民。人民是权力的唯一“所有者”。我们党是执政党，党拥有的权力是人民赋予的，就如毛泽东所指出的，各级干部都是人民的勤务员。习近平总书记也指出，当共产党的官只有一个使命，就是造福于民。权力只是给我们提供了一个为人民服务的机会，使用权力只有一个目的就是为国谋福，为民谋利。我们国家坚持人民当家作主，一切权力属于人民，权力是为人民服务，时刻把老百姓的冷暖安危记挂在心，始终与人民心心相印、甘苦与共。

所有的共产党员，特别是手中握有权力的领导干部必须树立为人民服务的意识，深刻认识到权力的性质和归属。习近平总书记指出：“马克思主义权力观，概括起来是两句话：权为民所赋，权为民所用。”[①] 党员干部必须搞清楚我们手中的权力是谁赋予的，我们应该为谁服务的问题。沂蒙精神昭示我们，没有人民群众的拥护和支持，共产党就不可能取得政权，要牢记党的权力是人民群众赋予的。

1. 权力从哪儿来

必须帮助领导干部清醒地认识到手中权力来自人民群众。《中华人民共和国宪法》明确规定，中华人民共和国的一切权力属于人民。中国共产党和我国社会主义国家的性质决定了人民群众是权力的主体。人民群众作为我国权力的主体和唯一性是不可能发生变化的。党员干部必须明确的是，党只是代表人民群众行使权力，维护他们的利益，但绝不意味着可以越俎代庖，包办涉及人民群众利益的事情。人民群众赋予领导干部权力，领导干部是代表人民行使职权的，这就要求国家公务员要集中群众的意志和根本利益。但是，依然有部分领导干部受传统的

① 习近平：《领导干部要树立正确的世界观权力观事业观》，《学习时报》2010 年 9 月 6 日。

官本位观念的影响，再加上我们现行的干部制度还存有不足，片面错误地认为是上级领导赋予了自己权力。对权力主体认识不清，很容易就导致他们在权力的运用上出现偏差，犯下错误。错误地把领导和上级机关视为权力授予的主体，使得一些人盲目讨好上级机关和领导，跑官要官，工作中也容易滋生只对上级负责、忽视冷漠人民群众的现象。

沂蒙精神的产生已经向世人表明，是人民赋予了党权力，在人民群众的拥护和支持下中国共产党成功地夺取了政权。只有牢记手中权力是人民赋予的，才能让群众路线的遵循成为自觉和习惯，牢记党是中国工人阶级的先锋队，同时是中国人民和中华民族的先锋队的本质，从心灵深处树立执政为民的信仰和宗旨。只有树立了这一坚固的信仰，才可能在实际工作中忠诚履职、兢兢业业，正确运用权力，慎用手中权力，成为一名合格的人民公仆。因此，共产党人要牢记沂蒙精神萌生的双主体，清醒地知道江山从何而来，权力由谁赋予，人民利益至高无上。忘记初衷，抛弃信仰，背离人民，我们手中的权力就会消失，人民群众也会采取办法收回权力。习近平总书记指出："我们要牢固树立正确的权力观、地位观、利益观，牢记手中的权力是党和人民赋予的。"[①] 所以，各级领导干部都必须保持高度的清醒，不论身处哪一位置，头脑清醒最为重要，牢记自己的责任和义务就是为民服务，为民谋福祉。人民群众对党是否满意是行使权力是否得当的根本标准，实际工作中要做到公平公正公道，绝不能利用以权谋私、徇私舞弊，不能滥用手中职权对人民群众行欺骗和盘剥之事。

2. 权力到哪儿去

按照哲学定义，宏观的权力就是个体对整体的控制力；微观的权力则是指个体对自身的控制力。权力就其本质而言是社会公共集体意志的一种体现，这种社会的公共意志在阶级社会呈现出鲜明的阶级性。权力不是从来就有的，而是伴随生产力的发展和阶级的产生，表现为社会上一部分人对另一部分人的统治，这种统治就是权力。所以，权力具有鲜明的阶级性和强制性。权力的这种本质属性鲜

①《习近平关于严明党的纪律和规矩论述摘编》，中央文献出版社 2016 年版，第 95 页。

明地揭示了权力的性质取决于权力的主体，就是权力的归属者。党员干部必须从思想认识上明晰我们社会主义国家权力的归属问题。权力是一把双刃剑，主体立场的不同直接导致处事风格的迥异。中国共产党及其领导干部是做公仆，还是做“老爷”，这是区分人民的“勤务员”和剥削阶级的统治者的根本标志。

在我国，人们之间是平等合作关系，不存在高低贵贱的差别，只是社会分工的不同罢了。人民群众的人格地位和法律权利是完全一样的，人民群众是社会的主人。领导干部也是人民群众的普通一员，与非党员群众一样。他们只是多了为人民群众服务的机会，而不可以利用职权高高在上；他们接受人民的委派和监督代行国家权力，必须遵守国家法律和党的制度，但不能置身法律之外，更不允许主仆身份颠倒、权利和义务错位。领导干部必须牢记产生于血与火年代的沂蒙精神，牢记人民群众在新民主主义革命和社会主义建设中发挥的伟大作用，摆正干群关系、党群关系，坚决杜绝官僚主义作风，真诚为民，竭诚为民。

3. 如何运用权力

共产党人在思想上，必须有坚定地为人民群众服务的信念。一切为了群众，是我们党的群众路线的出发点和归宿。握有的权力是用来为人民服务的，也只能用于为人民服务。领导干部要珍惜人民赋予的权力，在工作实践中要把对上级的负责和对人民的负责有机统一起来，在权力的行使过程中要牢记自己肩上的责任。权力不是颐指气使，而是使命担当，手中权力越大，肩上责任就越大。共产党人的责任就是对人民负责，把对人民负责作为最高标准，共产党人在主动行使人民所赋予权力的同时，要实现最大限度地为人民群众谋福利，还要处理好人民群众长远利益和眼前利益、整体利益与局部利益的关系，实现维护好和发展好最广大人民群众根本利益的目的。伴随着开放的进一步扩大、改革的进一步深化，领导干部更要认真地思考权力从哪儿来，权力怎么用。各级领导干部应该始终牢记沂蒙精神，不忘炮火纷飞的战争年代里，人民群众为了掩护我们党的同志、为了救助人民子弟兵的生命，付出了多么巨大的牺牲。牢记人民群众的无私奉献和艰苦奋斗，牢记他们为了人类社会的进步作出的巨大贡献。只有这样，我们才能永怀感恩之心，认真履职尽责，谨慎用权为民，自觉接受人民群众的监督，才能真正做到工作中的清正廉明、慎独慎微、一身正气。工作中要特别反对职权滥用，以权谋私；坚决反对和防止胡作为、不作为，杜绝工作懈怠，得过且过，甚至失职渎职。领导干部必须做到事事出于公心、时时为民用权，为群众办事情尽职尽责。始终不忘为民掌权、为民用权、为民尽责。

4. 自身修养加强

马克思主义权力观的首要问题是权力的性质问题。对这个根本问题的理解，决定和影响着人们对于诸多权力问题的立场、观点，以及权力运用的方式、方法。以习近平同志为核心的党中央围绕马克思主义权力观，结合时代的变化，对中国共产党在人民群众权利问题上的根本立场作了系统阐述。正如习近平总书记所说："领导干部是人民的公仆，必须始终牢记宗旨、牢记责任，自觉把权力行使的过程作为为人民服务的过程，自觉接受人民监督，做到为民用权、公正用权、依法用权、廉洁用权。"①权力具有两重性，既可以被用于最大限度地为人民服务，也可以用于为个人或集团牟取私利。所以，必须通过对握有权力的党员干部展开马克思主义权力观教育，让他们搞清楚自己的地位，加强自身修养，让他们明白权力从哪儿来，权力的主体是谁，权力的归属以及如何实现权力运用等基本问题。

党员干部要树立牢固正确的权力观，第一就是认识掌握权力的性质。权力的根本属性是人民赋予权力，权力必须为人民服务。领导干部只拥有权力的使用权，而且使用权只能体现在为人民谋利益上。习近平指出："位高不能擅权，权重不能谋私。要坚持自重、自省、自警、自励，带头遵守廉洁自律各项规定。"②领导干部必须牢记权力既是责任，也是义务。被赋予的权力越大，职位越高，对人民承担的责任也就越重。为政之要，在于廉洁；为官之要，贵在官德。

领导干部的自身修养要不断加强，时刻进行自我的情感陶冶，切实履行好自

① 中共中央文献研究室：《论群众路线——重要论述摘编》，中央文献出版社2013年版，第127页。

② 中共中央纪律检查委员会、中共中央文献研究室：《习近平关于严明党的纪律和规矩论述摘编》，中央文献出版社2016年版，第95页。

己的岗位职责，发扬甘于清贫的奉献精神，自觉接受人民对工作的评判，用社会的发展和人民生活水平的提高作为对自身工作的检验。只有基于这样的认识，才能自觉增强为人民用好权的责任感和义务感，才能谨慎用权，正确用权。

三、严格践行“权为民所赋”

现代社会中，由于权力行使的专一性、时效性和权威性，是不可能让每位公民自己随时随地去直接行使权力的，代议制民主的方式应运而生，并慢慢在人类社会普遍推行开来。人民通过他们认可的方式推选出自己的代表，然后把权力委托给代表去行使，并采用相应的某种可靠的方式对代表施加监督。这就是所谓的“权为民所赋”。由此我们得出三个结论：第一，领导干部握有的权力不是属于他们自己的，必须忠实地代表赋予他们权力者的意志，不能够随心所欲地行使手中权力；第二，人民群众必须是通过能真正反映自己意志的方式选择自己权力的受托者；第三，权力的行使者在权力行使中有可能背离权利所有者即权力授予者的意志。所以，人民群众必须持续保持对权力行使的有效监督。正是基于这三点原因，若要把“权为民所赋”的观念转变成现实，我们必须对“权为民所赋”的实践路径进行认真探究。鉴于当前我国民主政治建设的实际情况，只有传承并践行沂蒙精神，才能够真正地实现权为民所赋。

1. 选举制度的发展推进

选举是发源于古希腊的一种民主制度，它对应英文中的单词“election”，最早是日本人翻译的时候使用了汉语的“选举”一词，作为外来词是在清朝末年引入的。所谓的选举制度，其定义是“选举国家各级代表机关的代表（议员）和其他公职人员的原则和制度的总称”[①]。它的内容涉及与选举相关的所有原则、程序和方法，是由一系列遵循法定规范制定的具体制度构筑而成的一套完整体系。选举一般都是特指某一国家的政治制度，对非国家组织并不涉及，而且是更具体地同代议机关的产生发生联系。公共权力作为人类历史上最重要的社会建构之一，

① 中国大百科全书总编辑委员会《政治学》编辑委员会，中国大百科全书出版社编辑部：《中国大百科全书·政治学》，中国大百科全书出版社 1992 年版，第 424 页。

政治分析与公共管理研究的核心议题就是权力问题，“在当今世界上，选举已被公认为权力移交的唯一合法形式”[①]。

选举制度的产生、发展、完善是一个漫长的过程，是在实践过程中伴随着问题的出现和解决而不断推进完善的，逐渐形成了一些最基本的原则，比如普遍性、平等性、直接性和秘密性。首先是选举的普遍性原则，即作为拥有宪法规定的权利和义务的每位公民所共有的选举权与被选举权。公民的选举权和被选举权不受身份、性别、人种等条件限制，当然也会受到比如年龄、国籍、行为能力和守法状况等必要的合理条件的限制。其次是选举的平等性原则。其实质内容就是“一人、一票、一值”，具体指的是每位选民行使选举的法律效力完全相等。再次是选举的直接性原则，即国家机关代表或者公职人员由选民通过投票直接选举产生。最后是选举的秘密性原则，指的是选民意愿保密，填写内容保密。

中国共产党在成立的时候推选领导人就开始使用选举这一方式，并在未来的革命斗争实践中不断发展完善，从而形成了相对完善系统的选举制度，适用于党和部队的相关工作中。选举在民主政治中至关重要，正如邓小平所说：“不管党也好，政也好，根本的问题是选举。”[②]公众通过借助选举这种形式，对公众权力的候选人自由地展开选择和比较，票数高者即可获得民众赋予的权力。尽管时至今日，选举中依然存在很多弊端，但相比于其他权力授予的方式，选举还是利大于弊。所以，选举仍然是公众用于赋权的最好方式。

革命战争年代，我们党就开始在根据地实践民选制度，取得了丰富的经验和丰硕的成果，为中华人民共和国成立后执掌政权奠定了坚实的基础。新时代，人民群众的诉求更加丰富，欲求更加复杂，对比之下，我们的选举制度暴露出一些问题，与时俱进的程度还有待提高，部分地区出现了人民群众对自身权力的受托者不信任的现象。问题有：人民群众直接参与选举的范围小、层次低，参与权与选择权没有得到充分行使，存在党组织自上而下的“安排性选举”现象；官员在

① 白钢、赵寿星：《选举与治理》，中国社会科学出版社 2001 年版，第 155 页。

②《邓小平文选》（第一卷），人民出版社 1994 年版，第 321 页。

构成国家权力机关的人民代表大会中数量过多；委任制或变相的委任制在很多时候取代了选举制度，这些都是对人民群众选举权的损害，也在一定程度上打击了人民群众参与政权管理的积极性。所以，持续推进选举制度改革，弘扬沂蒙精神，是达成“权为民所赋”的必然要求。在当前及今后一段时期内，应该注重人民群众直接选举范围的扩大，大力推进竞争性选举特别是人民代表的竞争性选举，不断完善人民代表的结构，扩大各界民众特别是基层民众的比例。需要在大力解放思想的前提下，加强这些实践“权为民所赋”的关键性制度的改革及创新。

2. 人民群众权力监督的保障

绝对权力很容易导致绝对腐败现象的发生，所有的领导干部对于权力和腐败的关系都应该有一个清醒深刻的认识。马克思、恩格斯指出，一切公职人员都必须在公众的监督下进行工作。人民群众选举出权力的受托者后，赋予了他们一定的权力，但是依然会不放心，因为权力具有极强的诱惑性，人性往往会因此发生改变。所以，最有效的办法还是需要建立切实的监督机制，保障人民群众能够对权力的施行持有继续监督的权利，从而保证人民群众赋予领导者的权力能够继续忠实于人民的意志，坚持以人民为中心，真正实现为人民服务。这也是对“权为民所赋”的重要保障。较长时期以来，真正能够保障人民群众监督权力有效实施的措施还不多，严重影响着人民群众的监督效果，人民群众也存在不满意的声音。这种状况的切实改变，是真正实现“权为民所赋”的必然要求。因此，在当前和今后一个时期，需要大力推进人民群众对权力进行监督的制度的改革及创新，改革创新的措施包括：增大权力运行的透明度，鼓励并保障人民群众监督的权力，开辟更多让人民群众行使监督的途径，真正建立人民群众行之有效的弹劾机制，切实激发人民群众参政议政的热情。人民监督权力在推进的过程中势必遭到一些既得利益者的阻挠和反对，因此，人民群众监督权力的强化推进，需要在大力弘扬沂蒙精神的基础上，深化领导干部对人民群众蕴含伟力的认识，牢固树立为人民服务的宗旨意识，深刻认识到只有依靠群众，发动群众，信任群众，党的使命责任、伟大事业才能更好地推进和实现。

3. 执政党能力和水平的提升

执政党接受人民的权力赋予，代表人民群众管理国家，必须具备超强的权力控制能力，会用权，善用权，经受得住各种诱惑的考验，具有反腐抗腐的能力，还应具备极高的执政能力和领导能力。两手都要抓，两手都要硬，只有两方面能力都提高，才能坐稳江山、坐好江山，带领全国各族人民实现中华民族的伟大复兴，实现人民不断增长的物质文化需要。执政党的危险很多，如不能权为己所用等。执政党必须具备真才实学，必须具有高超灵活的治国本领，才能承担起民族复兴的大任，如果不能把人民群众委托的事情做好，不能改善人民群众的生活，人民群众就不会给予支持，执政地位就会丧失。所以党必须不断加强自身建设，提高自身素质。领导干部都需要不断学习，不断提高自己的政治素养和道德修养，同时文学素养和业务水平都要提高，提高办事能力、组织能力、管理能力。要努力造就出更多的政治家、军事家和组织家，还有众多的经济、科学、教育、管理以及法律等各行各业的专家，才能建设好国家，履行好执政职能，使党的宗旨得到更好的践行。党执政 70 多年来，部分党员干部满足现状、精神萎靡、贪图享受，工作上的进取心下降了，心思没有用在业务能力的提高上、工作方式方法的改进上、人民群众利益的保护上，而是用在了升官发财、个人私欲的满足上，形式主义、官僚主义还在一定范围内存在。所以，真正做到立党为公、执政为民，就必须不断提高自身素质和业务水平，使我们党的领导水平越来越高。因此，更需要大力弘扬沂蒙精神，总结党的成功经验，坚持以人民为中心，积极推进政治体制改革，健全措施制度，有效地遏制滥用权力的现象。

四、深刻认识“权为民所用”

一个国家的权力掌管者行使权力的目的和观点取决于权为谁所用。如果作为掌权者的公仆没有搞清楚权力的主体是谁，那么他的地位也就可能发生颠倒，而公仆变成了主人，而执政者手中的权力就会被滥用乱用，成为党派之争、徇私枉法的工具。“权为民所用”是由马克思主义的人民观所决定的，道出了马克思主义权力观的内涵实质，是马克思主义权力观和其他权力观的本质区别。马克思主义者深刻认识到社会权力的产生源自人民群众的重托。权力的主体和所有者始终都是人民，政权掌管者只是代行权力罢了。代谁行使权力？是代表人民群众。既然“权为民所赋”，当然权要为民所用。权力的本质是服务，中国共产党作为执政党，在新的历史时期仍然要清醒地辨析政党与国家、权力与民众之间的关系，仍然要执着地牢记耳熟能详的那句“为人民服务”。

习近平总书记多次围绕马克思主义的权力观进行阐释，要求党的领导干部必须弄清楚、搞明白。社会主义国家的权力是属于人民的，党只是代表全体人民掌握政权，党管理国家的权力是人民赋予的。既然权力属于人民，由人民赋予，那么领导干部手中的权力只能是为人民服务。以上就是习近平总书记关于党的领导干部如何做到“权为民所用”进行的纲领性阐述。

1. 领导干部要清楚权力为谁服务

执政党必须从思想认识上搞清楚权力是为谁服务的问题。领导干部手中的权力，是国家的公共权力，是人民群众赋予的，绝对不是哪个党派或者个人的私利。全心全意为人民服务，是党的性质和宗旨的根本体现。各级领导干部根据党的性质宗旨，必须树立，也只能树立执政为民的思想意识，这既体现了马克思主义权力观，也集中体现领导干部的“官德”。尽管有一些人利用手中权力以权谋私，但是绝大多数的领导干部都能做到真心实意、全心全意地为人民服务，比如焦裕禄、孔繁森等很多优秀领导干部都是其中的杰出代表。当然，我们必须格外警惕防止长期执政使得党内出现既得利益集团，因为一旦党内形成了既得利益集团，党就会必然失败。全党同志务必保持高度警惕。总而言之，执政党只有解决好权力为谁服务的问题，才能使党和政权永葆青春，永远立于不败之地。

2. 领导干部要清楚权力怎样服务

人民作为国家的主人，是国家一切权力的所有者，人民群众赋予领导干部权力，因此使用权力必须体现权力的所有者——人民群众的意志和期盼。党员干部必须把党和人民的利益放在首位，坚持尽心尽力为人民服务。法国政治学家孟德斯鸠指出：“一切有权力的人都容易滥用权力，这是万古不易的一条经验，有权力的人使用权力一直遇到有界限的地方才休止。”[①] 中国共产党同样面临长期执政的情况下如何为民掌权的难题。必须谨遵规范用权、慎重用权、正确用权的原则。社会主义国家以公有制为基础，“主权在民”得以真正实现，为绝大多数人民服务的权力就是党的权力。我们党推崇的“主权在民”思想决定了我们的领导干部必须坚持马克思主义理论的人民观点，牢固树立全心全意为人民服务的权力观。习近平反复强调：我们权力的真正合法的基础仍然来自人民的支持。这一论述，说明了中国共产党在人民群众的支持下掌握了领导权，手中权力的获得来自人民群众的委托。领导干部要坚持全力以赴地做有利于人民群众的事情，坚决不做不利于人民群众的事。牢记“水可载舟，亦可覆舟”的历史经验教训，深刻意识到政权的夺取来之不易，而长期执政则是更加不容易。共产党成为执政党，既是历史的选择，更是人民群众的选择。领导干部务须牢记党赋予的权力来源于人民群众。

3. 领导干部要清楚权力的运行

习近平总书记强调：“只有让人民监督权力、让权力在阳光下运行，做到依法行政，才能更好把政府职能转变过来。要推进法治政府建设，坚持用制度管权管事管人，完善政务公开制度，做到有权必有责、用权受监督、违法要追究。”在这里，习近平围绕公共权力如何服务、怎么服务进行了详细的阐述，他把党全心全意为人民服务的思想作了进一步发展，并促进了马克思主义权力观的具体化。广大党员干部要从内心真正意识到权力的赋予者是人民群众，而自己仅仅是人民的公仆而已，绝非人民群众的“管理者”和“领导者”。深刻认识到权力的来源，党员干部才能够真正做到真心实意地为民服务，并心甘情愿地接受人民监督，倾听群众心声，关心民众疾苦。同理，群众也不再是被治理的对象，而是国家和社会的主人，都应积极参与国家事务和社会管理，同样也能更好地拥护和理解党的一切政策。

① ［法］孟德斯鸠：《论法的精神》，张雁深译。商务印书馆 1961 年版，第 154 页。

第四节

利为民所谋，弘扬沂蒙精神

沂蒙精神的成因昭示，社会中最根本的关系是利益关系，而政党与人民群众最根本的关系依然是利益关系。哪个政党能够代表并维护人民利益，就能取得群众的支持与拥护，反之就必然被唾弃。共产党源自人民，根植人民，服务人民。全心全意为人民服务是我们党的根本宗旨。

一、深刻理解“利为民所谋”

之前我们阐述的“情为民所系”和“权为民所用”，其最终落脚点都是“利为民所谋”。中国共产党的初心使命就是不断满足人民群众美好生活的需要，这是我们党对全国各族人民的庄严承诺，也是进入 21 世纪之后中国共产党向全世界表明的执政立场。为民造福、为民谋利，昭示出我们党执政的目的和责任，也是我们党有别于其他政党的最鲜明标识。各类政党组织浩如烟海，唯有中国共产党始终秉持亲民爱民为民的政治伦理，所有工作均以人民为中心，人民利益是所有政策制定的指针和方向，中国共产党人不存在自己的私利，广大人民的利益就是他们的利益，党的唯一使命就是为人民谋福祉。中国共产党从成立之初，就开始为了人民的解放奔波于城市农村，穿梭于工厂田间，深入到工人农民中间，感受他们的生活，了解他们的需求，组织工人阶级，实行土地革命。共产党人所有的奔波与奋斗只有一个目的，就是为人民谋福祉。革命战争年代，党领导工人运动提高经济地位，土地改革满足农民的土地要求，民众生活得到改善，社会地位得到提高；社会主义建设阶段，党领导人民不断取得物质生活水平的提高，精神生活也在不断丰富，真正成为国家的主人。人民群众在物质精神生活的不断丰富中，对共产党的信任和依赖程度也在不断加深，这一切促成了中国共产党成为中国的执政党。

党的十八大以来，为了更好地服务于人民群众，更好地解决人民群众的急难愁盼，中央下大气力治理贪污和解决贫困，在持之以恒的高压态势下收到良好效果，这是新一届中央领导集体真正以人民为中心的最好践行。习近平总书记不同场合都对领导干部反复强调利为民所谋，告诫他们“心无百姓莫为官”。

近代以来，正是中国共产党人开天辟地，在人民群众的支持下，带领仁人志士前赴后继、浴血奋战，建立了中华人民共和国，又用时半个世纪成为世界上第二大经济体。当然，我们也需要保持清醒头脑和正确认知，党在工作中也会出现错误和偏差。但是我们坚信党的使命永远不会改变，党会始终秉承为民服务、以人民为中心的宗旨和信仰，及时发现问题，纠正问题，继续做人民群众利益的代言人，行强国富民之事，恪尽职守，忠于人民。

二、妥善处置人民群众的所有利益关系

人民群众的根本利益，指的是那些与人民群众的生存发展密切相关的共同利益。随着我国社会变革走向深入，党和国家的事业快速发展，各种利益关系互相交织，更加复杂，必须予以妥善处理。在对各种利益关系进行处理的时候，最重要的就是要考虑并满足最广大人民群众的利益要求，它与我们党的执政地位、国家经济社会的发展、民族团结以及国家的安宁都有着密切关系。我们党只有解决好这一问题，才能赢得广大人民群众的支持，为改革开放和现代化建设事业提供必须安定的社会秩序。我们党必须紧紧围绕人民群众的根本利益来制定和贯彻党的方针政策，以此作为全部工作的立足点和着眼点。处理利益矛盾必须遵循整体大于部分、局部服从全局的原则，这就要求领导干部必须增强全局意识，坚决维护党和国家的集中统一，坚持部分服从整体、局部服从全局。

1. 正确处理党员个人利益与群众利益的关系

党作为人民群众利益的忠实代表，始终坚持以人民为中心，人民利益高于一切，但在实际工作中，会面对如何处理好党员个人利益同人民群众利益关系的问

题。对此，全体党员干部都必须树立并坚持人民利益至上的原则。当党员个人利益与群众利益出现冲突时，必须坚持人民利益优先。坚决反对以牺牲群众利益满足党员个人利益的行为。党一方面鼓励党员通过个人努力发家致富，成为商品生产发展的模范，提倡党员干部争当市场经济大潮的排头兵，通过合法经营率先致富；但是，另一方面，坚决反对只在物质生产中发展自己，忽视带领群众共同致富的行为，甚至害怕群众竞争而阻挠破坏群众生产发展的思想和行为。党更要杜绝部分党员干部谋求法律和制度规定之外的个人利益。广大党员领导干部只能通过为党和人民的正常工作，获得政策和制度规定范围内应得的报酬和利益。

2. 正确处理局部利益与全局利益的关系

伴随着对外开放程度越来越大，社会主义市场经济发展更加迅猛，地方利益与国家全局利益之间，不可避免地出现了冲突。有的为了所谓地方经济的繁荣，对中央政策采取利己的态度，上有政策，下有对策，明着一套，私下一套；有的搞地方保护主义和部门保护主义，实行所谓的地方经济壁垒政策，严重扰乱了国家整体的正常的市场秩序；有的弄虚作假，导致国家税收和国有资产流失等。这些都是没有正确处理局部利益和全局利益的现象。这些地方的领导干部随着权力的扩大，为了地方利益、局部利益，甚至小集团的利益，不惜损害国家利益和全局利益。中国共产党必须坚持局部服从全局，地方服从中央的原则，反对任何不顾大局和损害人民群众利益的行为，必须把局部利益与全局利益有机地结合起来，实现全局性的可持续发展。对部分领导干部为小集团谋私利的非法行为予以坚决打击。领导干部必须搞清楚全局与局部的辩证关系，认识到当我们用战略眼光对局部发展进行审视和谋划的时候，从全局高度来考虑局部发展，不仅能保障全局利益，而且可以增进局部利益。当然，在全局利益没有受到损害的前提下，对局部利益是要给予维护的，领导干部要善于立足地方、放眼全局，既要把握宏观，又要搞活微观，在发挥区域地方特色的同时，实现地方和全局的共同发展。特别是地方干部，既要充分考虑和实现人民群众的全局利益，又要兼顾到人民群众的局部利益，在发挥区域、地方以及部门积极性的同时，正确处理好局部与全局、地方与中央的利益关系，从而保证中央政令的畅通，真正实现利为民所谋。

3. 正确处理眼前利益与长远利益的关系

当前逐步走向深入的改革开放，会暂时影响社会上的某些群体利益，当然，绝大多数人得到了实惠。所以，在改革开放的大形势下，必须学会正确处理人民群众的当前利益、近期利益与长远利益的关系。这些都是人民群众的根本利益，但是长远利益是人民群众更为根本的利益。为了解决我国经济、政治生活中的深层次矛盾，满足人民群众的长远利益，只有通过改革的深化和社会生产力的发展。针对改革中人民群众利益的变化以及产生的矛盾，共产党人必须善于将人民群众的当前利益和长远利益结合起来。这就需要我们党在持续满足人民群众现实利益的基础上，坚定不移地推进改革，有利于人民群众长远利益和整体利益的实现。改革过程中，要注意关心并解决人民群众的疾苦，保障失业人员的基本生活，帮助他们重新就业。改革开放事业是利国利民的大事，如果改革损害了大多数人的利益，仅有少数人受益其中，那么这个改革就不可能得到人民的支持；失去了人民的支持，社会稳定就无从谈起，党的执政根基也将很快丧失。

第六章

弘扬沂蒙精神，增强党的人民性建设

马克思主义唯物史观指出，人民群众是历史的创造者，人民立场是马克思主义政党的根本立场，马克思主义发展的历史过程中必须始终注重秉承其人民性特征。2013年，习近平总书记在全国宣传思想工作会议讲话中强调指出：“党性和人民性从来都是一致的、统一的。”坚持党性和人民性的统一，既是马克思主义思想意识形态工作的基本要求，也是我党政治工作开展的基本准则，就是要坚持正确的政治方向，坚持以人民为中心的工作导向。从本质上而言，党性与人民性是一致的，要始终寓党性于人民性之中，没有脱离人民性的党性，也没有脱离党性的人民性。

中国共产党始终坚守初心和使命，在社会主义革命、建设，以及改革开放的实践过程中，始终秉承群众路线的工作方法，马克思主义人民观不断在实践中得到丰富和发展，在全面建成小康社会的过程中践行马克思主义人民观，需要夯实社会基础，凸显马克思理论的人民性，对沂蒙精神进行大力弘扬，继续尊重人民群众的历史主体地位，坚持以人民为中心，全心全意为人民服务，相信群众，依靠群众，从群众中来，到群众中去。

第一节 弘扬沂蒙精神筑牢马克思主义政党人民性的根基

共产党的力量源泉和胜利之本是人民群众。沂蒙精神充分体现了唯物史观对人民群众历史地位和主体作用的高度认可，是党的“人民战争思想”“人民主体思想”和中国革命实践相结合的产物。为弘扬沂蒙精神，推动新形势下党的群众工作的加强和改进，必须不断夯实领导干部的马克思主义人民观，就是要把人民群众既是历史的创造者，也是文明成果的享受者，历史地统一到我们党的执政理念中，这既是我们党“密切联系群众”在执政实践中的具体体现，更是对马克思主义唯物史观和方法论的生动创造。中国共产党以“人民群众享受文明成果”作为新时代中国特色社会主义建设的切入点，从过去“分田地”“减租减息”“土地制度改革”“家庭联产承包”和今天的“群众利益、人权与权益、素质、社会保障”入手，继续捍卫人民群众的主体地位，激发出他们历史创造的伟力，成功推进了中国文明的进程。我们党始终致力于“历史创造者”与“成果享受者”有机统一的追求，既是党长期执政的优势所在，也是党群工作今后必须长期严格遵循的基本立场和思想原则。

一、传承沂蒙精神一心为民的价值取向，夯实人民性的思想基础

以人民为中心的发展理念是新时代马克思主义人民观的最新成果，是正确认识人民群众历史地位的世界观与方法论。人民群众作为历史的创造者，是创造历史的主体。历史唯物主义的基本原理已经阐明，政党和政权只有始终代表人民群众的利益，把人民利益视为自己的出发点和落脚点，才能永立不败之地，这也是沂蒙精神的根脉和基础。

沂蒙精神是革命战争年代中国共产党人坚守马克思主义政党的人民立场，在

沂蒙老区深入贯彻人民主体地位的必然产物。沂蒙精神生成的根源是党在沂蒙老区卓有成效地践行人民为主体的执政理念，是党群之间友好合作、良性互动关系的具体体现。沂蒙精神是马克思主义人民观在革命战争年代的实践结晶，是中国共产党执政为民价值追求的直接体现。中国共产党在残酷的战争年代，辗转奔波在沂蒙革命根据地，救民于水火，全心全意地为人民服务，领导人民彻底打败了日本侵略者和国民党反动派，实现了广大人民群众在政治上、经济上、文化上的利益，在实践中诠释了什么是人民立场和人民主体。沂蒙人民深切地感受到自己身处政权中心的优厚地位，自然而然地与中国共产党形成了血浓于水的深情厚谊。所以，他们积极参军参战，踊跃支前，倾其所有。党群同心，军民情深。党以人民为中心无私帮助，人民深深热爱党倾心托付，共同铸就了伟大的沂蒙精神。

人民群众是沂蒙精神的根基所在。正如习近平总书记强调的："人民是历史的创造者，群众是真正的英雄。人民群众是我们力量的源泉。"结合沂蒙精神的丰富内涵不难发现，虽然是通过沂蒙人民的精神面貌呈现在世人面前，但其内在蕴含反映出普遍的马克思主义政党的价值理念。凝聚群众最根本的精神动力正是沂蒙精神一心为民的价值取向。只有坚持人民立场，坚持群众路线，全心全意为人民服务，人民群众才会坚定不移跟党走，与党休戚与共，这是沂蒙精神长盛不衰、永葆青春的真谛之所在。

革命战争年代，党就把人民利益置于首位，党的主要任务是实现人民解放。战争年代的沂蒙精神突出表现为党和人民军队依赖群众、信任群众、发动群众、服务群众，沂蒙人民爱党拥军，倾其所有地支援党和人民军队，党和人民群众萌生出水乳交融、血肉相连的精神面貌。步入新时代，沂蒙精神呈现为执政为民、务实勤政、清廉自守的新型党群干群关系，人民群众主动献计献策、积极投身社会主义现代化建设事业。作为沂蒙大地上具有深远影响的精神力量，沂蒙精神呈现出显著的时代性和鲜明的导向性，对于我们忠实践行新时代"以人民为中心"的发展理念具有极大的帮助作用。

沂蒙精神具有价值导向功能。在当代中国，社会主义核心价值体系成功地引领中国人民形成新时代社会思潮的核心价值。中国共产党的意识形态与沂蒙地区诞生的沂蒙精神基本内涵根本一致。沂蒙精神生动体现了中国共产党为广大人民群众的根本利益而接续奋斗的价值理念，体现了追求并建设社会主义的坚定政治立场。新时代传承弘扬沂蒙精神，忠实践行人民主体地位，真正做到"一心为民"，具有更加重要而深远的现实意义。一心为民的前提是真正的情为民所系，牢记沂蒙精神形成的前提与根基，坚定"一心为民"的价值理念，站稳群众立场。决定党的性质的根本政治问题就是群众立场。通过对沂蒙精神成因的解读，我们深知正是源于共产党始终把人民群众的根本利益放在首位，我们党才得到了沂蒙人民的拥护和支持。共产党人凭借自己在沂蒙人民面前展现的忠诚担当、无私无畏，博得了民心。新时代，领导干部仍需忠诚坚守群众路线，牢记为民服务的宗旨，摆正人民群众的主体地位，站稳人民立场，力戒形式主义和官僚主义，才能赢得人民群众的衷心拥护。当前形势下，领导干部需要及时转变工作理念，持续提升自己的工作能力。只有在心里真正坚持以人民为中心，真心热爱人民，对人民群众饱含深情，党的各项事业才能得到老百姓的真心支持，党的事业才能成功。坚持把加快科学发展视为第一要务，坚持把改善民生作为工作的出发点和落脚点，不断推进发展成果惠及人民的实效，让老百姓过上幸福生活。作风建设常抓不懈，不断深入，保持好作风转变的势头，让沂蒙精神薪火相传，传承好水乳交融、生死与共的党群关系和干群关系。

二、传承沂蒙精神党群同心的政治品格，夯实人民性的政治基础

沂蒙精神充分体现了党群关系水乳交融的和谐状态，深度反映了党群互信、党群同心。人民群众的选择不是盲目地冲动，而是建立在长时期的细致观察基础之上的慎重理性的决定。理论只有与实践结合才能证明其价值，脱离实践的理论只能是空中楼阁，理论也只有与实践结合才能更好地指导实践。党的思想只有付诸行动，才能更好地被群众了解和接纳。中国共产党及其领导的人民军队深知人民群众在社会前进过程中发挥的重要作用，人民是战争胜负的关键。诚如毛泽东

所说："人民，只有人民，才是创造世界历史的动力。"[①] 沂蒙人民群众热爱、拥护党和党的军队，与党同心同德，共度危难，就是因为他们对党有着深刻的了解，他们之间的充分信任是建立在长期生死与共的革命斗争实践中，他们相信伟大的中国共产党一定会坚守初心使命，带领人民群众为革命目标的实现奋斗终生，实现人民群众政治解放和经济富足。

1940年前后的沂蒙地区，尽管部分县、区已经建立了两级民主政权，但不少政权实际被封建势力把持。因此，根据地的党组织把工作重点放在行政村的政权改造上。中国共产党通过发动群众，依靠群众，实现了对农村政权的改造，从政治上摧垮了封建地主阶级的统治。在实际斗争中提高人民群众参加革命斗争的热情，培养他们的民主意识。山东省临时参议会颁行的《山东省战时县区乡村各级政府组织条例》中对村级行政机关领导人的设立及产生都有明确规定，有力地调动了人民群众参与的积极性，也推动了基层党组织和政权的良性建设。在党改造村政的系列措施推动之下，农民群众参政议政的热情十分高涨。根据地夯实以人民为中心的政治基础，牢固建立了党群互信的政治品格。

伴随着改革开放的进行，人民群众的物质生活渐趋富足，人民群众的政治意识越来越强，对政治权利给予了更多关注。但也有人错误地认为发展民主政治与发展经济是对立关系，认为民主的发展会带来社会动荡。却不知，如果没有民主政治的发展，将会导致经济发展成果分配的不均衡，人民当家作主就失去了保障，进而威胁到党的执政地位。因此，要发展民主政治，切实保障人民的政治权利，巩固并增强人民群众当家作主的地位。我们成功地总结了社会主义民主正反两方面的经验教训，结合中国实际进行了纠偏与完善，从而确立了社会主义最广泛民主的发展方向。

新时代，人民群众的利益诉求和社会心理发生了巨大变化，党更需要健全民主制度，从内容和形式上加强民主建设，更好地保障人民的权利和自由，进一步发挥法治在国家治理和社会管理中的重要作用，增强人民群众的情感认同、利益

① 《毛泽东选集》（第三卷），人民出版社1991年版，第1031页。

认同和政治认同，确保党和人民群众的同频共振，把人民利益至上的理念落到实处，夯实党的群众工作的政治基础。

新时代，加强民主建设，健全民主制度，实现更加广泛的人民民主，必须从以下三个方面着手：

首先，必须始终坚持党的领导，建设高素质的执政骨干队伍。中国共产党从成立之日起，就把实现和发展人民民主视为自己的责任。中国共产党在国家政治生活中处于领导地位，作为一个领导14亿多人口的社会主义大国的执政党必须保障人民群众根本利益。但是，由于人民群众利益的多样性和广泛性，人民利益的实现呈现出艰巨性和复杂性的新变化，这要求我国必须有一个能够代表中国最广大人民利益的坚强核心，真正以人民为中心，维护群众利益，广泛地动员、组织和领导人民，正确行使管理国家、社会事务和各项事业的权力。事实证明，中国共产党代表最广大人民群众的根本利益。所以，社会主义民主政治发展，社会主义政治文明建设，核心就是必须坚持党的绝对领导。当然，我们也要正确面对我国目前权力运行机制的不完善的现实问题，一些薄弱环节影响了党群工作的科学化进程。而且我国正处在社会转型期和矛盾凸显期，要做好群众工作，首先需要加强领导干部的思想建设和作风建设，提高领导干部的道德修养。党员干部在对群众进行宣传、组织、教育、服务的工作中，要凭借优秀的道德品质、踏实的工作作风，以及良好的公仆形象对广大群众施加影响。这就要求所有的领导干部重新对自己的世界观、人生观和价值观进行审视，树立正确的权力观、政绩观，坚持做到自重、自省、自警和自励，确保在金钱和权力等诱惑中的“慎独”，促使党的凝聚力和战斗力不断提高，充分发挥领导干部的模范带头作用。只有这样，才能提高党在宣传群众、服务群众等工作中的说服力和影响力，才能提高党的群众工作的时效性。

其次，必须坚持依法治国，领导支持人民当家作主。我国的宪法和法律集中体现了党的主张和人民的意志。党在人民群众的支持下，通过国家权力机关制定宪法和各项法律，并据此推进国家的政治工作，有法可依，有法必依，在此基础上实现党的领导、人民当家作主和依法治国三者的和谐统一。检验党的领导是否正确以及党的执政能力的根本标准是看能否真正实现人民群众当家作主，能否充分发挥人民群众的积极性和创造性，同时也可以作为对社会主义民主实现程度的检验标准。依法治国是与党的领导、人民民主紧密联系的，是相互促进、相辅相成的关系。依法治国是从法律制度上保证党的执政地位和人民群众当家作主的地位，其实质就是人民群众服从党的领导，合法地参与国家治理，进而保障自己的民主权利。其过程，就是在党领导下，维护人民群众的主体地位，保证人民当家作主。党只有领导人民不断更新创造出人民当家作主的更多有效形式，毫不动摇地坚持依法治国，才能有效保障人民当家作主的权利，继续得民心，兴民权，巩固和发展党的执政地位。

最后，必须注重基层民主，发展中国特色协商民主。

基层社会治理成功与否直接关系到国家整体的治理成效，是国家治理的根基。在基层社会治理中，基层民主协商制度是社会主义民主协商制度的重要内容，也是具有鲜明中国特色的民主实践形式。基层民主发展的重点是基层协商民主。我国社会主义民主政治发展的重点是推动基层民主的发展，让人民拥有更多的切身民主权利。改革开放推动了中国的发展和进步，城乡基层民主制度也在不断完善，公民民主权利的实现形式日益丰富。广大人民群众参与基层城乡自治的方式，包括依法直接行使民主选举和民主管理监督的权利，参与公益事业和公共事务管理的权利，从而构成了当代中国最直接、最广泛的民主实践。随着我国民主制度改革持续深入，基层协商民主受到更多关注。基层协商民主通过社会公众有序广泛的参与，建立健全的沟通协商讨论机制，实现公众的知情权、监督权、表达权，领导干部与人民群众通过公正、公平、和谐的协商达成共识，实现良性互动、干群共治。总体来看，我国的基层民主协商制度的实践取得了一定的实效，但在协商认知、协商能力，以及协商平台和协商程序等方面还存在问题，有待进一步探索路径的优化。需要持续加大对基层民主协商制度的宣传教育力度，对协商运行平台和协商程序进一步完善，对党的领导机制和基层自治机制加以优化，建立便于操作、便于运行的评价监督，与激励约束机制，切实提高基层民主协商的实效。

三、传承沂蒙精神中自强不息的顽强精神，实现人民群众的物质利益

利益观是马克思主义最重要的基础理论之一。中国共产党对人民利益始终高度重视，始终坚持以人民为中心，践行人民利益至上。马克思曾经明确指出："人们为了能够'创造历史'，必须能够生活。但是为了生活，首先就需要吃喝住穿以及其他一些东西。"[①]就如马斯洛需求层次论表述的，生理需要是人类最基本的需要，而人类的物质需要全部是由广大劳动人民群众创造的。物质利益与人民群众的切身利益密切相关，人民群众不仅提出利益需求，而且参与并主导了利益创造，同时还是主要的利益评判者。我国在改革开放后较短时期内在经济领域就取得了世人瞩目的辉煌成就，这些成就的取得主要得益于人民群众的奋斗，人民群众再次用事实证明他们才是物质利益的创造主体。习近平总书记强调，离开了人民群众的支持与参与，"任何改革都不可能取得成功"[②]。因此，他在施政纲领中反复强调党的事业必须坚持以人民为中心。历史证明，在任何时期，没有相对高度发达的经济基础，不掌握相对丰富的社会资源，就不能为做好人民群众工作提供必要的条件。所以，任何政党要获得人民群众的支持和拥戴，必须高度重视实现人民群众的物质利益。

沂蒙抗日根据地在抗战前经济水平低下，贫富不均的现象十分严重。占农村人口 90%的贫雇农和中农，只占有 60%的土地。极其贫困的广大农民群众，迫切需要摆脱原有的贫困局面。党领导下的抗日民主政府把改善人民生活作为头等大事，通过减租减息缓解民众负担、发展农业生产和救济灾民等措施，把沂蒙根据地的广大下层群众从穷困、饥饿的边缘拯救出来。另外，根据地政府还通过组织群众开荒种地、科学耕种、水利兴修，以及植树造林等，在实现人民群众收入增加的同时，还在相当大程度上抵御了自然灾害。封建剥削的减轻，生产生活条

①《马克思恩格斯选集》(第一卷)，人民出版社 1995 年版，第 79 页。

②中共中央宣传部：《习近平新时代中国特色社会主义思想三十讲》，学习出版社 2018 年版，第 88 页。

件的改善，实实在在的利益获得，增加了人民群众对中国共产党的认同感，抗日和生产的积极性大大提高。新中国成立之初，党和人民在国民经济恢复、生产力发展等方面面临很多困难和挑战。伟大的沂蒙人民具有光荣的革命传统，他们传承沂蒙精神，弘扬战争年代的乐观主义以及艰苦奋斗的优秀品格，积极响应号召，不靠天不靠地，创造性地解决了沂蒙山区的实际困难，成功地实现了经济的向前发展。沂蒙人民依靠自身苦干实干的拼搏精神和敢为人先的英雄气概，持续改变了沂蒙老区的贫穷落后面貌，率先实现了整体脱贫。莒南王家坊前村为解决生产资金的不足，动员社会投资解决发展困难；厉家寨人愚公移山，整山治水、战天斗地，改善生产生活条件等先进案例，得到了毛泽东的亲自批示表彰，并在全国推广。沂蒙人民敢为人先、勇敢向前的精神得到毛泽东三次亲笔批示，这在全国都是少见的，充分显示出在党的坚强领导下，沂蒙人民面对困难不低头，砥砺前行，不断促进生产力发展的精神风貌。伴随着沂蒙老区人民生产生活条件的改善，临沂实现了跨越式发展，成功地开创经济发展新局面，为新时期党的群众工作的顺利推进奠定坚实的物质基础。

习近平强调“民心是最大的政治”[①]，告诫全党要始终坚持站稳人民立场，牢记人民幸福是自己永远的责任与担当，在实现中华民族伟大复兴的征程上一以贯之。人民共享发展成果，是以人民为中心的发展理念中的关键一环，是坚持发展为了人民的集中体现和终极目标。当前，我国全面建成小康社会的目标已经基本实现，社会主义现代化强国的建设正在稳步地向前推进中。做好群众工作，保障人民权益，持续增加人民收入，提高全国人民的物质和精神生活水平，满足人民群众在政治经济文化等各方面的新要求，让全体人民共享改革开放的发展成果。百年大计，教育为本。教育有利于提升人民素质，教育公平能够更好地促进社会公平正义。这既是人民群众极为关注的问题，也是党和政府的工作重点。为了充分发挥教育职能，实现教育惠民的目标，我们要不断提高教育质量，并确保教育

①《中国共产党第十八届中央纪律检查委员会第七次全体会议公报》,《人民日报》2017年1月9日第1版。

发展成果惠及人民。我们需要在基本公共教育服务继续扩大的同时，提高教育质量。公平教育制度的不断完善，既可以保障基本民生，也可以推进全民小康生活的实现，只有教育改革的持续推进，才能进一步激发制度活力，实现教育公平。加快中西部地区的教育发展，尽快缩小东西部教育差距，为中西部地区经济社会的发展提供人才资源。社会飞速发展，科学技术日新月异，发展进步一日千里，知识的“淘汰率”极高。不管是年轻人还是中年人，都需要持续参加学习和培训，以便跟上新观念和新技术的发展节奏。实施终身教育是提高全民素质的必然选择。身体的健康与每位公民都息息相关，是人民幸福感的集中体现。习近平强调指出，“切实维护人民健康权益”①，进而提出了“健康中国”战略。党和政府积极推进健康中国的建设理念，实施健康中国战略，充分彰显了中国共产党“以人民为中心”的发展理念。比如，提倡有益于人民健康的新生活理念，坚持预防为主，标本兼治；提出了利益人民的大卫生和大健康理念，涵盖人民群众的心理健康、精神健康和身体健康；构筑利益人民的强大公共卫生体系，实现国家公共卫生和健康服务全覆盖。当然，我们在看到成绩的同时，也要关注到民生建设政策中暴露出的“公共安全”问题。加强对食品药品的安全监督和检查已经成为亟待解决的重大民生问题，是政府保障和改善民生的重要任务。抗生素滥用问题、老百姓菜篮子里的农药问题，以及地沟油、瘦肉精、苏丹红、吊白块和食物添加剂等问题，这些都关乎百姓的生命，如果不能及时有效地予以解决，将会酿成更多更大的公共危机，直接影响到党和政府的公信度，对党的群众工作的开展带来极为不利的影响。此外，就业作为民生之本，党和国家历来高度重视。保障和改善民生的基础就是就业。近年来，由于新冠病毒以及产业结构优化升级的影响，经济发展速度放缓，我国就业形势承受巨大压力，切实解决高校毕业生的就业、困难人员的就业、农民工的就业，以及零就业家庭和下岗失业人员的再就业，成为当下极为紧迫的问题。

①中共中央文献研究室：《习近平关于社会主义政治建设论述摘编》，中央文献出版社2017年版，第80页。

四、传承沂蒙精神中锐意进取的优秀品质，夯实以人民为中心的文化基础

在中国古代典籍中，对“文化”一词早有记载。古代关于文化的定义，基本都划定在精神文明的领域，是人文化成、文治教化的总称。人们对“文化”的理解在近代发生了一些变化，梁漱溟认为：“文化不过是一个民族生活的种种方面。”[①] 及至现代，人们对文化的研究不断深入，理解也各有侧重。冯天瑜主要是从文化主体精神的角度，主张文化是人的价值观念在社会实践中对象化的过程与结果[②]。

上述对文化概念的理解，反映了不同时代的特征。史实证明，国家民族强盛背后的支撑都是文化的兴盛。人的文化水平从某种程度上反映着人自由全面发展以及社会发展的程度。马克思强调，经济基础决定上层建筑，精神文化是社会存在的一种反映，与人民的美好生活息息相关，当人的物质需要得到满足的时候，原本处于从属地位的精神文化需要就会转变成人的主导性需要，由此开启人的自由全面发展。新时代，人民群众的精神文化生活相对富足，但由于中国社会的主要矛盾呈现出新变化，人民群众更加注重精神层面的追求。我国的精神文化建设还不能满足人民群众的需要，存在不足和不均衡，所以，加强人民群众精神文化家园的打造成为当下一个重要的建设目标。另外，当前社会上依然存在不健康的错误思潮，比如极端个人主义和享乐主义等，这些思潮严重冲击着人民群众的健康精神生活。习近平从民族复兴和文化强国强民的战略高度出发，特别指出人民群众的“精神食粮不可或缺”[③]，必须大力加强人民群众精神文化家园建设。

回望沂蒙抗日根据地的精神文化建设道路，崎岖坎坷，艰难异常。在根据地建立之前，沂蒙山区经济闭塞，加上封建专制统治，广大人民群众基本没有受教育的权利，思想愚昧落后。为了提高人民的文化知识水平，党和政府开始致力于

① 《梁漱溟全集》（第一卷），山东人民出版社 1989 年版，第 339 页。

② 冯天瑜：《文化守望》，武汉大学出版社 2006 年版，第 28 页。

③ 《习近平谈治国理政》（第三卷），外文出版社 2020 年版，第 43 页。

发展革命老区的文化教育事业。为有效推进教育的大众化、社会化、组织化，颁布了《山东省战时国民教育实施方案》，在关注基础教育的同时，充分考虑工农大众的实际，提高入学年龄，缩短修业年限。后来，中共山东分局又组织开展了《抗战第五年的山东十项建设运动》，开展国民教育工作，以学校教育为主，普遍建立初小和高小，同时有组织有计划地开展形式多样的社会教育。伴随着沂蒙根据地游击战争的迅猛发展和民主政权的广泛建立，根据地的基础教育事业大力推进，小学纷纷建立。另外，沂蒙根据地还根据上级指示，创办了多种形式的群众教育，比如冬学、识字班和夜校等。当时的沂蒙根据地呈现出“村村办学，户户读书，抗日救国，人人争先”的浓厚的文化教育氛围，党领导下的面向人民群众的新文化普及运动推向高潮。

沂蒙山区的妇女群体受封建社会“女子无才便是德”的思想影响，整体的文化教育程度更低。为了解决这一问题，山东省妇联在 1941 年的三八国际妇女节宣传大纲中，号召全社会行动起来，通过成立妇女识字班、识字组、女子小学等多种多样的形式，组织革命老区的广大妇女走进识字班等，参加文化教育，大大提高了妇女的文化教育水平。妇女思想觉悟的提高，促使她们在拥军优属、扩军支前、生产备战等各方面发挥了巨大作用，成功地催化了“沂蒙红嫂”的产生，是沂蒙精神不可分割的重要组成部分。

精神文化利益指的是满足人们在精神文化方面的需要、促进人们思想文化素质条件和环境的不断优化。文化是民族智慧的结晶，文化建设是中国特色社会主义建设的重要组成部分。发展繁荣基层文化，对于提高群众素养大有裨益，能够引导打造具有基层特色的人民群众文化作品，发展基层特色文化产业。在党的十八大上，建设健康丰富的精神文化生活成为全面建成小康社会的重要内容。因此，必须坚持以人民为中心，秉承为人民服务的宗旨，坚持百花齐放、百家争鸣的方针，坚持贴近群众、依靠群众、服务群众的原则，大力弘扬沂蒙精神，深入开展爱国主义和社会主义教育，“在潜移默化、润物细无声中筑牢爱国主义、民族情怀的共同基础。”[①] 通过人民精神文化生活的丰富，实现人民精神力量的增强。通过人民群众思想道德素质和科学文化素质的提高，劳动技能和创造才能的提高，对他们的政治权利意识进行培养，进一步发挥他们在经济利益和政治利益实现过程中的积极性和创造性。人民群众经济利益、政治利益和精神文化利益的实现是一个相互交织、相互促进、互为因果的过程。传承弘扬沂蒙精神有助于人民立场和人民主体的文化基础的夯实与践行。

① 丁瑞兆、措吉、周洪军：《全媒体时代高校思想政治教育研究》，新华出版社 2023 年版，第 123 页。

第二节

弘扬沂蒙精神，构建新时代和谐党群关系

习近平总书记反复强调，沂蒙精神“对我们今天抓党的建设仍然具有十分重要的启示作用”。

一、马克思主义政党的人民性对构建和谐党群关系的价值启示

马克思主义政党的人民性彰显了中国共产党人在战火纷飞的年代与人民群众结下的生死相依、休戚与共的“鱼水”关系。在新时代的历史大背景之下，为了更加坚强有力地推进社会主义建设事业，需要构建更加健康和谐的党群关系，这既是我党的工作重点，也是持续努力的方向。中国革命建设的实践已经无数次证明，一切宏伟目标的实现都有赖于和谐党群关系下的并肩战斗。所以，新时代，我们需要更加全面深刻地理解我们党的人民性理念和人民立场，并在实践中始终不渝地遵循坚守。

（一）马克思主义政党人民性的理论价值

马克思主义政党的人民性为新时代广大领导干部指明了工作的着力点和立足点，为全心全意为人民服务提供了内涵更为丰富的理论支撑，更是为构建新时代和谐的党群关系提供了世界观和方法论。

1. 深化完善马克思主义政党的人民属性

马克思主义的人民性要求我们党要始终坚持人民理论、人民政党和人民实践三者的内在统一。马克思主义政党是代表人民利益的政党，是无产阶级的政治代表，其责任就是谋求并捍卫无产阶级的切身利益，把实现共产主义作为自己的最高理想。工人阶级和人民群众占社会人口比例的绝大多数，他们只有在科学的理论和先进的政党领导下才能凝聚到一起，完成对社会的根本彻底的改造。

首先，习近平总书记提出“以人民为中心”的发展理念中的“人民”与马克思主义政党的人民性中的“人民”属同一范畴。“现实的人”同为这两个理论关注的焦点，高度关注从事实践活动的人民群众，对他们的社会推动力和历史创造力给予高度评价。马克思主义人民观称赞人民群众是历史的主体，这就为“以人民为中心”的发展理念提供了理论支撑。再看中国共产党的百年实践，正是在人民群众的积极参与和全力支持下，党先是领导中国人民取得了新民主主义革命的胜利，然后取得了社会主义建设和改革开放的成功，而今又带领中国人民昂首迈入新时代，这些成果为“以人民为中心”的发展理念提供了实践支撑。

其次，“以人民为中心”的发展理念中人民的中心地位与马克思主义政党人民性中人民的“主体地位”在契合中渗透着传承。马克思在理论研究和实践探索中发现了人民群众的历史主体地位，人民的“主体地位”在中国新时代的语境下，体现为人民“中心”，我们党以宪法的形式确定了人民群众的中心地位。从字面意义看，“以人民为中心”的发展理念，指的是人民群众在国家政治生活中占有最高地位，是我们党一切工作的出发点和落脚点，它所反映的也恰恰就是中国共产党对人民群众的态度。不难看出，“以人民为中心”的发展理念与马克思主义人民观高度一致，中国共产党在百年发展历程中成功地将其内化于心、外化于行，实现了对马克思主义人民观研究视域和理论内涵的扩展，同时对社会主义核心价值观的践行、对党的执政理念和价值追求的坚守，都具有重要意义。

2. 为新时代群众观的继承和发扬提供思想源泉

马克思主义人民观是在实践中不断发展创新的科学理论。习近平总书记对马克思主义人民观作了创造性的发展，对马克思主义人民观作出了时代性、创新性的重大贡献。

“以人民为中心”的发展理念作为一个融规律性、目的性为一体的思想理念，呈现出三个维度。首先是主体维度。人民群众在党的教育引导下，积极融入中国共产党的百年发展历程，党群携手创造了中国革命和建设的无数人间奇迹。尽管不同历史时期党对利益观的表述稍有差别，但始终都把人民利益置于最高位置。

其次是方法维度。群众路线是我们党在马克思主义人民观指导下形成的方法论，习近平“以人民为中心”的发展理念则是我党群众路线的继承和发展。习近平围绕“以人民为中心”的发展理念创造性地归纳出法治思维、群众语言等具体细致的工作方法。再次是现实维度。“以人民为中心”的发展理念体现在我们党治国理政的所有活动中。新时代，人民群众的主体地位被不断强化，以人民为中心的理念被反复强调，人民群众的基本权利在文化、社会、民主监督方面得到充分保障。

我们始终坚持马克思主义理论中的人民立场，给予人民群众充分尊重，注重实践中理论的落实，也注重实践中理论的创新。习近平“以人民为中心”的发展理念是马克思主义人民性时代化、中国化的成果，展现出执政大党人民至上的精神气韵，也必将在社会主义的建设实践中不断丰富发展。

3. 为新时代构建党群和谐关系提供理论指南

中国共产党与人民群众之间的亲密关系是在生与死的交错中形成并持续发展的。中国共产党在革命战争年代通过不屈不挠的斗争维护了人民群众的根本利益，感动了民众，赢得了支持，得以逐步发展壮大，依靠的就是群众给予的不竭动力。目前，党群关系发展态势整体良好，但潜在的风险矛盾依然存在，我们唯有秉承马克思主义人民性观点，继续坚持以人民为中心，坚持以人民利益为指针制定政策，自觉接受人民群众的监督，就必然能够化解所有党群矛盾，保证党群关系的和谐共生。

在社会主义革命和建设时期，党组织规模在不断扩大，党群关系暴露出的问题也越来越多，如何继续保持与人民群众的亲密关系，已经成为一个亟待解决的时代课题。历史上，我们党通过整风运动、“三反”“五反”运动等，清除了损害党群关系的消极行为。新时代，为维护和谐党群关系，我们党在管党治党、群众监督、惩治腐败等方面采取了重大举措，有力地促进了党群关系的和谐发展。“以人民为中心”发展理念的提出，适时地提供了解决党群关系矛盾的途径与方法

历史证明，无论党群关系面临何种困境，只要无产阶级执政党始终代表最广大人民群众的利益，党群关系所有问题都不会成为问题。这是“以人民为中心”

发展理念的核心要点，也是我们维护党群关系的秘诀所在，是对建党百年构建党群关系经验的总结。新时代，若想占据主动、赢得未来，唯有坚持“以人民为中心”的发展理念。

4. 为新时代凝聚人民群众思想共识指明方向

飞速发展的信息化时代，传统与现代、先进与落后、本土与西方的思想碰撞更趋频繁而激烈，冲击着主流意识形态。马克思主义人民性理论依然为新时代凝聚人民的思想共识指明了方向。新时代凝聚共识，依靠的是人民群众对党和国家事业同频共振，这种同频共振源自党全心全意为人民服务的理念，源自党以人民为中心的责任担当，而不是国家的强制推进和领导干部的粗暴武断，依靠的是党对人民群众的宣传教育引导以及扎实有效的利民政策，促成群众的思想认同。

首先是加强教育工作。习近平总书记强调，“建设具有强大凝聚力和引领力的社会主义意识形态，是全党特别是宣传思想战线必须担负起的一个战略任务”①。教育工作的加强必须在党的领导下进行，中国共产党始终奉行马克思主义的人民观，坚持人民利益至上，只有在党的领导下开展的教育工作，才是以人民群众利益为着力点的。只有在这一前提下，才能实现思想宣传引导工作的抓紧抓实，形成意识形态合力，达成思想共识。思想宣传教育工作，从国家的宏观角度而言，其实质就是马克思主义的理论宣传以及人民观的弘扬，在纷繁复杂历史实践的梳理中树立共产党的威望威信，实现全体中国人民在中国特色社会主义思想旗帜下的紧密团结；从个人的角度而言，就是通过宣传教育工作，实现党的政治主张的个体化渗透转化，成为人民群众的个人认知，夯实人民群众对自身历史主体地位的深刻觉醒，进而提升马克思主义思想觉悟，增强为社会主义事业奋斗的觉醒和勇气。

其次是加强思想认同。“社会主义核心价值观是一个国家的精神，他对社会的价值准则起着主导作用，并对国家价值观的形成和方向产生了重大的影响。”②只有达成思想认同，才能够实现人民群众与党的同心同德，同向同行。在加强宣

① 《习近平谈治国理政》（第三卷），外文出版社 2020 年版，第 312 页。

② 丁瑞兆、措吉、周洪军：《全媒体时代高校思想政治教育研究》，新华出版社 2023 年版，第 109 页。

传教育引导的同时，要注意方式方法的实践性和有效性。要使百姓吃透领会党的政策主张，在宣传教育时必须通过人民群众喜闻乐见的方式，使用群众听得懂的语言，让他们易于理解、愿意倾听、喜欢参与，对群众进行启发引导，凝心聚力，从而达成思想共识。

新时代，只有坚持马克思主义政党人民性的宗旨，党的宣传教育工作才能够做到扎实有效、坚强有力，人民群众的思想共识才能从自觉转为自发，党的英明领导是关键与核心。

（二）马克思主义人民性宗旨的实践启示

目前我国的党群关系整体上和谐发展，但也必须正视个别地区和个别领域出现的不和谐现象，比如，对党群关系问题、个别领导干部高高在上脱离群众问题、党群关系沟通渠道不畅问题等。这些问题解决的关键，就是要将马克思主义政党的人民立场观点在实际工作中认真贯彻落实，杜绝形式主义，真正构筑新时代更加紧密和谐的党群关系。

1.深入贯彻人民观，建设长期执政的马克思主义政党

中国共产党之所以能够成为中国革命的核心，能够肩负起推动中国革命前进的重任，最根本的原因就是我们党始终坚守人民立场。习近平总书记在党的十九届六中全会上，首次提出了“建设长期执政的马克思主义政党”这一重大课题。完成这一时代课题任务的关键，就是传承好马克思主义的人民观，尊重信任人民群众，使广大领导干部始终把人民利益放在心中的最高位置。

习近平总书记强调，中国共产党作为无产阶级政党，不但要有强大的真理力量，而且要有强大的人格力量。“以人民为中心”的发展理念就是新时代强大的真理力量，是实现无产阶级政党长期执政的思想基础。马克思主义详尽阐述了无产阶级政党与人民群众的关系，对现实中如何构建和谐党群关系也提出了很多指导性意见，中国共产党在理论与实践的结合中创造了百年辉煌。党的百年奋斗历程就是中国共产党坚守和践行“以人民为中心”的发展理念的历史。马克思主义立场的坚定是中国共产党长期执政的牢固基石，“以人民为中心”的发展理念的

贯彻是中国共产党勇立历史潮头的有力保障。

其次，“以人民为中心”的发展理念昭示出无产阶级政党保持“强大的人格力量”的主体意识。“以人民为中心”的发展理念在强调人民群众主体地位这一核心理念的同时，揭示了人民群众解放事业的领导者是中国共产党。党一百多年的奋斗史，深刻昭示出我们党所代表的利益主体是人民群众，我们党在自我革命中不断前进，在除旧布新、接续奋斗中自我超越。新时代，面对更加复杂的环境，我们党要加快推进自我净化、自我完善、自我革新、自我提高，继续秉持“强大的人格力量”，依靠“以人民为中心”发展理念的指导。

一方面，坚持无产阶级政党代表人民群众利益。进入新时代，贪腐现象依然需要高压治理，与形式主义和官僚主义的斗争任重而道远。习近平总书记反复强调，“正人先正己”，清正廉洁是我们党的政治底色，需要积极推动并长期坚持。反腐倡廉工作始终是我们党自我革命的重要内容，永远在路上。另一方面，坚持无产阶级政党是无产阶级的先锋队。管理难度和成本随着党员人数的迅速增加而增加，党的先进性和纯洁性建设面临的问题更加复杂，只有使用“以人民为中心”的发展理念指导党的建设实践才能有效规避问题的出现，促使党群关系和谐发展。

面对当前复杂多变的国际形势，若要实现长期执政，唯有坚持马克思主义政党的人民立场，摆正人民群众的历史主体地位，始终坚定地代表人民群众利益，坚守底线，明确立场。加强党员干部新时代问题处理能力，充分发挥党员干部的先锋模范作用。中国共产党必须把以人民为中心作为一条执政的红线，贯穿于各项建设事业中，只有以人民群众利益为工作的出发点和落脚点才能有序推进党的各项工作顺利进行。

2. 发展完善沟通机制，推动政党科学民主执政

中国共产党只有与人民密切联系，倾听群众心声，才能真正代表人民，满足人民群众的期盼，构建和谐的党群关系。当前，党群、干群沟通机制还不够畅通，协调渠道还相对单一。现实工作中还存在诸多问题有待解决。

首先，要调动党群主体积极性和自觉性。政党和群众是党群关系沟通的两个

主体，不可或缺。一方面，通过党性教育提高党员干部的思想认识，通过业务培训提高党群沟通能力，强调党员干部的平等意识和交流理念，自发自觉地深入群众中发现问题并解决问题；另一方面，加强群众的宣传教育引导，在增强群众的权利意识和民主观念的基础上达成党群共识，通过教育学习、制度建设、渠道拓宽，以及程序规范等方法，引导群众善于通过合理诉求达成意愿表达，促进群众规范有序地参与政治管理。

其次，拓宽党群沟通渠道。一方面，信息化时代教育引导规范“网上群众路线”，重视网络媒介的战略地位，搭建民主自由健康有序的群众沟通网络平台，建立健全网上群众工作机制，加强规范和引导，“全媒体时代是一个人人都能参与、人人有发言权、人人都能引发交流的时代。”[①] 把互联网真正变成人民群众交流发声的重要平台；另一方面，推进“第三方”沟通渠道的发展完善。推进政社分开，加强社会组织的建设发展，逐步纳入社会事务管理的主体，建设社会组织同党和政府沟通交流的渠道，把社会组织真正发展成社情民意的“传声筒”。

3. 尊重人民主体地位，实现全过程人民民主

在中国，“人民当家作主是社会主义民主政治的本质和核心”[②]。新时代，人民群众的民主意识更加强烈，党和政府顺应民意，持续推进民主政治制度的改革创新，提出建设全过程人民民主。在社会主义国家，人民群众是真正的主人，依法享有选举、管理、言论、结社、监督等广泛的民主权利，实现了实体性和程序性的统一。同时必须注意，人民民主是在中国共产党的领导下才得以顺利实现的。

从权力的角度看，全过程人民民主意味着在国家权力行使过程中人民群众能够全程参与到权力的行使中，包括政策的制定、执行，以及实施效果的监督评估、意见反馈。党代表人民利益，由人民赋予权力的代行权，只有在党的领导下，人民利益才得到最大限度的保护，所以，全过程人民民主的前提条件就是党的领导。

---

① 丁瑞兆、措吉、周洪军：《全媒体时代高校思想政治教育研究》，新华出版社 2023 年版，第 4 页。

② 中共中央宣传部：《习近平新时代中国特色社会主义思想学习纲要》，学习出版社、人民出版社 2019 年版，第 126 页。

全过程人民民主的推进过程中，必须有法治保驾护航。党的十八大以来，法律体系在民主实践中的深化完善成为我国全过程人民民主建设顺利进行的重要保障。

从权利的角度看，全过程人民民主意味着人民群众可以多层次直接参与基层社会事务管理。基层民主在“民主选举、民主决策、民主管理、民主监督”的基础上，又增添了民主协商的环节，进一步巩固了人民群众基层民主的创造者和参与者的身份地位，在实践中完成了民主制度的创新发展。我们党创新发展了基层民主自治制度，通过多样化的形式推进沟通交流的顺畅，实现人民群众的参政议政权利，强有力地推动了基层民主的发展和基层政权的稳固。

4. 自觉维护人民利益，满足群众美好生活需要

实现自觉维护人民利益，满足群众的美好生活需要，就必须坚持“以人民为中心”的发展理念，妥善解决好民生问题。与人民群众有关的事情都属于民生问题，是人民群众最关切的。满足人民群众美好生活的需要，实质上就是抓住解决民生问题，维护群众的切身利益。满足人民群众美好生活需要的实践主体是他们自身，他们既是美好生活的创造者，又是美好生活的享受者。他们蕴含着推动历史进步的磅礴伟力，为社会的发展创造了丰富的物质财富，发挥他们的积极性、主动性和创造性是建设美好生活的必然选择。美好生活的现实基础就是物质文化财富，遵循人民至上的原则，为人民群众搭建创造美好生活的实践平台，让他们主宰历史。人民群众的实践左右并决定着社会的进步与发展，这是人民美好生活得以实现的动力基础。中国共产党必将继续以人民为中心，紧密依靠人民群众，推进改革开放取得更大成功。

新中国的诞生，得益于党领导下中国人民艰苦卓绝的革命斗争；如今的小康生活，仍然得益于党领导下中国人民前赴后继的奋斗拼搏。党和政府必须保障人民的根本利益，依靠他们，信任他们，服务他们。党要把人民群众对美好生活的向往作为自己的奋斗方向。国家的规划发展、政策的制定实施，都要充分考量人民群众的意见，高度重视并切实推进人民群众急难愁盼的解决，面对实际问题，探寻有效方案。人民群众是历史的撰写者，同时也是历史的评判者。人民群众的

生活美好与否，最有发言权的就是人民群众。他们参与了财富的创造。他们生活的改善，民生的保障，就是衡量社会进步与否的标尺。所以，效率和公平关系的处理，关系着人民群众的口碑与尺度。发展不平衡不充分的问题依然存在，社会的公平正义必须维护，这些都是关系到人民群众的切身问题。提高人民群众幸福感的关键是保证发展成果惠及人民群众。人民群众是社会发展进步的根本动力，只有在与人民群众共创社会财富的同时，切实实现人民群众共享成果，才能保证人民群众的积极参与和社会的健康发展。

党群关系是政权维系的重要根基，也是马克思主义人民观的重要体现。新时代，对党群关系的重视，党群矛盾的化解，都必须坚持用马克思主义人民性的最新理论成果——“以人民为中心”的发展理念去指导实践，这是中国共产党百年不断成长、长盛不衰的关键秘诀。

二、新时代沂蒙精神与构建和谐党群关系的内在联系

在中国共产党的英明领导下，在战火纷飞的抗日战争和解放战争时期沂蒙精神得以生成，在社会主义建设、改革开放和新时代，沂蒙精神被不断地传承发展升华。2013 年习近平总书记到临沂视察工作时，给予沂蒙精神新的概括和定位，鲜明地指出沂蒙精神所具有的“水乳交融、生死与共”的科学内涵和精神特质。后来，沂蒙精神的基本内涵在党中央批准下，正式表述为“党群同心、军民情深、水乳交融、生死与共”。这与我们党新时代“休戚与共、生死相依”的党群关系，具有同根同源、同宗一体的内在联系。

（一）沂蒙精神是“党群同心”群众路线的实践结晶

党群同心体现的是党和群众情感上形成的生死相依的血肉联系，是我们党亲民、爱民、为民理想信念的生动实践。我们党的奋斗目标就是为了解决最广大人民群众最关心的、最直接的切身利益。不管处于哪一历史时期，中国共产党的中心工作都会发生相应的变化，但是我们党全心全意为人民服务的根本宗旨从未有过改变，一切以人民为中心的价值取向从未改变。沂蒙精神和群众路线之间是密切联系、相互促进的关系。伟大的中国共产党是群众路线的制定者和主导者，是

群众工作的教育者、组织者和引领者；人民群众则是群众路线的参与主体和构成支撑，是群众工作的实践者、创造者和受益者。沂蒙精神是中国共产党宣传教育引领发动群众工作、落实群众路线的模范实践，是党和人民群众这两个创造主体在理论创造与实践检验的双向互动中交汇融合的真实范例。革命战争年代和社会主义建设时期，党给予人民群众充分的信任和尊重，把为人民服务作为所有工作的出发点和落脚点，用自己的辛勤努力赢得了民众的支持。沂蒙老区人民群众在党的带领下，投身新中国的革命建设事业，不怕牺牲、自力更生、听党话、跟党走。党政军民紧密联系，党群同心、军民齐心，战天斗地、敢于创造。

新时代，群众利益诉求趋向多元化。党为了更好地服务于群众，更需要注重对群众诉求的倾听和解决，以便更好地维护发展好最广大人民群众的根本利益。习近平总书记在党的十九大上就人民的主体地位以及践行全心全意为人民服务的根本宗旨，进一步强调指出，把党的群众路线贯彻到治国理政全部活动之中，把人民对美好生活的向往作为奋斗目标，依靠人民创造历史伟业。

（二）以人民为中心奠定了沂蒙精神的政治立场

人民立场一直都是我们党最根本的政治立场，我们党践行群众路线的生动体现就是坚持以人民为中心的价值追求。战争年代，党对沂蒙人民展开教育宣传，在人民的支持参与下建立政权，推进土地革命，实现了人民的经济独立和人身解放，人民在当家作主的基础上精神文化需求不断得到满足。共产党人始终坚持人民立场，致力于为人民谋幸福，旗帜鲜明地昭示了我们党“以人民为中心”的发展理念，对我们党立党为公、执政为民的宗旨和信仰是一种提醒和告诫。我们党攻坚克难、创新发展的根源是始终严格贯彻群众路线，把人民群众对美好生活的向往作为自己的奋斗目标，坚持依靠群众、坚持践行群众路线，因而赢得了人民群众的支持和爱戴，正所谓得道多助，失道寡助。沂蒙精神则是我们党践行群众路线的成功典范，证明了我们党对群众路线的贯彻和落实。沂蒙人民在党的领导下，积极参与社会主义建设事业，充分发挥自己的聪明才智，在沂蒙精神引领下不断创造新辉煌。

（三）沂蒙精神是群众路线实践路径的升华

沂蒙精神、延安精神、井冈山精神和西柏坡精神都是我们党在中华大地上践行群众路线的生动体现和智慧结晶，是我们坚持群众路线的必然结果。这些精神在历史的演进中，不仅没有黯淡失色，反而融入时代特征，在体现历史厚重的同时彰显时代风范，依然激励着人民群众投身新时代的建设伟业中。沂蒙精神的本质就是水乳交融、生死与共。革命年代、建设岁月，人民群众始终紧跟党的步伐，与党和军队同仇敌忾，生死与共。人民群众通过纳布鞋、抬担架等形式投身革命事业，尽显沂蒙人民热爱党、热爱军队的深情厚谊。在党的感召下，沂蒙人民把奉献视为最大荣耀，进一步推动了沂蒙精神的传承创新和时代发展。沂蒙精神是一面催人奋进的旗帜，激励着沂蒙人民开拓创新，不畏艰险；提醒着共产党人爱民亲民，造福于民。沂蒙精神成功地把党的路线方针的落实与人民群众主体地位的发挥紧密地结合起来，充分调动了人民群众的积极性、主动性和创造性。人民群众是我们党的所有工作的出发点和落脚点。人民群众深刻地意识到了自己的主体地位，随后，以主体性的姿态积极地投身中国革命，他们历史创造者的真正价值被彻底地激发出来。沂蒙精神是马克思主义人民观的传承发展，是我们党群众路线的具体落实，是对党的群众路线的最好诠释。

（四）沂蒙精神凸显了“党群水乳交融、军民生死相依”的群众路线本质

我们党的宗旨是全心全意为人民服务，这注定了我们党不可能脱离人民群众而生存，党群和谐关系构筑而成的“命运共同体”使得我们党继承了与广大人民群众“休戚与共、生死相依”的密切关系。革命战争年代，沂蒙人民正是深切地感受到了中国共产党人的崇高精神信仰，看到党为人民群众谋解放谋幸福的无私行动，才下定决心跟党走，一切行动听指挥、听号召，才有了沂蒙人民的义无反顾，才有了前赴后继地拥军支前，才有了沂蒙根据地的固若金汤。

在艰苦卓绝的战争年代，党与沂蒙人民并肩战斗、患难与共，结下了情深似海的革命友谊。党领导下的人民军队秉承党的宗旨和信仰，为保护和实现人民利益浴血奋战、视死如归、可照日月；人民群众则感染其中，待他们如亲人，给予他们无

微不至的关怀和支持。战士们过河桥梁被炸，沂蒙老区的女同志跳进冰冷的河水用肩膀扛起了一座桥；前线物资匮乏时，沂蒙人民用独轮车把物资及时输送到前线；军队兵源缺乏时，沂蒙根据地涌现出了无数的母送子、妻送郎的感人场面。沂蒙精神就是党亲民、民爱党，军爱民、民拥军，军民团结如一人的生动写照。党政军民心心相印、众志成城，共同铸就了水乳交融、生死与共的沂蒙精神，构筑成了团结一心的党群关系、干群关系，以及军民关系凝结而成的命运共同体，这种关系是我们党能够从小到大、由弱变强，从一个胜利走向另一个胜利的源头活水。

在改革开放过程中，人民群众的获得感、幸福感持续增强，他们投身改革发展的积极性与创造性得到充分激发，大众创业、万众创新的生动局面已经呈现。在这一过程中，人民群众作为价值的创造者和享有者的身份得到了统一。新时代，我党全面开启了“把人民对美好生活的向往作为奋斗目标”的新征程，以人民群众为本位的理念进一步得到确立，构建和谐党群关系更需要适应人民群众的新诉求，不断升华党的群众路线理论。习近平总书记提出的“以人民为中心”的发展理念是改革开放新时代对人民主体地位的创新开拓。习近平新时代中国特色社会主义思想的治国理政的核心要义和唯一主线始终是为了人民、依靠人民和服务人民。习近平新时代中国特色社会主义思想所具有的鲜明人民性理论品格，具体体现在我们党始终坚持把人民立场视为我党的根本政治立场、始终坚持“以人民为中心”的发展理念、始终坚持爱民亲民为民的执政本色、始终坚持人民至上的价值取向。

三、沂蒙精神对构建和谐党群关系的时代启迪

“党群同心、军民情深、水乳交融、生死与共”的沂蒙精神是伟大的中国共产党践行马克思主义人民观的光辉典范，是我们党的政治价值观和政治路线的鲜活体现。沂蒙精神在革命战争年代和社会主义建设年代为我们党密切与人民群众的联系，凝聚人心发挥了重要作用。弘扬沂蒙精神，在新的历史条件下进一步发挥其政治文化优势，始终坚持以人民为中心，从思想上和行动上进一步提高广大党员干部的自觉性，对于构建和谐党群关系具有重大的现实意义。新时代，构建和谐党群关系，需要更快更好地提升服务力、解决力、组织力和宣传力。人民群

众的工作是关乎党运、国运的全面系统工程，仅仅依靠决心是不够的，更重要的是长期不懈地用心用力用情，至为关键的是落实和践行。

（一）全面提升服务能力，搭建党群关系同心桥

沂蒙精神产生的历史背景就是党亲民、军爱民，人民利益至上，全面生动地展现了我们党以人民为中心、全心全意为人民服务的根本宗旨。在日寇入侵山东、铁蹄蹂躏沂蒙儿女的危急存亡时刻，党领导下的人民军队挺身而出，用生命和鲜血守护这一方平安。从他们“满缸净院”的亲民作风、从“三大纪律八项注意”的严明规定、从“不拿群众一针一线”的生活点滴，到“大爷、大娘”的尊敬称谓，再到“挖野菜也要远离村庄”的爱民行动……人民群众被人民子弟兵深深地感动。正是有了党首先把群众利益放在前，群众利益记心间，才有了人民群众的听党话、跟党走。

不管是革命战争时期，还是改革开放时期，党都始终把为人民群众服务放在心中最重要的位置，时刻牵挂着人民，急百姓之所急，想百姓之所需，从身边的小事做起，从生活的点滴做起，最大限度地为人民群众提供帮助和服务，真心实意为群众着想。广大党员干部必须牢固树立人民利益至上、“以人民为中心”的发展理念，不折不扣地坚决贯彻我们党依靠人民、服务人民的宗旨，奉行人民利益至上的原则，对人民给予充分的尊重和信任，充分考虑人民群众的切身利益与实际感受，把人民是否满意作为衡量评价我们工作的唯一标准。保证人民共建，保证人民共同享受建设成果，从小事做起，从实事做起，追求实效，杜绝形式，使人民群众的获得感、幸福感和安全感不断增强。

进入新时代，群众工作头绪繁多，复杂困难，我们的党和我们的领导干部服务群众本领需要进一步增强，党员干部的服务能力、业务能力、管理能力，以及沟通协调能力只有全面提升，才能更好地为群众服务，增强干群关系。毛泽东同志曾经强调：“我们不但要提出任务，而且要解决完成任务的方法问题。我们的任务是过河，但是没有桥或没有船就不能过。不解决桥和船的问题，过河就是一

句空话。不解决方法问题，任务也只是瞎说一顿。”[①] 党员干部要聚焦自身服务能力的提高，聚焦服务形式的多样，把马克思主义的人民观转化成为人民服务的真实本领，把理论落实到行动上，在行动中认真总结反思。加强调查研究工作，深入群众生活，扎实开展为人民服务的实际工作，全面了解掌握人民群众的急难愁盼，在调研中广泛征求人民群众的意见，探讨工作改进的方式方法，求实效，干实事，真正为群众排忧解难，做好人民的勤务员。领导干部要在工作中加强思考，改进工作思路，实现政府职能转换，把工作重心转移到服务改革、服务发展和服务民生上来，以便适应新时期新任务和新要求。

（二）解决能力重点提升，筑牢群众工作的压舱石

新时代，人民群众的利益诉求更加多样，党员干部必须明白群众工作无小事，服务必须是全面细致的，领导干部必须紧跟时代步伐，加强学习，不断提高解决问题的能力，关注群众合理合法的利益诉求，切实保障群众合法权利，提高人民群众的获得感。回顾革命年代，沂蒙老区人民之所以舍生忘死地跟着共产党，其最根本的原因就是他们的基本利益需求在党的领导下得到了满足。党在沂蒙革命根据地开展了系列斗争，教育引导群众参加土地革命，不仅使农民获得了土地，实现了千百年来中国农民的最大愿望，而且帮助他们政治上翻身做主人。正是因为我们党给予人民疾苦高度关注，专注于为人民解决生活中的迫切困难，有力地推动了人民群众对党的工作的支持和拥护。我们党坚持“以人民为中心”的发展理念，在实际工作中坚定贯彻，一切工作都坚持以人民利益为核心，围绕这一原则立场制定了有利于民众的政策，在人民利益得到保障和提高的前提下，人民群众的积极性得到最大限度的调动和发挥，推进了党领导的革命事业。

而今，中国特色社会主义进入新时代，我国社会的主要矛盾也由人民对经济文化迅速发展的需要同当前经济文化不能满足人民需要的状况之间的矛盾转化为人民日益增长的美好生活需要和不平衡不充分的发展之间的矛盾。人民对物质文化的需要在不断发展，不仅提出了更高要求，而且范围进一步拓展了，拓展到了

①《毛泽东选集》（第一卷），人民出版社 1991 年版，第 139 页。

民主、正义、法治、环境、公平、安全等很多方面，群众的维权意识越来越强，对自身权益维护、社会公平正义的追求期望值越来越高。所以，利益关系协调、矛盾纠纷化解的难度不断加大。因此，我们解决问题的能力需要重点提升，以满足人民群众的需求。广大领导干部必须善于学习，善于提高为民服务解忧的能力，增强群众工作的针对性和实效性，围绕改革的具体举措，不断提高工作的执行力，为群众多办好事、多办实事。

（三）组织能力着力提升，增添党群融合的催化剂

政党作为政治组织，其群众组织力在很大程度上影响着政党的生命力、凝聚力和战斗力。我们把中国共产党组织发动人民群众、团结带领人民群众，推动党和人民肩负的伟大历史任务实现的核心能力称为群众组织力。

列宁于十月革命胜利后撰写了《共产主义运动中的"左派"幼稚病》一文，系统论述了无产阶级政党纪律建设问题，回应了关于民主集中制的争议。分析了无产阶级建立和坚持政党纪律的条件，并回答了一些问题：无产阶级革命政党的纪律是靠什么来维持的，是靠什么来检验的，是靠什么来加强的。强调指出需要三个条件："第一，是靠无产阶级先锋队的觉悟和它对革命的忠诚，是靠它的坚韧不拔、自我牺牲和英雄气概。第二，是靠它善于同最广大的劳动群众，首先是同无产阶级劳动群众，但同样也同非无产阶级劳动群众联系、接近，甚至可以说在某种程度上同他们打成一片。第三，是靠这个先锋队所实行的政治领导正确，靠它的政治战略和策略正确，而最广大的群众根据切身经验也确信其正确。一个革命政党，要真正能够成为必将推翻资产阶级并改造整个社会的先进阶级的政党，没有上述条件，就不可能建立起纪律。"① 列宁在文中明确指出"和无产阶级群众和非无产阶级群众打成一片"是一种对党员提出更高要求的群众组织力，并把它列为对无产阶级革命政党纪律加强的一项重要工作和标准。2018 年新春来临之际，习近平总书记亲临四川凉山彝族一户贫困家庭节列俄阿木家，他和当地的村民围坐在火塘边聊家常，一起商谈精准脱贫的途径与办法。习近平总书记强调："全

① 《列宁全集》（第三十九卷），人民出版社，2017 年版，第 4-5 页。

面建成小康社会一个民族，一个家庭，一个人都不能少。”他的言行深刻揭示了中国共产党人一切以人民为中心的价值追求，同时也显示了中国共产党人具有超强的带领中国人民实现新时代伟大梦想的组织群众能力。

在沂蒙精神的生成壮大过程中，中国共产党形成了对群众组织力的战略地位清醒而又深刻的认识，党的群众组织力在波澜壮阔的中国革命中得到了锻炼和提升，建立起了同人民群众的血肉联系，在人民群众的参与支持下，革命战争、社会主义建设和改革开放都取得了伟大成就。抗日战争爆发后，沂蒙山区的党组织充分展现自己的组织能力，立即开展抗日救亡运动，陆续成立各种抗日救亡团体，在党组织的宣传动员下，工人、农民、妇女和儿童等社会各界纷纷成立救亡组织，群众被广泛发动起来，迅速形成了全民参与的良好氛围。就以孟良崮战役来说，我军当时是 9 个纵队，大约 20 万人。但战役期间民众的参与人数惊人，沂蒙地区发动的临时民工多达 69 万人，二线常备民工也有 15.4 万人，随军的常备民工则是 7.66 万人，共计 92 万人之多，为孟良崮战役的胜利奠定了坚实的群众基础。

当下正处在世界百年未有之大变局中，实现中华民族伟大复兴任重道远。面对层出不穷的新问题，中国共产党的群众组织能力建设需要不断增强；我国的改革开放事业进入攻坚克难阶段，进入深水区后，各种阻力、困难和矛盾纷纷涌现，影响人民群众生产生活和社会稳定的重大事件频发。现实要求我们党员干部必须加强探索，以求掌握更多更加灵活多样的群众组织动员的方式方法，以便更好地组织群众。

（四）宣传能力系统提升，用好舆论导向的指挥棒

人民群众是历史的创造者，是他们推动了历史的前进，他们是真正的当之无愧的英雄，党的正确路线、方针、政策都来源于人民群众，所以，党必须善于倾听，并善于尊重、采纳群众的意见。对人民群众的宣传教育是有方法和技巧的。新形势下，人民群众发生了很大变化，宣传教育的方式方法不对路的话，其效果很可能适得其反。因此，新形势下，若要实现宣传教育群众效果的加强和改进，首先必须能够深刻地把握好群众心理。社会心理作为一种群体心理，是广大民众基于

客观事物形成的一种相对普遍的心理认知，它是非系统化的社会意识，个人心理很容易受到社会心理的影响。鉴于这种现象，对群众的宣传教育必须紧密结合群众的社会心理特征。所以，对社会心理的研究、对群众的教育引导，都需要系统提升宣传能力。

宣传是为了达到教育人民群众、提高群众觉悟的目的。让党和政府的声音顺畅传达到社会最基层，是提高党的政策影响力的重要前提。在革命战争年代，为了更好地推行民主，沂蒙各地纷纷通过举办识字班、民众夜校、冬学等形式，以实现提高人民群众文化素质和政治觉悟的目的，同时还采取了多种多样的灵活的宣传方式，比如口头宣传、报纸宣传和歌曲宣传等方式，对革命进行宣传，鼓舞了人民的斗志和热情，唤起了人民群众积极参军参战、努力生产和踊跃支前的热情，为党的革命活动提供了无尽的民众力量。党的宣传思想工作进入新时代，其环境、条件和方式都发生了不同的变化。不同群体和不同代际之间的差异更加明显。越来越多的人在互联网时代、“后疫情时代”，更倾向于通过社交媒体、问答社区和直播平台传达声音，方式更加鲜明直接。这些变化给我们的宣传思想工作提出了新课题新挑战，我们需要继续传承从群众中来，到群众中去的优良传统，坚持以人民为中心，深入群众中去问询了解掌握新时代群众的新变化，以新迎新、以变应变，系统提升了党的领导干部的宣传能力，让宣传思想工作继续与群众工作紧密契合，同频共振，实现党的宣传思想工作的守正创新，走好新时代宣传思想工作的以人民为中心。

（五）以新成效展新貌，打造“作风建设”的亮丽名片

习近平总书记强调指出，作风关乎党的形象，也是用来观察党群干群关系、人心向背的晴雨表。党的工作作风直接影响着人民参与革命事业的态度，决定着他们是否愿意与党同甘共苦。事实证明，党风建设只要常抓不懈、持续高压，都是可以解决的。作风建设没有结束的一天，我们注定永远在路上。作风建设是我们党的建设的主题，核心是维护保持党同人民群众的密切联系，这是“以人民为中心”的发展理念对党自身提出的道德要求。以习近平同志为核心的党中央在加

强作风建设的过程中，把中央八项规定作为切入点，作为全面从严治党的突破口，较真碰硬，善作善成，成功地开创全面从严治党的新局面，有力地推动了中国特色社会主义的发展。在中国共产党的百年进程中，加强党的作风建设的实践贯穿于党领导革命战争、社会主义建设和改革开放取得胜利和成就的经验中，党成功地把事业建设与作风建设紧密地联系在一起。共产党员必须具备优良品质，作风建设不断加强，自身的修养素质持续提高，才能不断把作风建设引向深入，保持住作风转变的好势头，真正把党的作风建设落到实处，实现沂蒙精神的代代传续、薪火永存，实现党群、干群关系的水乳交融、生死与共。

作风建设落到实处必须坚持做到 4 点。首先是持续性和常态化。作风问题是一项日常工作，必须常抓不懈，容易反弹、重现，优良作风应该成为每位党员干部渗透到每个工作环节和步骤中应有的态度，需要日复一日、年复一年地坚守，要始终保持永远在路上的韧劲。其次是长效性和长期性。作风建设务必树立常抓不懈的恒心和一抓到底的决心。改进作风，任重而道远，既是一场攻坚战，更是一场持久战，需要全体党员持之以恒。要敢啃硬骨头，无论何时何地，只要违反党风党纪，就必须严惩不贷，秉公处理，形成严格追责问责的机制。再次是具体性和全面性。加强和改进党的作风建设体现在具体工作中，要把要求和责任践行落实到日常工作中，坚持无禁区、无空白，无死角，无漏洞，全覆盖。要具体到所有工作中的每一个细节。最后是准确性和时效性。作风问题要看准抓牢，直奔主旨、直奔要害，要抓到点子上，要抓铁有痕，要落地有声。作风问题，必须找到问题的症结所在，从本质上找源头，一抓到底。要对作风建设问题给予高度的关注，要有清醒的认识，充分认识其重要性和必要性，建立健全有用有效的体制机制，以达到作风建设的日常化、规范化，以及制度化和长效化，营造风清气正、乾坤朗朗的政治生态。

后　记

《沂蒙精神的人民性研究》是山东省社会科学规划课题“以人民为中心视角下的沂蒙精神研究”（编号 17CYMJ09）的最终成果。

本成果是由临沂大学费县校区教师徐勤娜，临沂大学马克思主义学院副教授赵玉岩，临沂大学社科处原处长、教授汲广运集体完成。全书具体分工如下：汲广运负责拟定提纲、统稿；徐勤娜负责撰写第一、二、三、四章；赵玉岩负责撰写导论和第五、六章并参与校对。在撰写过程中借阅、参考，并引用了很多国内知名专家学者的著作，有的因疏忽等原因未能一一注明，在此敬请谅解并表示衷心的感谢。

作者

2024 年 6 月 7 日